中亚国家主权债务成因探析

李一丁◎著

ZHONGYA GUOJIA ZHUQUAN ZHAIWU CHENGYIN TANXI

中国政法大学出版社

2024·北京

图书在版编目（CIP）数据

中亚国家主权债务成因探析/李一丁著. --北京：
中国政法大学出版社，2024. 8. -- ISBN 978-7-5764
-1709-8

Ⅰ. F833.64

中国国家版本馆 CIP 数据核字第 2024UM2942 号

出　版　者　　中国政法大学出版社

地　　　址　　北京市海淀区西土城路 25 号

邮　　　箱　　fadapress@163.com

网　　　址　　http://www.cuplpress.com (网络实名：中国政法大学出版社)

电　　　话　　010-58908524(第六编辑部) 58908334(邮购部)

承　　　印　　固安华明印业有限公司

开　　　本　　720mm×960mm　1/16

印　　　张　　14.25

字　　　数　　230 千字

版　　　次　　2024 年 8 月第 1 版

印　　　次　　2024 年 8 月第 1 次印刷

印　　　数　　1~1500 册

定　　　价　　79.00 元

图目录

表目录

第一章 ≫≫≫

导　论

一、研究背景及意义

（一）研究背景

1. 主权债务问题是众多国家面临的重大挑战

主权债务在世界各国的经济发展过程中一直扮演着十分重要的角色。一方面，主权国家可以通过主权债务获得外部资金以发展国内经济，促进经济增长；另一方面，主权债务的不断积累也会对经济产生明显的负面作用，当主权债务规模超过承受极限，就会引发严重的债务问题，甚至爆发主权债务危机。20 世纪 80 年代，以墨西哥主权债务违约为导火索，爆发了蔓延到整个拉美地区的主权债务危机，对拉美国家的经济发展造成了严重冲击。拉美债务危机是迄今为止最严重的发展中国家主权债务危机，深刻地影响了拉美各国及其他发展中国家的经济发展模式，成为各国应对主权债务风险和危机的前车之鉴。2009 年，世界三大评级公司下调希腊国家主权信用等级，引发希腊主权债务违约，最终导致整个欧洲地区的主权债务危机，重创了欧洲国家尤其是南欧国家的经济发展。拉美债务危机以及欧洲债务危机的爆发表明，不分发达国家还是发展中国家，只要债务风险高企，出现债务违约问题，都有可能爆发规模性的主权债务危机。事实上，除了拉美债务危机和欧洲债务危机这两次典型的大规模主权债务危机，部分国家也爆发过规模性的债务危机。例如 1998 年俄罗斯债务危机，2001 年阿根廷主权债务危机，2005 年、2008 年冰岛债务危机，2009 年迪拜债务危机，2020 年黎巴嫩主权债务危机等。此外，还有许多国家债务风险高企，徘徊在债务危机爆发的边缘。例如，美国、日本等发达国家不断突破债务上限，债务风险急剧上升，随时都有爆发主权债务危机的可能性。柬埔寨、黎巴嫩等国家常年处在主权债务违约的边缘，爆发主权债务危机的概率极高。由此可见，主权债务问题是众多国家普遍面临的重大挑战，需要引起各国高度重视。

2. 发展中国家主权债务问题愈演愈烈

主权债务问题是全球各国所面临的普遍问题，尤其是发展中国家主权债务问题愈演愈烈，主权债务违约事件频发，爆发主权债务危机的可能性大幅度提升。2008 年全球经济危机爆发后，发展中国家主权债务风险逐步累积，债务率不断攀升。随着美国的不断加息，发展中国家面临的内外部经济环境不断衰退，债务形势不断恶化，爆发的主权债务违约事件不断增多。2020 年黎巴嫩出现债务违约事件，两年后政府宣布破产。2021 年土耳其汇率急剧贬值，陷入债务违约困境。2022 年斯里兰卡无力偿还到期外债，宣布国家破产。根据国际货币基金组织的统计，中等收入的发展中国家偿债负担已经达到了 30 年来的最高水平[1]。此外，截止至 2022 年底，在 69 个低收入发展中国家中，已经有 8 个国家陷入债务困境，30 个国家处于债务高风险状态[2]。由此可见，发展中国家主权债务风险正在不断上升。

3. 中亚是全球范围内主权债务风险最高的区域之一

进入 21 世纪后，得益于经济全球化带来的发展红利及前期对主权债务的消化调整，中亚国家主权债务负债率处于较低水平，债务风险得到了较好的控制。在此阶段，尽管中亚国家获得了较长时间的经济增长，但中亚国家的主权债务问题并没有从根本上解决。一方面，中亚国家的债务总额依旧在持续增长。另一方面，自 2008 年全球金融危机以来，全球整体的债务水平已经开始悄然上升，中亚国家各类债务风险的指标也在逐步上升，部分中亚国家债务风险已经远远超过了国际债务安全的警戒线。到 2020 年，中亚国家主权债务达 2162.80 亿美元，在短短 25 年里扩张了 30 倍[3]。中亚国家的主权债务风险与其他地区相比处于较高水平，中亚国家中哈萨克斯坦、拉美地区、撒哈拉以南非洲地区主权债务负债率均超过了 20% 的国际警戒线。但与拉美地区、撒哈拉以南非洲地区相比，中亚国家中的哈萨

---

〔1〕 数据来源：国际货币基金组织网站。
〔2〕 数据来源：国际货币基金组织网站。
〔3〕 资料来源，世界银行 WDI 数据库。

克斯坦主权债务负债率远远超过其他两个地区。2000 年，拉美地区平均主权债务负债率为 35.84%，撒哈拉以南非洲地区平均为 55.55%，而中亚国家中的哈萨克斯坦为 70.47%。2020 年，拉美地区平均主权债务负债率为 48.89%，撒哈拉以南非洲地区平均为 43.01%，而中亚国家中的哈萨克斯坦为 95.26%。中亚国家中的主权债务负债率水平不仅远远超过同期的拉美、非洲地区，甚至高于 20 世纪 80 年代拉美地区爆发主权债务危机时的数据。20 世纪 80 年代主权债务危机期间，拉美地区的主权债务负债率保持在较高水平，1987 年最高达到了 58.94%。中亚国家中的哈萨克斯坦主权债务负债率水平远超过 20 世纪 80 年代拉美地区主权债务危机期间的负债率水平。由此可见，中亚国家的主权债务风险较为严重，爆发主权债务危机的可能性极高。

4. 中亚国家主权债务问题可能带来较为严重的影响

历次主权债务危机都给事发国的经济造成了严重的冲击。中亚各国经济规模普遍偏小，经济基础薄弱，应对主权债务危机的能力十分薄弱。近年来，随着中亚国家主权债务规模的不断增大以及债务风险的不断上升，中亚国家经济持续衰退，经济总量下滑，经济增速下降。随着全球经济形势的恶化、美元不断加息，中亚国家的主权债务规模持续增大，导致其主权债务风险加剧，爆发主权债务危机的概率进一步提升。由此可见，中亚国家当前面临极其严峻的主权债务形势，主权债务问题极有可能酿成主权债务危机事件，给中亚国家的经济增长带来更加严重的影响与后果，很可能造成国家更长期的经济衰退。

由于主权债务危机具有传导性，中亚国家的主权债务问题除了给中亚国家自身经济增长带来严重影响以外，还有可能造成外溢影响。从地缘区位来看，中亚国家地处亚洲内陆，紧邻中俄两个国家。同时，中亚国家位于中国"一带一路"倡议的关键节点，对于中国而言具有十分重要的地缘战略价值。中亚国家主权债务问题可能也会给中国带来一定程度的影响，例如对中国的主权债务、经济增长、投资、贸易等造成影响，需要对其进行进一步探讨。在此背景下，探讨中亚国家的主权债务问题，探讨中亚国家主权债务成因及主权债务对经济发展的影响显得非常重要。这不仅有助于中亚国家摆脱主权债务泥淖，促进经济稳定发展，也有利于全面认识发展中国家主权债务治理体系，帮助更多发展中国家应对主权债务问题，避免出现更为严重的主权债务危机。

（二）研究意义

1. 理论价值

当前，学术界对于欧洲和拉丁美洲主权债务问题的分析已经十分成熟，但对于中亚国家主权债务问题的文献仍然不多。同时，过往学者对于主权债务问题的成因探讨略显狭窄或片面，多从单一因素探讨主权债务的成因，对于主权债务对经济增长的作用机制探讨也有待进一步优化。基于此，本书以中亚国家为探讨对象，分析中亚国家主权债务的现状特点与风险特征，从内外因两个方面探讨中亚国家主权债务的成因，并探讨中亚国家主权债务对经济增长的影响机制与作用路径。主要理论价值如下：

第一，在理论层面梳理总结了中亚国家主权债务的成因和主权债务对经济增长影响的相关理论。从财政疲劳理论、国际收支理论、债务危机理论出发对中亚国家主权债务的成因进行了理论解释；从有效需求理论、经济起飞理论、两缺口理论出发，论述了主权债务对中亚国家经济增长的正向促进作用；从外债束缚理论、外债依附理论以及债务倒挂理论出发，论述了主权债务对中亚国家经济增长的负向阻碍作用；从外债倒 U 型理论、挤入挤出理论以及外债周期理论出发，论述了主权债务对中亚国家经济增长的非线性影响。基于此，通过理论层面的总结与归纳，为之后主权债务问题的实证分析做出理论铺垫。

第二，本书从内外两方面因素出发，探讨中亚国家主权债务的成因，避免了过往学者从单一角度探讨主权债务成因所存在的缺陷。同时，本书采用量化分解的方式，测算了内外因在中亚国家主权债务形成过程中的影响大小，厘清中亚国家主权债务形成的主导因素与首要因素，拓展了中亚国家主权债务问题成因的理论。

第三，本书从非线性角度出发，探讨和检验了主权债务对中亚国家经济增长的影响，验证了中亚国家存在的主权债务门槛和主权债务拐点，并分析了中亚国家到达主权债务拐点的时间。同时，本书还从投资、贸易、金融、全要素生产率四个方面，论证并检验了主权债务对中亚国家经济增长的影响路径，拓展了主权债务经济增长影响的理论机制探索范围。

2. 现实意义

主权债务问题一直是制约各国经济发展的重要因素。近年来，全球经济面临更大的不确定性，给各国尤其是发展中国家的主权债务问题带来了更大的风险。因此，分析当前中亚国家的主权债务问题，具有较高的现实意义。主要体现在以下几个方面：

第一，分析中亚国家主权债务成因有助于中亚国家摆脱经济衰退困境。近年来，中亚国家的经济衰退与主权债务问题密不可分。对中亚国家主权债务问题进行探讨，剖析中亚国家主权债务的成因，挖掘出推动中亚国家主权债务风险持续加剧的主导因素和首要原因，有助于中亚各国对症下药，采取针对性措施缓解本国的主权债务压力，改善自身的主权债务形势，找出破解主权债务困境的良策，进而推动中亚国家重新走上经济健康发展的正轨。

第二，找出中亚国家主权债务风险的缓释措施可降低爆发主权债务危机的可能性。中亚国家是当前主权债务风险最高的地区之一，爆发主权债务危机的概率很大。通过分析中亚国家主权债务危机，找出缓解中亚国家主权债务风险的措施，避免中亚国家爆发主权债务危机，有助于缓解其他发展中国家的主权债务风险，降低大范围爆发主权债务危机的可能性。在当前主权债务高企的形势下，具有重要的现实意义。

第三，挖掘中亚国家主权债务问题有助于我国更快地识别主权债务风险。中亚国家作为中国的"邻居"和"一带一路"沿线的关键节点区域，对中国具有十分重要的区位价值与战略意义。通过本书的分析，中国能够进一步识别"一带一路"合作伙伴潜在的主权债务风险，帮助中国更好地避免"一带一路"合作伙伴负面形势对中国造成的冲击，能够使中国更好地帮助中亚国家等"一带一路"合作伙伴发展经济，实现互联互通，促进共同发展。因此，开展中亚国家主权债务问题的分析，不仅有助于缓解中亚国家的主权债务，还有利于准确把握和化解共建"一带一路"的外部风险，促进中国"一带一路"倡议的顺利实施，拓宽我国产业转移空间，进一步优化对外投资结构，尤其对助力我国经济社会高质量发展，乃至中国式现代化建设全局，均有很强的战略价值与实践效益。

二、研究思路、内容及方法

本小节主要阐述本书的研究思路、研究内容以及研究方法。研究思路主要阐述本书的研究过程和路线，研究内容主要阐述本书各个章节的主要内容，研究方法主要阐述所使用的方法与技术，从而较好地厘清本书的研究脉络。

（一）研究思路

首先，本书从主权债务问题的背景出发，对主权债务问题的一系列研究文献进行梳理总结，包括主权债务是如何形成的，主权债务对经济增长的影响等。其次，对中亚国家主权债务成因以及经济增长影响进行理论分析，从财政疲劳、国际收支、债务危机理论出发，解释中亚国家主权债务的成因，从正向、负向以及非线性三个方面对中亚国家主权债务对经济的影响展开理论分析。再次，对中亚国家主权债务现状与特点进行分析，总结债务规模、债务增速、债务结构及债务负担风险等方面的特点。在此基础上，探讨中亚国家主权债务成因，推导出中亚国家主权债务形成的主导因素及首要原因，分析不同成因对中亚国家主权债务形成的影响程度，挖掘出主权债务对中亚国家经济增长的影响及作用路径。最后，探讨中亚国家主权债务对中国经济发展的影响，并借鉴中国经验提出中亚国家相应的主权债务救助措施。

本书的写作路线如图 1 所示：

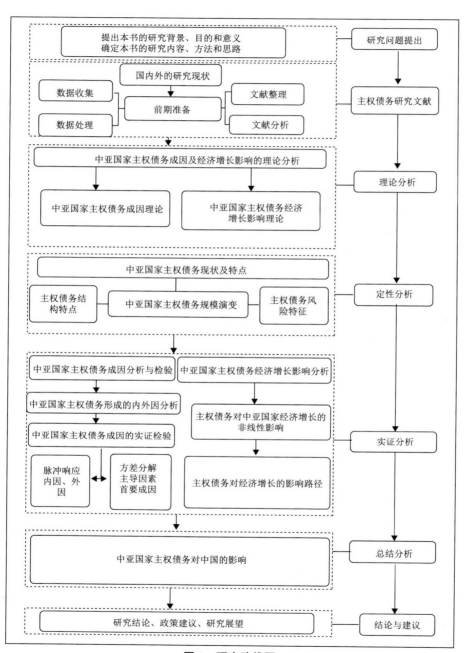

图 1 研究路线图

（二）研究内容

本书主要分为七章，具体内容如下：

第一章为导论部分。该部分对本书的研究背景以及研究意义进行系统阐述，厘清本书的基本研究框架与研究思路，对本书的研究内容及研究方法进行详细论述和探讨，凝练本书的创新之处，为全书的研究奠定坚实的基础。

第二章为主权债务问题的相关理论综述。本章对前期研究的不足之处进行拓展分析，丰富主权债务问题的相关研究与探讨。另外，本章还对中亚国家主权债务形成原因以及经济增长影响进行理论分析，从财政疲劳理论、国际收支理论、债务危机理论等方面，对中亚国家主权债务的形成原因进行理论分析，并且从正向、负向以及非线性三个方面，对主权债务影响经济增长进行理论探讨，为全书研究的展开奠定理论基础。

第三章对中亚国家的主权债务状况进行整理和分析。本章通过综合中亚国家的财政收支与国际收支情况，分析中亚国家的主权债务现状与发展趋势，包括主权债务的规模与增速、主权债务的结构状况以及主权债务的负担与债务压力状况，对中亚国家的整体债务现状与主权债务发展趋势进行了归纳分析。

第四章深入分析中亚国家主权债务形成的原因。本章主要从内部因素及外部因素两个方面出发，探讨中亚国家主权债务的成因。首先，采用定性分析的方式，分别从内外部两个方面对中亚国家主权债务形成的原因进行剖析；其次，采用计量分析的方法，对内外部成因及影响因素进行初步的实证检验；最后，采用脉冲响应以及方差分解的方式，探讨不同成因对主权债务形成的动态影响，分解不同因素对主权债务形成的影响程度，进而找出中亚国家主权债务形成的主导因素及首要原因。

第五章剖析了中亚国家主权债务对经济增长的影响及作用路径。本章首先采用简单的定量方法分析主权债务对经济增长的非线性影响，量化主权债务影响经济增长的事实，建立非线性模型，分析中亚国家主权债务对经济增长的影响，检验非线性模型是否成立；其次，探讨中亚国家主权债务对经济增长的非线性影响和影响方向、主权债务拐点以及各国到达主权债务拐点的时间；最后，通过实证检验的方式，进一步探讨中亚国家主权债务影响经济增长的路径。

第六章分析中亚国家主权债务问题对中国的影响。本章从主权债务扩散、双边贸易和对外直接投资三个方面，论述中亚国家主权债务对中国造成的影响。另外从经贸合作、金融支持和减免债务三个方面总结了中国应对中亚国家主权债务风险的措施。

第七章阐述本书的结论、政策建议与研究展望。针对本书的研究结论提出相应的政策建议和研究展望。

（三）研究方法

第一，文献研究法。本书的研究基于对现有的文献进行梳理和归纳。通过收集大量国内外主权债务研究的文献，对国内外学者的研究成果进行整理归纳以及总结分析，化繁为简，掌握了主权债务问题的研究脉络与研究思路，为全书写作奠定理论基础。

第二，比较分析法。本书借鉴和比较经典理论，对中亚国家主权债务形成的原因，以及中亚国家主权债务对经济增长的影响展开了比较研究。其中，采用财政疲劳理论、国际收支理论、债务危机理论比较分析了中亚国家主权债务的成因。关于中亚国家主权债务对经济增长的影响，本书分别从正向影响的有效需求理论、经济起飞理论、两缺口理论，负向影响的外债束缚理论、外债依附理论、债务倒挂理论，以及非线性影响的倒 U 型理论、外债挤入挤出理论、外债周期理论等方面展开理论比较分析。

第三，定性与定量相结合。本书采用图表分析的方式，对中亚国家的财政收支、国际收支以及主权债务的现状特点、发展趋势进行总体定性分析。在针对中亚国家主权债务成因的分析中，内外因素的划分也涉及到定性分析，为本书定量分析提供了经验基础。定量方面则采用实证方法对中亚国家主权债务成因以及其经济增长影响进行分析与检验。本书采用脉冲响应方法分析内外部因素对中亚国家主权债务的动态影响，再通过方差分解方法量化内外部因素对中亚国家主权债务形成的影响程度，找出影响中亚国家主权债务形成的主导因素及首要原因。本书采用非线性模型，验证了中亚国家主权债务对经济增长的影响，发现中亚国家主权债务对经济增长具有"倒 U 型"影响，并进一步通过求导的方式计算了中亚国家的债务拐点及各国达到债务拐点的时间。

三、研究创新及不足

本节主要阐述研究的创新之处及在研究过程中所存在的不足，创新之处主要从研究视角、研究方法、研究观点的创新方面展开论述。不足之处主要从研究样本、内生性问题等方面进行阐述。

（一）研究创新

第一，研究视角创新。从研究视角来看，以往主权债务问题的研究对象主要集中在拉美地区的发展中国家和南欧地区的发达国家，对拉美债务危机和欧债危机的研究最多，而对中亚国家主权债务问题的研究较少。本书将中亚国家作为研究对象，重点分析其主权债务问题，主要从中亚国家主权债务的发展现状、结构特征、成因及影响效应等方面展开深入分析，填补了现有文献中对发展中国家主权债务的研究空缺。

第二，研究方法创新。从研究方法来看，以往绝大多数学者针对主权债务成因的分析大都停留在定性层面，缺乏定量层面的探讨，对不同因素影响主权债务的程度探讨甚少。这对于探讨主权债务的成因是不全面的，很可能导致忽略其他影响因素，造成分析偏误。本书在针对中亚国家主权债务成因分析中，将影响因素划分为内部因素与外部因素，并采用脉冲响应的方法分析了内外部因素对中亚国家主权债务的动态影响，通过方差分解的方法分析了内外部因素对中亚国家主权债务形成的影响程度。通过上述分析发现，内部因素是主导因素，其中工业制造业的衰退是首要原因。

第三，研究观点创新。针对主权债务对经济增长的影响，本书借助非线性模型发现了主权债务对经济增长的"倒U型"影响。在此基础上，通过求导的方式计算，找出了中亚各国的债务拐点，以及各国到达主权债务拐点的时间。同时，本书还对中亚国家主权债务对经济增长的影响进行了分析，厘清了作用路径与影响机制，重点探讨了中亚国家债务风险对我国的影响，并借鉴中国经验提出应对建议。对于上述研究内容，以往的研究鲜有涉及。因此，本书研究具有一定的理论和现实意义。

（二）研究不足

第一，研究样本不足。由于中亚国家的相关数据质量较差，实证研究存在估计偏误的可能。本书研究的对象为中亚国家，只有5个样本国家21

年的数据，观测值仅有 105 个，而在分国家回归中的样本量仅有 21 个。在这种情况下，样本量越少，实证研究中进行模型估计的精度越差，存在估计偏误的可能性越高。

第二，内生性问题。本书第五章探讨了中亚国家主权债务的形成因素，使用变量对主权债务进行了回归、脉冲响应以及方差分解，这些影响因素包含了经济总量与经济增速。其中第六章则是探讨了主权债务对经济增长的影响，被解释变量也包含了经济总量、经济增速。因此，主权债务与经济增长之间可能存在相互影响的关系。

第二章

理论基础及文献评述

本章首先对主权债务的相关理论进行分析，包括主权债务概述、中亚国家主权债务成因及经济影响理论；其次，对发展中国家主权债务的研究文献进行综述归纳，包括从内因和外因两个方面探讨主权债务形成的原因、主权债务对经济增长的影响；最后，对中亚国家主权债务的文献进行归纳评述，梳理中亚国家主权债务的规模结构，分析中亚国家主权债务的形成原因，评述中亚国家主权债务对经济增长的影响，为全书研究奠定理论根基。

一、理论概述

本部分阐述主权债务的相关理论，包括主权债务概述，中亚国家主权债务的成因理论以及中亚国家主权债务对经济增长的影响，进而厘清中亚国家主权债务的理论脉络。

（一）主权债务内涵

1. 主权债务的概念

主权债务是指一个主权国家用自身国家主权信用作为担保，向国际货币基金组织、世界银行等国际机构借款，或者向外国政府、国际金融机构就国内建设项目借款、寻求债务担保或者发行债券而产生的债务。主权国家通过向外借债方式，为本国大规模基础设施建设筹集所需资金，缓解国内资金短缺问题[1]。但目前学界对于主权债务尚未形成统一定义，国内外文献仍然存在较大争议，具体阐述如下：

国外文献认为主权债务是一个国家以其主权为担保在国际金融市场上

---

[1] Eaton, Jonathan, "Sovereign Debt: A Primer", *The World Bank Economic Review* 7, 2 (1993), pp. 137-172.

举借的外债。在 20 世纪 80 年代，世界银行、国际货币基金组织、国际清算银行以及经合组织在界定主权债务时一致认为，主权债务是指在任意时间点上，一个国家居民对非居民的已经拨付但还没有偿付的具有契约性的负债余额，这种负债需要还本付息，或者只偿还本金不偿还利息，或者类似于永久债券那样只偿付利息不偿还本金。Sedlak[1]等人在对主权债务问题进行探讨时指出，主权债务是政府对寻求收益的外国投资群体所担负的债务，债权主体是外国投资者，包括外国政府、国际组织乃至其他群体。Eaton[2]、Reinhart[3]和 Aguiar[4]等人对于主权债务的定义更为具体，他们从公共外债视角分析了这些国家主权债务违约的可能性，认为与私人债务相比，主权债务的执行机制有限，受法律管辖度较小，若债务人不能及时偿还款项，债权人的法律追索权有限，因此主权债务仅能依靠该国的主权信用与国际声誉对外国投资者做出保证。

国内文献对于主权债务的定义有不同的观点，有的将主权债务的举债主体扩展至中国境内机构，认为主权债务近乎等同于政府债务。如 1987 年，国家外汇管理局出台了《外债统计监测暂行规定》，首次明确了中国外债的内容与范围，并给出了外债的具体定义：即中国境内机构（包括各机关、企业、事业单位以及其他组织机构）对中国境外机构（包括外国政府、国际金融机构、国际组织及其他国际机构）用外国货币承担的具有契约性的负有偿还责任的债务[5]。李扬[6]等人从国家的资产负债表出发对主权债

[1]　Sedlak, Jonathan, "Sovereign Debt Restructuring: Statutory Reform or Contractual Solution?", *University of Pennsylvania Law Review 152*, 4 (2004), pp. 1483–1515.

[2]　Eaton, Jonathan, and Raquel Fernandez, "Sovereign Debt", *Handbook of International Economics*, 3 (1995), pp. 2031–2077.

[3]　Reinhart, Carmen M, "Default, Currency Crises, and Sovereign Credit Ratings", *The World Bank Economic Review 16*, 2 (2002), pp. 151–170.

[4]　Aguiar, Mark, and Manuel Amador, "Sovereign Debt", *Handbook of International Economics*, 4 (2014), pp. 647–687.

[5]　黄苏编：《发展中国家的外债情况与经验》，商务印书馆 1990 年版，第 18 页。邢自霞：《中国外债管理研究》，浙江大学 2008 年博士学位论文。胡军伟：《关于本、外币外债管理的再思考》，载《上海金融》2013 年第 10 期。陈志勇、李祥云主编：《公债学》，中国财政经济出版社 2012 年版，第 90 页。

[6]　李扬等：《中国主权资产负债表及其风险评估（上）》，载《经济研究》2012 年第 6 期。

务进行解释，指出中国主权债务包括中央政府债务、地方政府债务、国企债务、政府部门的"准国债"，以及各类金融不良资产以及其他转化形式的或有负债。何代欣[1]则借鉴世界银行和国际货币基金组织对于公共债务的定义，对中国主权债务进行测算，同时测算内容还包括了中央以及各级地方政府债务。此外，比较主流的还有其他国内学者提出的一些观点。王学凯[2]给出了狭义与广义两种解释，从狭义上来看，主权债务是一国政府以自身主权信用为保证，从国际市场上的外国政府、金融机构以及各类国际组织处获得的融资资金。这一狭义定义与国外文献定义较为一致，也就是外债。而广义上的主权债务包括了一国政府、地方政府等机构以其自身信用作为担保，从国际与国内两个市场处获得的全部融资金额。这其中既包括中央政府，也包括地方政府，既包括外部债务，也包括内部债务。广义定义与政府债务定义较为接近。本书的研究对象为中亚五国，不包括地方政府。据此，笔者对主权债务定义采取狭义解释，即一国政府以其自身主权信用为保证，从国际市场上的外国政府、金融机构以及各类国际组织处获得的融资资金，也就是外部债务。

2. 主权债务的特征

主权债务的币种并非本国货币，而是能够进行国际结算和支付的货币，例如美元、日元以及欧元。一国在向外借债时必须允诺一定借款利率，其定价构成一般为国际市场同业拆借利率加点，加点幅度越大，借款利率越高。一旦国际货币与本国货币的汇率出现较大波动，或者同业拆借利率出现长周期的上涨，主权债务的借债成本也会上升，所需要的还款金额也会提高，使得在某一时期内主权债务可能超过国家的偿债能力，进而引发主权评级下降[3]。当主权评级下降时，借款信用降低，该国为了借到充足资金被迫提高主权债务利率，融资成本上升，进一步增加了主权债务偿还额。

---

〔1〕 何代欣：《主权债务适度规模问题分析》，载《中国财政学会 2012 年年会暨第十九次全国财政理论讨论会论文集》2012 年，第 35 页。何代欣：《主权债务适度规模研究》，载《世界经济》2013 年第 4 期。

〔2〕 王学凯：《全球主权债务风险：表现形式、风险度量与传导机制》，载《经济学家》2022 年第 1 期。

〔3〕 Shleifer Andrei, "Will the Sovereign Debt Market Survive?", *American Economic Review* 93, 2 (2003), pp. 85-90.

如此循环往复，陷入主权债务陷阱，无法偿还到期债务，也不能在国际市场上借新还旧，导致主权债务偿付违约[1]。历史上著名的主权债务危机，包括 19 世纪 80 年代的拉美国家主权债务危机、1998 年俄罗斯主权债务危机、2002 年阿根廷主权债务危机，以及 2010 年包括希腊、西班牙等国家在内的欧洲主权债务危机[2]。因此，相比于其他类型债务，主权债务具有以下特征：

第一，主权信用担保的无风险性。相对于其他类型债务而言，主权债务以国家信用作为担保方式，是最高级别的信用方式。尽管在历史上多次爆发主权债务违约事件以及主权债务危机，但主权信用仍然被视为最高级别的信用评估标准，通常被视为无风险标准，主权债务利率在资产定价中常被设定为无风险收益率[3]。因此，相对于其他类型债务，主权债务具有较高的可靠性和无风险性。在国际金融体系中，信用较好的主权债券一般都被当作避险资产。

第二，主权债务的长期性。与其他类型债务相比，主权债务的资金投向为国内大型基础设施建设。由于大型基础设施耗资巨大、建设周期长、投资风险高、收益见效慢，常规短期借债方式无法满足这类建设需求。因此，国家通过长期性的外部借债来满足国内大规模建设需求，进而减轻资金压力，拉动当地经济发展[4]。据此，主权债务往往具有规模较大、利息较低、期限较长的特点。

---

〔1〕 Manasse, Paolo, Mr Axel Schimmelpfennig, and Nouriel Roubini, "Predicting Sovereign Debt Crises", *IMF Working Papers*, 211 (2003).

〔2〕 Porzecanski, Arturo C, "Latin America: The Missing Financial Crisis", ECLAC, 2009. Vavilov, A., and E. Kovalishin, "Problems of Restructuring Russia's Debt: Theory and Practice", *Problems of Economic Transition 43*, 1 (2000), 6-25. Hornbeck, John F, "Argentina's Defaulted Sovereign Debt: Dealing with the 'holdouts'", DIANE Publishing, 2010. Lane, Philip R, "The European Sovereign Debt Crisis", *Journal of economic perspectives 26*, 3 (2012), pp. 49-68. 戴金平、张素芹、邓郁凡：《主权债务危机：国家信用神话的破产》，厦门大学出版社 2012 年版，第 28 页。

〔3〕 Akram, Tanweer, and Anupam Das, "Understanding the Low Yields of the Long-term Japanese Sovereign Debt", *Journal of Economic Issues 48*, 2 (2014), pp. 331-340.

〔4〕 Arslanalp, Mr Serkan, and Mr Takahiro Tsuda, "Tracking Global Demand for Emerging Market Sovereign Debt", *IMF Working Papers*, 39 (2014).

第三，主权债务的国际性。与其他类型债务相比，主权债务的借贷双方往往分处不同国家，因此具有国际性的特点。此外，主权债务一般以国际货币进行标价、借贷与偿还，主要以美元为主，还有少量欧元、英镑以及日元等国际货币[1]。因此，当一个国家对外举借主权债务时，就会被纳入到国际金融体系当中，其债务运转将受到国际利率、汇率等国际性因素的影响，这与依靠本国货币计价的内债存在很大区别。

（二）主权债务的成因理论

主权债务的成因理论主要从财政疲劳理论、国际收支理论以及债务危机理论等几个方面进行分析。

1. 财政疲劳理论

主权债务产生于一国经济运行过程中所出现的内部收不抵支，即一个国家的财政收入难以满足财政支出的需要，并且该国内部也缺乏有效筹集资金的渠道，只能依靠外部举债方式满足财政收支缺口，这是包括主权债务在内的一切政府举债形成的本质原因[2]。所以，主权债务本质上是财政收支失衡的问题，它与国家财政收支状况有着十分紧密的联系。

主权债务通常是一国以自己的主权信用为担保，向他国或者国际组织举借而来的债务。在现代社会当中，主权债务的借贷关系十分常见，借贷规模不断扩大，几乎所有国家都把借贷主权债务当作国家及政府为开展大规模支出而筹措资金的重要手段。当一国政府通过主权债务筹集到资金后，将根据自身支出需要，合理安排债务资金使用方式。由于一国经济运行当中，财政收入支出规模变动及时间往往并不是同步运行的，因此在某一时间点上可能存在盈余或者赤字。但是，随着财政政策的不断调整，大多数国家一般都通过赤字的财政预算来促进经济不断发展，从而使得财政收入经常性地无法满足财政支出需要[3]。各国弥补财政收支失衡的方式主要有

---

〔1〕 IIsmailescu, Iuliana, and Blake Phillips, "Credit Default Swaps and the Market for Sovereign Debt", *Journal of Banking & Finance*, 52 (2015), pp. 43-61.

〔2〕 蒲诗璐:《印度政府债务的演进、风险及可持续性研究》，四川大学 2021 年博士学位论文。

〔3〕 王姝黛:《逆周期财政政策能够控制政府债务风险吗？——理论变迁与经验数据分析》，载《南方经济》2020 年第 5 期。

以下几种：货币超发、增加税收、减少支出以及举借债务。因前三种方式均会导致国内经济负担过重，所以国家往往通过举借债务将国内外闲散资金集中起来，再集中配置，从而弥补该国的财政赤字[1]。所以一国的债务，无论是内债和外债，都与财政收支状况有着天然的联系，通常被视为一种非经常性政府收入，用来弥补财政收支的失衡[2]。

对于主权债务形成的问题，无论是理论还是实践层面，不能仅仅停留于财政收支与主权债务之间关系的定性，还需要对其中的定量关系进行探讨与分析。因此，有学者采用家庭跨期预算约束的分析框架对主权债务进行讨论。例如早期诸多学者通过对财政收支情况的协整关系分析，利用财政赤字与政府债务之间协整关系的存在与否，来判断债务的可持续性与债务风险存在与否[3]。除此之外，还有学者采用财政反应函数的方法，探讨政府财政和债务之间的关系，认为只要财政赤字与债务率总体呈正相关，债务就具有可持续性，债务风险爆发的可能性就比较小[4]。除此之外，Bohn 还认为一国政府应该积极使用财政政策对该国债务进行管理，通过在不同时期增加财政盈余或者降低财政赤字的方式，来进一步降低该国政府的负债率，从而避免包括主权债务在内的债务风险的形成与上升，防止酿成重大债务危机事件。

从财政收支关系方面探讨主权债务形成的文献有很多，但大多数研究文献显示，财政收支盈余或者赤字与该国债务率之间的关系并非一成不变的

〔1〕　Abbas, S. Ali, Alex Pienkowski, and Kenneth Rogoff, eds., "*Sovereign debt: A Guide for Economists and Practitioners*", Oxford University Press, 2019.

〔2〕　[美]詹姆斯·M. 布坎南：《民主财政论》，穆怀朋译，商务印书馆 2002 年版，第 82 页。

〔3〕　Hamilton, James D., Marjorie A. Flavin, "On the Limitations of Government Borrowing: A Framework for Empirical Testing", *American economic review 76*, 4 (1986). Hakkio, Craig S., and Mark Rush, "Is the Budget Deficit 'Too Large?'", *Economic inquiry 29*, 3 (1991), pp. 429-445. MacDonald, Maryellen C., Marcel Adam Just, and Patricia A. Carpenter, "Working Memory Constraints on the Processing of Syntactic Ambiguity", *Cognitive psychology 24*, 1 (1992), pp. 56-98.

〔4〕　Bohn, Henning, "The Behavior of US Public Debt and Deficits", *The Quarterly Journal of Economics 113*, 3 (1998), pp. 949-963. Bohn, Henning, "Are Stationarity and Cointegration Restrictions Really Necessary for the Intertemporal Budget Constraint?", *Journal of Monetary Economics 54*, 7 (2007), pp. 1837-1847.

线性关系。相反，二者的影响和作用机制十分复杂。在不同经济发展水平的国家当中，财政收支对于债务的作用机制并不完全一致。Ostry[1]等人在探讨债务与政府财政之间的关系时指出，政府可以通过调整财政收支状况使债务率处于合理区间，保持债务的可持续性，进而避免债务风险爆发。这一合理区间的上下临界点就是债务处于可持续性状态、不会引发债务危机的上下限，这一现象称之为"财政疲劳"[2]。在数次债务危机事件以前，当事国债务运行状况均能满足可持续性条件。但在危机期间，各国债务的利率大幅度飙升，使得未来的财政盈余快速减少，掉入了背离跨期预算约束的非可持续状态当中，主权债务风险由此形成并急剧上升。Ghosh[3]等人认为受限于各种因素，政府调整财政收支的能力也是存在限度的，一旦超过限度就会形成财政疲劳，使得财政收支状况不能按照跨期预算约束方式得到进一步改进，导致债务可持续性状况恶化，债务风险从而形成并急剧上升。在现实中，无论是以美国为首的发达国家，还是众多的发展中国家，都有可能出现"财政疲劳"状况。拉美债务危机、欧债危机、美国的财政悬崖都反映了"财政疲劳"状况下财政调整能力的局限性。同时，各国债务风险爆发时债务率水平差异较大，反映了各国"财政疲劳"的前提条件不同[4]。拉美债务危机爆发时，拉美国家债务率均值只有45%；欧债危机时，南欧国家的债务率也仅有60%多；而美国在面临财政悬崖时，债务率达到了100%。因此需要具体分析各个国家所处的经济与政策环境，探讨该国债务承受能力与财政疲劳的产生条件，才能准确评估该国主权债务的成因与发展状况。

根据"财政疲劳"理论，本章构建了一个中亚国家财政收支与债务之

〔1〕 Ostry, Jonathan D. , et al, "Capital Inflows: The Role of Controls", *Revista de Economia Institucional 12*, 23（2010）, pp. 135-164.

〔2〕 Ostry, Jonathan D. , et al, "Capital Inflows: The Role of Controls", *Revista de Economia Institucional 12*, 23（2010）, pp. 135-164.

〔3〕 Ghosh, Atish R. , Jonathan D. Ostry, and Mahvash S. Qureshi, "Fiscal Space and Sovereign Risk Pricing in a Currency Union", *Journal of International Money and finance*, 34（2013）, pp. 131-163.

〔4〕 Arias, Maria A. , and Paulina Restrepo-Echavarria, "Sovereign Debt Crisis in Europe Recalls the Lost Decade in Latin America", *The Regional Economist Jan*, 23（2015）.

间的反应函数，用来探讨中亚国家主权债务的形成条件。借鉴 Ghosh 的方式对这个反应函数进行简要讨论，以便进一步厘清中亚国家财政收支对主权债务形成的影响关系。将债务率的立方项引入到财政反应函数当中得到：

$$pd_t = f_1(b_{t-1}) + \eta X_t + \mu_t \qquad (1-1)$$

在公式（1-1）中，$f_1(b_{t-1})$ 是加入的债务率 b_{t-1} 的三次函数，X_t 表示中亚国家债务率以外影响财政赤字的其他因素，pd_t 表示中亚国家财政赤字率，具有可持续性的中亚国家主权债务需要满足跨期预算约束公式，如下所示：

$$b_t - b_{t-1} = (r_t - g)b_{t-1} + pd_t \qquad (1-2)$$

在这个公式（1-2）中，b_t 表示中亚国家债务率，pd_t 表示中亚国家财政赤字率，r_t 反映中亚国家名义上的利率，同时也是中亚国家偿还债务时所需要支付的利率。g 反映名义上的中亚国家经济增长率，这个变量在本公式中是外生给定的。从这个公式中可以看出，中亚国家债务率的动态变化通常是由中亚国家偿债利息 r_t、中亚国家经济增长率 g 以及中亚国家财政收支状况 pd_t 三个因素主导的。当中亚国家债务率动态变化满足 $(r_t - g)b_{t-1} + pd_t > 0$ 时，下一期中亚国家债务率会上升，中亚国家主权债务压力增加。当中亚国家债务率动态变化满足 $(r_t - g)b_{t-1} + pd_t < 0$ 时，下一期中亚国家债务率会下降，中亚国家主权债务压力减少。因此在这一框架下，中亚国家主权债务率上限也就是能够偿还 b_{t-1} 最大值，当债务率超过这一限度时，中亚国家将不具备偿还能力，表明中亚国家债务压力较高，已经具备爆发债务危机的条件。由此可以看出，中亚国家能够清偿债务的分界线是由跨期预算约束以及财政反应函数共同决定的。由于财政反应函数的前提条件是财政收支对债务的非线性特征，可以得出保证中亚国家债务可持续运转而不爆发债务危机的债务率上限需要满足以下公式：

$$f_1(b_{t-1}) + \eta X_t + \mu_t = -(r_t - g)b_{t-1} \qquad (1-3)$$

Ghosh[1]等人在研究中根据财政疲劳理论，将财政疲劳划分为三种形

〔1〕 Ghosh, Atish R., Jonathan D. Ostry, and Mahvash S. Qureshi, "Fiscal Space and Sovereign Risk Pricing in a Currency Union", *Journal of International Money and Finance*, 34 (2013), pp. 131–163.

式，并分别探讨了其对债务风险的影响，包括狭义型财政疲劳、拉弗曲线型财政疲劳以及增长约束型财政疲劳。

（1）狭义型财政疲劳

狭义型财政疲劳突出了财政收支对债务的非线性调整。当债务率不断上涨，需要不断增加盈余规模来偿还该国债务，以避免爆发债务违约与债务危机。当债务率超过一定界限时，再增加财政盈余则会超过该国经济运行所能承受的天花板。财政盈余短缺、财政赤字扩大就会加快债务率上涨，一旦债务率加快上升，则会使财政状况进一步恶化[1]。如此循环往复，会产生财政疲劳，难以应对债务率上升，进而引发债务风险和债务危机事件。中亚国家经济规模较小，财政收入来源有限。但财政支出却会随着经济建设、各类投资增加而大规模增加，加剧财政盈余短缺，财政状况长期处于赤字状态而得不到缓解，进而造成中亚国家普遍出现财政疲劳，难以有效地缓解主权债务带来的财政压力，主权债务规模不断上升，债务压力与风险逐步累积。

（2）拉弗曲线型财政疲劳

拉弗曲线型财政疲劳以拉弗曲线为基础，主要反映财政收入疲劳[2]。由于拉弗曲线表示税收与税率之间的倒 U 型关系，在倒 U 型曲线前半段，税收会随着税率增加而增加，到达顶点之后税收会随着税率上升而下降，继续增加税率将会导致税收收入减少。因此，拉弗曲线也可以看作是财政疲劳的一种外在表现形式[3]。当该国税率处于较高水平时，继续增加税收，扩大财政收入的方式变得不太可行。在缺乏收入来源、偿债能力不足的情况下，债务形势就会变得十分严峻[4]。当受到外部冲击时，例如战争、自然灾害等等因素，通过增加税收来提高偿债能力则变得难以实现，

---

〔1〕 Robertson, Donald, and Demosthenes N. Tambakis, "Long-Run Debt Ratios with Fiscal Fatigue", *Cambrigde Working Papers in Economics*, (2016).

〔2〕 唐文进、苏帆、彭元文：《财政疲劳、储备渠道与中国政府债务上限的测算》，载《财经研究》2014 年第 10 期。

〔3〕 Tsoukis, Christopher, "The Limits of Austerity: The Fiscal Multiplier and the 'Debt Laffer Curve'", *Political Economy Perspectives on the Greek Crisis*, 11 (2017), 223-247.

〔4〕 Lorenzoni, Guido, and Ivan Werning, "Slow Moving Debt Crises", *American Economic Review 109*, 9 (2019), 3229-3263.

疲劳的财政税收无法提供资金来满足跨期预算约束要求，进而产生拉弗曲线型财政疲劳。由于中亚国家经济规模较小，税收基础有限，仅能通过提高税率方式扩大财政收入，在拉弗曲线影响下，中亚国家提高税率往往会导致财政收入下降，进而恶化财政状况，加剧该国财政疲劳，促使债务规模上升。

（3）增长约束型财政疲劳

增长约束型财政疲劳主要由债务与经济增长关系演变而来[1]。债务对经济增长的贡献存在阈值，当债务率超过 90% 的时候，过高的债务率会对经济增长产生负面影响[2]。在这个阈值或者门槛值以上，该国债务累积与经济下滑相互影响、相互强化。过往较高的经济增速能够提供较强的偿债能力，承受较高的债务负担，而在债务率超过一定程度、经济下行至持续低迷的情形中，过往掩盖的债务问题以及债务风险将会一一爆发。如果该国更看重经济增长，那么可能会通过债务违约来防止债务率进一步攀升。如果该国更看重债务运转，经济持续下滑也将会使债务运转不可持续，从而使债务风险上升，甚至爆发债务危机[3]。中亚国家由于自身经济规模较小，内生增长动力以及经济发展韧性不足，受外部影响程度较大。当全球经济总体处于蓬勃发展状态时，中亚国家也可以获得较高的经济增速与偿债能力。当全球经济处于低谷状态时，中亚国家的经济增长就会处于低迷，财政赤字加剧且长期持续，财政疲劳状况就会加剧，难以应对债务规模的持续上升，过往蓬勃发展状态下所掩盖的债务问题将会逐一显现，并不断恶化。

2. 国际收支理论

主权债务风险成因也与该国国际收支状况密切相关。当国际收支状况较好，处于顺差状态时，多余的国际收入可以用来补充与平衡国内财政收

〔1〕　唐文进、苏帆、彭元文：《财政疲劳、储备渠道与中国政府债务上限的测算》，载《财经研究》2014 年第 10 期。

〔2〕　Reinhart, Carmen M., and Kenneth S. Rogoff, "Financial and Sovereign Debt Crises: Some Lessons Learned and Those Forgotten", *Journal of Banking and Financial Economics 2*, 4（2013）, pp. 5–17.

〔3〕　Reinhart, Carmen M., and Christoph Trebesch, "Sovereign Debt Relief and its Aftermath", *Journal of the European Economic Association 14*, 1（2016）.

支，进而改善债务状况，降低主权债务风险。当国际收支情况恶化，处于逆差状态时，需要用国内收入来弥补，财政收支状况与债务形势就会恶化，债务风险随之上升[1]。国际收支以及主权债务风险成因的相关理论主要有以下几种：

（1）贸易逆差理论

一个国家的进出口贸易收支是其国际收支的重要组成部分，对外贸易收支对国际收支状况具有重要影响，也会对主权债务风险波动产生作用。当出口大于进口时，处于贸易顺差状态，产生的贸易盈余能够改善国际收支条件，提高偿债能力，进而降低主权债务风险。当进口大于出口时，则处于贸易逆差状态，这种贸易逆差会恶化国际收支状况，从而使偿债能力下降，主权债务风险上升[2]。Roubini[3]等人对主权债务危机一系列经济与政治条件调查分析后发现，贸易顺差能够显著改善国际收支状况，进而缓解主权债务风险，降低爆发主权债务危机的可能性。而贸易逆差则会加剧国际收支状况恶化，促使主权债务风险急剧上升，发生债务危机的可能性将大大增加。Mitchener[4]等人同样认为，贸易平衡与国际收支条件改善能够大大缓解主权债务风险，提高偿债能力。Chaumont[5]等人分析主权债务违约事件后发现，贸易逆差是造成债务风险上升以及债务违约的重要因素。由于贸易逆差扩大，国际收支状况随之恶化，对外偿债能力就会下降，主权债务违约风险就会加剧。由此可见，国际收支状况是影响主权债务风险的重要因素。贸易逆差扩大会使主权债务风险上升，主权债务违约，甚至会爆发主权债务危机。

---

〔1〕 吴炳辉、何建敏：《国际收支视角下金融风险传染机制探讨》，载《国际论坛》2014年第4期。

〔2〕 何德旭、张斌彬：《全球四次债务浪潮的演进、特征及启示》，载《数量经济技术经济研究》2021年第3期。

〔3〕 Roubini, Nouriel, and Paolo Manasse, "'Rules of Thumb' for Sovereign Debt Crises", *Journal of International Economics*, 78 (2009).

〔4〕 Mitchener, Kris James, and Marc D. Weidenmier, "Supersanctions and Sovereign Debt Repayment", *Journal of International Money and Finance 29*, 1 (2010).

〔5〕 Chaumont, Gaston, "Sovereign Debt, Default Risk, and the Liquidity of Government Bonds", *24th Annual Conference on Compting in Economics and Finance*, 2018.

（2）国际资本流动理论

主权债务涉及到不同国家之间的相互借贷，因此与国际资本流动情况密切相关。早期的国际资本流动理论认为，资本国际间流动的驱动力为追逐更高的利润，因此，各国比较优势的存在会带动资本国际间流动，从而使投资者获得远超投资本国的利润。因此，国际资本往往热衷于寻求能带来超额回报的地方。在经济繁荣时期，以欧美为主的发达国家国内资本过剩，收益率降低。而众多发展中国家资本需求增加，收益率上升，诱使大量国际资本从发达国家流向发展中国家，极大地改善了发展中国家的国际收支状况。同时，廉价的国际资本使发展中国家大肆举借外债进行国内投资，一方面促进了国内经济繁荣，另一方面也在短期内积累了大量待偿还债务。而当经济形势恶化，或者发展中国家主权信用发生变动，就会导致资本流动趋势逆转，由资本流入逆转为资本流出，国际收支状况严重恶化，削弱偿债能力，主权债务风险急剧上升[1]。马克思曾深入研究过资本流动与债务危机，认为在经济紧缩时期发生的资本外流容易引发信用危机，资本流出、国际收支恶化是债务危机爆发的加速器[2]。马歇尔则进一步指出，国际资本流动具有不稳定特性，当流入国的信用状况以及经济发展状况发生变化时，资本流动趋向就会发生逆转，由资本流入转变为资本流出，从而造成国际收支状况恶化，主权债务风险上升[3]。综上，马克思与马歇尔都指出了国际资本流动对主权债务风险的传导途径，即资本流入国经济或者信用发生变动，会导致国际投资者信心受挫，进而诱发资本流动逆转，加剧国内经济与信用形势恶化，导致资本外流，最终引发主权信用与主权债务危机。

3. 债务危机理论

债务危机是指债务风险累积到一定程度，加之经济衰退萧条，会爆发债务无法偿还的情况。债务危机相关理论对于主权债务风险的形成机理具有

---

〔1〕　钟红、刘家琳：《债务型资本流动对主权债务违约风险影响研究》，载《国际金融研究》2021 年第 4 期。

〔2〕　[德]马克思：《资本论》，郭大力、王亚南译，人民出版社 1975 年版，第 35 页。

〔3〕　[英]马歇尔：《货币、信用与商业》，叶元龙、郭家麟译，商务印书馆 1985 年版，第 55 页。

较强的解释作用。刘铭[1]在研究主权债务危机时，归纳总结了以下三种理论，并指出这三种理论能够解释债务危机爆发的成因和机理：

（1）债务—通缩理论

债务—通缩理论是著名经济学家欧文·费雪在 1933 年提出的，当时整个西方世界正经历严重的大萧条，经济衰退与债务问题是当时各国面临的主要问题。债务—通缩理论认为，在经济衰退期间，债务与通货紧缩是引发债务危机的核心因素。因为债务与通货紧缩相互作用，互为影响，两者都会加重债务负担，进而引发债务危机。从宏观经济角度来看，如果一个国家的经济发展速度较快，该国就会尽可能通过借债来促进本国经济快速腾飞。但如果经济发展不景气，经济持续低迷，经济增幅小于融资成本与债务利息，那么通过借债来发展经济就显得不够划算，就会倾向于尽快还清债务以避免债务累积。当经济萧条时，往往会出现通货紧缩现象。在通货紧缩情况下，如果债务规模过大，通货紧缩引起的价格下降远超过未偿还名义债务时，尚未偿付的债务价值就会上升，进而陷入"越欠越多"的恶性循环中。当经济持续下行，尤其是在受到外界严重冲击的情况下，通货紧缩与外债风险相互叠加，就会引发债务危机的出现。

（2）资产价格下降理论

资产价格下降理论由沃尔芬森提出，他认为倘若一个国家主权债务过高，银行、评级机构就会下调其主权信用等级，进而限制贷款额度，甚至拒绝借贷请求。债务国因无法通过借新还旧方式偿还已有债务，只能被迫廉价出售本国资产。这种廉价出售行为必然会导致财富值以及国内生产总值降低，融资能力与偿债能力降低，债务负担增加，主权债务风险上升。当融资能力与偿债能力不足，积累债务越来越多时，被迫廉价出售的资产也会越来越多。这将进一步削弱债务国的资产财富与生产总值，加重主权债务风险。当债务负担越来越大，可供廉价出售资产越来越少，就会无法偿付债务，甚至出现债务违约并引发债务危机。

（3）综合性国际债务危机理论

综合性国际债务危机理论由苏特提出，主要从经济周期视角来分析主

---

[1] 刘铭、乔桂明、程然：《基于 Logit 模型的新兴经济体主权债务危机预警研究》，载《国际金融研究》2020 年第 3 期。

权债务危机。当全球经济处于繁荣增长时期，国际借贷资本充足，以欧美为首的发达国家通过其在国际金融市场的主导作用，将国际资本引导甚至倾销到发展中国家，以获得更高的资本回报率，而发展中国家为了满足国内投资需求也愿意举借外部债务。循环往复之下，发展中国家的主权债务规模不断增长。在经济繁荣时期，不断累积的外债可以通过经济高速发展来进行偿还，债务风险被繁荣表象所掩盖。但当遭遇经济衰退时，这类发展中国家的经济增长与出口贸易将受到严重打击，难以承担原有的高额债务，偿债能力不断下降使主权债务风险不断上升。主权债务风险的上升反过来又会对经济增长产生十分不利的影响，加剧经济形势的恶化。长此以往，经济发展逐渐陷入停滞不前的低迷状态，最终导致主权债务危机爆发。

（三）主权债务对经济增长影响理论

主权债务乃至整个债务范畴对经济的影响，是经济学家们争论不休的话题，并形成了诸多不同观点。例如凯恩斯主义认为，主权债务对经济增长总体呈现正向作用。以亚当·斯密为代表的古典主义则认为，主权债务对经济增长具有负向影响。而李嘉图等价理论则指出，主权债务对经济增长的效用整体趋向于中性。除此之外，也有部分学者指出主权债务对经济增长的影响是非线性的，在不同阶段或者不同时期，主权债务对经济增长的影响也是不同的。在某一阶段存在正向影响，而在另一阶段则存在负向影响，不同阶段和状态的转化使主权债务对经济增长的影响趋于非线性化和复杂化。以下则是对这些不同理论的总结和归纳：

1. 主权债务的正向论

主权债务的正向论影响，主要从有效需求理论、经济"起飞"理论，以及"两缺口"理论三个方面展开论述。

（1）有效需求理论

凯恩斯学派认为，主权债务对经济具有正向影响。凯恩斯在经历了20世纪20年代大萧条以后，认为缺乏规划协调、放任自由的政策措施必然引起经济危机，同时也难以促进经济持续增长。因此，凯恩斯提倡通过宏观调控、综合运用货币和财政等措施来增加投资、刺激消费，缓解市场有效需求不足问题，进而防止经济陷入萧条，促进经济持续增长。凯恩斯特别强调财政政策在增加投资、避免萧条、促进经济增长等方面的作用，认为政府部门应该通过扩大财政支出与政府采购来刺激经济。但这种扩张性财政支出需要有强大的财力支持,多数国家尤其是经济基础薄弱的发展中国家缺乏雄厚的财政基础,中亚国家就是其中的典型代表。财力薄弱的中亚国家在税收收入满足基本支出以后很难有剩余,而要实现扩张性财政支出,只有通过印钞、加税以及举债等途径[1]。在这三种途径当中,举债是扩张财政的理想选择,可以避免印钞和加税带来的副作用。当国内资金不足时,可以通过向外举债方式筹集资金,实现财政扩张、促进经济增长的目标。

（2）经济"起飞"理论

20 世纪 60 年代,美国经济学家罗斯托针对战后一些国家的经济腾飞现象,提出了著名的"起飞"理论,认为一个国家要从传统农业国向现代化工业国转变,必然要经历经济发展的"起飞"阶段。经济起飞往往从一个或者若干个部门开始,然后带动相关产业发展,之后再逐步扩张,进而实现经济发展水平的总体提升[2]。这种经济发展的"起飞"需要大量的财政支出与资本投入作为必要前提条件,对于经济基础薄弱、国内原始资本匮乏的中亚国家以及广大发展中国家而言,向外借债便是这种财政支出与资本投入的重要来源[3]。罗斯托的经济发展"起飞"理论一经提出便引起理论界广泛关注。著名经济学家贝里尔对此进行了专门探讨,充分肯定了外债对经济增长的正向作用,并指出尽管外债在一国资本中比例很小,但是外债的借入会给中亚等发展中国家带来国外新兴理念和技术,对经济增长的正向作用远远超过单纯的外债资本进入[4]。

（3）"两缺口"理论

除了凯恩斯的有效需求理论与罗斯托的起飞理论之外,关于主权债务

---

〔1〕 孙力主编:《中亚黄皮书:中亚国家发展报告（2012）》,社会科学文献出版社 2012 年版,第 143 页。

〔2〕 Rostow, Walt W, "The Take-off into Self-Sustained Growth", *The Economic Journal 66*, 261（1956）, pp. 25-48.

〔3〕 魏志奇:《罗斯托的增长阶段理论及其对发展中国家转型的启示》,载《理论月刊》2014 年第 12 期。张瑞芹:《罗斯托经济发展理论的本质追问与当代困境——由"中等收入陷阱"引发的思考》,载《河北学刊》2016 年第 5 期。

〔4〕 Romer, Paul M. "Mathiness in the Theory of Economic Growth", *American Economic Review 105*, 5（2015）, pp. 89-93. 孙力、吴宏伟主编:《中亚黄皮书:中亚国家发展报告（2013）》,社会科学文献出版社 2013 年版,第 135 页。

对经济增长具有正向影响的论述，还有钱纳里等学者提出的"两缺口"理论。根据两缺口理论，中亚等发展中国家经济增长所受到的约束主要有以下几个方面：储蓄约束、外汇约束以及技术约束[1]。对于中亚国家而言，经济基础薄弱、储蓄率低下使国内资金短缺，严重阻碍投资规模扩大。由于中亚国家地处内陆，出口贸易面临着天然限制，难以通过资源出口换取外汇收入以充实国内资本。从均衡角度来看，当经济发展出现投资超过储蓄或进口超过出口时，也就是出现了储蓄缺口和贸易缺口，需要外部资金进行平衡[2]。用公式表示为：$C + I + X = Y = C + S + M$，进一步转化得到 $I - S = M - X$，其中 Y、C、I、X、S、M 分别表示国内生产总值、消费、投资、出口、储蓄以及进口。要想实现经济持续增长，则应该保持 $I - S = M - X$，通过向外借债方式弥补缺口。由此可见，两缺口模型充分反映了外债对经济发展的正向作用，以中亚国家为代表的广大发展中国家可以充分运用外债工具弥补缺口，促进国内经济快速发展[3]。

2. 主权债务的负向论

早期的西方学者对外债持反对态度，指出外债对一个国家经济发展总是有害无利的。例如亚当·斯密最早对外债问题进行探讨和研究，并认为外债对国家经济发展是不利的。一个国家之所以要举借债务，主要是由于当权者肆意挥霍、铺张浪费、不知节俭，把本该用于经济建设的资金挪作他用，抑制了私人投资和消费。当需要偿还债务时，又对原有的工商业主征税，加重其负担，从而造成生产倒退和经济萎缩[4]。主权债务负向影响主要包括三种理论，即外债束缚理论、外债依附理论和债务倒挂理论：

---

〔1〕 Chenery, Hollis B., and Alan M. Strout, "Foreign Assistance and Economic Development: Reply", *The American Economic Review 58*, 4 (1968). Chenery, Hollis B., and Nicholas G. Carter, "Foreign Assistance and Development Performance, 1960-1970", *The American Economic Review 63*, 2 (1973).

〔2〕 张亚斌、万建永、易先平：《我国宏观经济内部失衡对国际收支失衡的影响——基于两缺口模型的实证研究》，载《大连理工大学学报（社会科学版）》2008 年第 4 期。

〔3〕 孙力、吴宏伟主编：《中亚黄皮书：中亚国家发展报告（2014）》，社会科学文献出版社 2014 年版，第 98 页。

〔4〕 ［英］亚当·斯密：《国民财富的性质和原因的研究》（下卷），郭大力、王亚南译，商务印书馆 2004 年版，第 10 页。

（1）外债束缚理论

对外债持有坚决反对态度的代表人物有伊曼纽尔·沃勒斯坦和罗伯特·布伦纳，他们对发展中国家向外举借债务是极力反对的，并对此提出了著名的"外债束缚"理论[1]。根据该理论，中亚发展中国家并不能够从外债当中得到利益，反而会在向外举债时，国内经济剩余大量流失到国外，进而削弱本国的经济基础，阻碍本国经济正常发展。外债束缚理论认为外债对经济具有显著的负面影响，主要是基于以下几个方面：首先，中亚发展中国家本身缺乏造血能力和原始积累，收入来源单一且十分薄弱，但维持一个国家正常运转所需要的开支却五花八门，很多都不是用在生产性的经济建设当中，而常常用于弥补经常性支出的短缺和消费性支出的不足，这会加重经济负担；其次，发展中国家外债主要来源于发达国家，发达国家将外债作为操控他国的工具。即使是 IMF、世界银行这类机构，也不过是发达国家打着国际组织旗号间接操控外债、渗透发展中国家的手段，类似于中亚这类地缘战略十分重要的地区，更是发达国家渗透的重点对象；最后，发展中国家在长期向外借债过程中积累了大量债务利息，形成了借新还旧、以债养债的局面，从而造成国内积累的经济剩余被债务利息大量吞噬，导致中亚国家在债务模式下长期陷入贫困动乱当中[2]。

（2）外债依附理论

发展中国家经济学家对外债的负面影响有着更为充分的理解。萨米尔·阿明等著名发展中国家经济学家对外债深恶痛绝，并提出了"外债依附"理论[3]。外债依附理论认为，举借外债只会让发展中国家沦为发达国家的附庸，而无法实现真正的独立自主。阿明等人认为，国际政治经济体系由"中心—外围"国家组成，发达国家处于国际政治经济体系的中心位置，而中亚等发展中国家则处于外围边缘位置。流向中心国家外债与流向

---

[1] Wallerstein, Immanuel Maurice, "The Capitalist World-Economy-Chapter 1", Cambridge University Press, 1979. Brenner, Robert, and Peterlman, Michael, The Boom and the Bubble: The US in the World Economy, *Journal of Economic Literature*, 4 (2003).

[2] 孙力、吴宏伟主编：《中亚黄皮书：中亚国家发展报告（2015）》，社会科学文献出版社 2015 年版，第 149 页。

[3] Amin, Galal A, "The Emergence and Development of Egypt's External Debt", *Egypt's Economic Predicament*. Brill, 1995.

外围国家外债所产生作用截然不同，从中心国家流向外围国家外债并不能促进中亚等发展中国家经济增长，只能加速其国内经济利润流向发达国家，从债务"新借者"沦为债务"老客户"，从而使中亚这类外围发展中国家不得不成为发达国家的附庸者和依附者，使经济长期处于被压榨剥削的地位[1]。

（3）债务倒挂理论

外债束缚与外债依附被认为是债务对经济产生负面影响的主要理论，除此之外，与债务负向论紧密相关的还有"债务倒挂"理论[2]。该理论认为，一个国家国内投资回报的一部分被国外债权人拿走，而债务国只能够得到产出增量的一小部分。也就是说，债务的削减会增加该国投资以及支付能力。当存在这种情况时，债务国就处于倒 U 型曲线右侧，即债务增长会对经济产生负向影响[3]。对于中亚等发展中国家而言，经济规模的限制使其最优的债务规模往往比较小。然而，毫无节制地向外举借外债使中亚国家债务总量往往超过了这一水平，超限外债水平通过多个渠道对中亚国家经济增长造成负面影响，例如削弱国内储蓄积累，加大对外国资本依赖程度；对国内私人投资造成挤压，造成国内投资缩小；债务偿本付息困难使债务国与债权国关系恶化，导致债务国所能够得到的国际金融支持减少，引发国内债务危机，从而对经济增长造成负面冲击[4]。

3. 主权债务的非线性论

主权债务的非线性影响，主要从外债倒 U 型理论、外债挤入挤出理论以及外债周期理论三个方面展开论述。

---

〔1〕　吴双麟：《外债对新兴市场国家投资与储蓄的效应研究》，湖南大学 2014 年硕士学位论文。孙力、吴宏伟主编：《中亚黄皮书：中亚国家发展报告（2016）》，社会科学文献出版社 2016 年版，第 38 页。

〔2〕　Claessens, Stijn, "Analytical Aspects of the Debt Problems of Heavily Indebted Poor Countries", *World Bank Publications*, 1996.

〔3〕　徐建国、张勋：《中国政府债务的状况、投向和风险分析》，载《南方经济》2013 年第 1 期。牛霖琳、夏红玉、许秀：《中国地方债务的省级风险度量和网络外溢风险》，载《经济学（季刊）》2021 年第 3 期。

〔4〕　孙力主编：《中亚黄皮书：中亚国家发展报告（2017）》，社会科学文献出版社 2017 年版，第 174 页。

（1）外债倒 U 型理论

有学者认为主权债务对经济增长的影响是非线性的，在不同阶段影响也不同。例如债务的拉弗曲线，当处于拉弗曲线左边时，债务增加会促进经济快速增长，不少发展中国家包括中亚国家的经济起飞过程往往是处于这个阶段。在这一阶段，由于经济规模较小，原始资本积累不足，通过向外举债方式充实国内资本，能够对经济增长起到正向的推动作用[1]。而当债务规模超过一定限度时，债务增加对经济增长的边际效用降低，还本付息对经济的负面影响不断增加，债务逐渐积累使经济增长面临极大的负担[2]。中亚等发展中国家在经济发展的早期阶段举借了大量外债，但经济并没有实现由发展中国家向发达国家转变的跨越式增长。在债务逐渐积累后，对经济的负面影响逐渐开始显现。尤其是受到爆发经济危机等不确定性冲击时，高负债模式将使经济状况雪上加霜[3]。

（2）外债挤入挤出理论

Woodford 等人认为债务对经济增长的影响是非线性的，并指出外债对经济增长同时具有挤入和挤出两种作用[4]。他认为外债对投资与消费具有挤出效应，但如果金融市场不够成熟，消费者信贷受到种种限制，无法较为自由地从金融市场上获得资金，在债务水平较低的情况下，政府通过向外借债引进国外资本，从而由外债市场带动内债市场成熟。消费者一旦持有高流动性资本，将有利于消费者自由支配其家庭支出和家庭收入。这种灵活的配置方式能够促进经济效率上升，从而使投资和消费产生挤入效应[5]。在此基础上，经济学家 Arai 等人通过动态一般均衡模型对债务与经济增长的非

---

〔1〕 朱文蔚、陈勇：《外债对我国经济增长影响的实证分析》，载《财经科学》2013 年第 10 期。

〔2〕 程宇丹、龚六堂：《外债的经济增长效应与影响渠道——发达国家和发展中国家比较》，载《数量经济技术经济研究》2015 年第 10 期。

〔3〕 胡翠、许召元：《对外负债与经济增长》，载《经济研究》2011 年第 2 期。杜永潇、田新民：《中国外债对宏观经济影响的实证研究》，载《经济与管理研究》2015 年第 6 期。

〔4〕 Woodford, Michael, "Public Debt as Private Liquidity", *The American Economic Review* 80, 2（1990）.

〔5〕 金雪军、邢自霞：《中国外债与经济增长关系的实证研究》，载《财政研究》2008 年第 1 期。

线性关系展开了理论推导[1]。首先，他认为政府可以采取征税和债务两种融资方式，并且消费者可以对投资和消费行为做出选择。由于生产效率不同，高效率消费者将成为储蓄者，低效率消费者将成为生产者；其次，在不完善市场中，均衡利率要高于完善市场中的利率。这一点在发展中国家更为常见，中亚等发展中国家的均衡利率通常高于欧美发达国家。在这种条件下，政府部门向外借债必然推高均衡利率水平，而更高的利率水平将导致私人投资退出，这就是债务的挤出效应；最后，较高利率水平将使低效率生产者放弃生产，将资金重新集中配置从而提高经济效率。同时还能够增加消费者的储蓄收益和家庭收入，进而促进消费增长。另外，较高利率水平也可能推动生产率较高的储蓄者增加投资，扩大投资规模。总的来看，当一个国家特别是中亚等发展中国家债务规模较低时，挤入效应要超过挤出效应，向外举借外债对经济增长的效应为正；而当债务规模较高时，举借外债的挤出效应则要远远超过挤入效应，外债对经济增长的效应则会变成负向影响[2]。

（3）外债周期理论

弗兰克等人提出的外债周期理论也与外债非线性影响相关。20世纪70年代，大量国家利用外债促使经济腾飞，但也有少数国家债务问题十分严重。弗兰克等人通过对外债问题的深入探讨，将外债发展过程划分为几个不同阶段，在不同阶段中，外债对经济的影响也不同，这就是外债周期理论[3]。该理论认为，国家在向外举债的过程中，存在典型的债务周期，经历不同的阶段转换。第一阶段是不成熟的债务国，典型特征是贸易逆差，资本项目顺差，利息处于净支出状态，外债额呈现上升趋势；第二阶段是成熟的债务国，典型特征是贸易逆差幅度减小，甚至出现顺差，资本项目的顺差减小，利息支付仍然处于净流出状态，但外债增速在下降；第三阶段为债务下降国，该阶段的特点是贸易顺差增加，资本项目开始流出，利

〔1〕　Arai, Real, and Junji Ueda, "A Numerical Evaluation of the Sustainable Size of the Primary Deficit in Japan", *Journal of the Japanese and International Economies*, 30 (2013).

〔2〕　苏民：《公共债务对经济增长的非线性影响研究——基于135个国家面板数据的实证分析》，载《南方金融》2021年第4期。

〔3〕　Fischer, Stanley, and Jacob A. Frenkel, "Investment, the Two-Sector Model and Trade in Debt and Capital Goods", *Journal of International Economics 2*, 3 (1972).

息净流出下降，外债净额也开始在下降；第四阶段为不成熟的债权国，典型特征为贸易状态由顺差转为逆差，净资本流出速度下降，利息支付转变为净流入状态，由债务国转变为债权国；第五阶段为成熟的债权国，典型特征为贸易逆差，净资本流量稳定，利息处于净流入状态，债券增长幅度较低。发展中国家一般处于前三个阶段，而发达国家则通常处于后两个阶段。在不同的阶段中，外债对于经济增长的影响也是不一样的，从而使外债的经济效应呈现出非线性状态[1]。

二、文献评述

自 20 世纪 80 年代发展中国家发生主权债务危机以来，学者们针对发展中国家主权债务问题的探讨一直在持续进行，并取得了十分丰富的研究成果。总体而言，这些研究主要围绕成因和影响两个方面进行。因此，本研究主要从发展中国家主权债务的形成原因，以及主权债务对经济增长的影响两个方面进行阐述与梳理。

（一）发展中国家主权债务形成的原因

随着发展中国家主权债务规模的逐渐增加，主权债务风险也在不断上升，给发展中国家的经济发展带来了严重冲击。日益严重的主权债务问题引起了各国政府的广泛重视，众多学者也在针对发展中国家主权债务的形成原因进行广泛探讨和深入研究。总体来看，学者们对于主权债务成因的研究大致遵循两条主线：一方面，部分学者从内部因素出发，探讨主权债务形成的内部原因；而另一方面，部分学者从外部环境出发，探讨主权债务形成的外部原因。

1. 主权债务形成的内因

一般而言，内因是影响主权债务发展的根本原因。因此，下文将从影响主权债务问题的基本因素出发，探讨主权债务形成的内因。

（1）财政收支疲劳造成的主权债务风险

从财政收支的因素来看，主权债务规模增加是由财政收不抵支、财政

---

[1] 巴曙松、孙兴亮、顾磊：《主权 CDS 对欧元区主权债务危机的影响》，载《国际金融研究》2012 年第 7 期。齐稚平：《构建逆周期外债宏观审慎管理体系的必要性——基于协整分析的实证研究》，载《金融发展研究》2015 年第 11 期。

失衡引起的。Ostry 等人在研究财政收支对主权债务形成的影响时提出了"财政疲劳"理论，认为政府可以通过调整财政收支状况来使债务率处于合理区间，保持债务可持续性，进而避免债务风险爆发[1]。这一合理区间的上下临界点就是债务处于可持续性状态，而不会引发债务危机的上下限。政府在财政赤字压力下向外举借外债以平衡财政收支，财政收支突破这一界限，就会引发财政疲劳，进而导致主权债务风险上升。

Masson[2]等人认为，国家在养老、医疗、社会福利等方面不断扩大支出，使财政赤字规模越来越大，政府只能通过发行国债以及向外举借债务方式缓解财政压力，进而导致债务规模不断上升，债务风险不断累积。Aiyagari[3]等人探讨了财政赤字于政府债务的影响，指出过大的财政赤字将使债务规模激增，进而打破债务成本与收益之间的均衡，引发债务风险上升。Laubach[4]等人在研究政府财政赤字对债务规模与债务风险的作用时发现，在控制经济周期以及货币政策的情况下，财政赤字率每增加 25 个基点，将导致债务风险上升 4 个基点。Ogunmuyiwa[5]等人指出，财政赤字日益扩大是造成巴基斯坦、尼日利亚两国外债规模和外债风险急剧上升的重要因素，并认为削减财政赤字规模是摆脱外债风险的重要途径。

（2）贸易逆差扩大导致偿债能力不足

主权债务形成与偿债能力不足有着直接关系。一国偿债能力与该国的经济总量与经济发展水平密切相关，经济规模较小、经济发展水平落后的国家往往缺乏偿债能力，即便在外债规模较小的情况下，债务风险仍会居高不下。除国内经济状况外，影响偿债能力的还有国际收支情况。贸易逆差理论认为进出口贸易收支是国际收支的重要组成部分，其贸易收支对国

〔1〕　Ostry, Jonathan D., et al, "Capital Inflows: The Role of Controls", *Revista de Economia Institucional 12*, 23（2010）, pp. 135-164.

〔2〕　Masson, Mr Paul R., and Mr Michael Mussa, "Long-Term Tendencies in Budget Deficits and Debt", International Monetary Fund, 1995.

〔3〕　Aiyagari, S. Rao, and Ellen R. McGrattan, "The Optimum Quantity of Debt", *Journal of Monetary Economics 42*, 3（1998）, pp. 447-469.

〔4〕　Laubach, Thomas, "New Evidence on the Interest Rate Effects of Budget Deficits and Debt", *Journal of the European Economic Association 7*, 4（2009）.

〔5〕　Ogunmuyiwa, Michael S, "Does Fiscal Deficit Determine the Size of External Debt in Nigeria?", *Journal of Economics and International Finance 3*, 10（2011）, p. 580.

际收支状况具有重要影响。当贸易收不抵支时，也会引发主权债务风险。

一些经济状况不好的小国在外债总量较小的情况下，积累的债务风险却远超发达国家，主要原因在于这些小国的偿债能力不足[1]。例如，Kinnavong[2]等人发现，老挝地处内陆、经济总量小、发展水平低下，尽管外债绝对总量较小，但由于财政收入较少、缺乏足够的偿还能力，其债务风险居高不下，成为掣肘其经济发展与政党执政的主要因素。同样问题也发生在斯里兰卡、不丹等经济发展落后、偿债能力低下和偿债手段匮乏的小国当中。Rathnayake[3]等人发现，斯里兰卡经济落后，总量较小，使其财政收入有限，在外债偿付方面面临极大压力，从而使该国债务持续性较弱，债务风险长期居高不下。早在上个世纪，就有学者指出第三世界国家主权债务问题的严重性[4]，Arnone[5]等人认为，一些重债穷国极端缺乏偿债能力，经济基础十分薄弱，收入来源不足，潜在债务风险问题十分严重。对于这些国家而言，提高偿债能力就可以大大缓解主权债务风险。Mitchener[6]等人发现，贸易平衡与国际收支条件改善能够缓解主权债务风险，提高偿债能力，并扩大贸易顺差；相反，如果国际收支状况不断恶化，会引起对外偿债能力不断下降，最终导致主权债务违约[7]。

（3）资金使用不合理引发的主权债务风险

主权债务增加也与财政支出、债务去向结构紧密相关。对于一国经济

〔1〕 胡晓山：《浅论"重债穷国计划"对受援国的宏观经济影响》，载《世界经济研究》2005 年第 7 期。

〔2〕 Kinnavong, Vileth, "External Debt and Economic Growth: Case of Lao PDR", *Policy Research Íntitute*, Ministry 402 (2016).

〔3〕 Rathnayake, Anuruddhi Shanika K, "Sustainability of the Fiscal Imbalance and Public Debt Under Fiscal Policy Asymmetries in Sri Lanka", *Journal of Asian Economics*, 66 (2020).

〔4〕 Bradshaw, York W., and Jie Huang, "Intensifying Global Dependency: Foreign Debt, Structural Adjustment, and Third World Underdevelopment", *The Sociological Quarterly 32*, 3 (1991), pp. 321-342.

〔5〕 Arnone, Marco, and Andrea F. Presbitero, "External Debt Sustainability and Domestic Debt in Heavily Indebted Poor Countries", *Rivista Internazionle di Scienze Sociali*, 1 (2007).

〔6〕 Mitchener, Kris James, and Marc D. Weidenmier, "Supersanctions and Sovereign Debt Repayment", *Journal of International Money and Finance* 29, 1 (2010).

〔7〕 Chaumont, Gaston, "Sovereign Debt, Default Risk, and the Liquidity of Government Bonds", *24th Annual Conference on Compution in Economics and Finance*, 2018.

而言，通过财政收入、举借外债筹集到的资金，如果投入到经济发展当中，创造出大量的经济增加值，那么财政支出、举借债务能够促使经济快速发展，从而降低主权债务。反之，如果筹集到的资金没有投入到经济建设当中，而被用于政府消费、军事支出等非生产性领域，就会影响经济发展，降低经济增速，从而使主权债务风险加速上升。

前期诸多学者对于这一方面的债务风险成因展开探讨，例如，早在 20世纪 80 年代末期，Milman[1]等人就通过南锥体国家（阿根廷、智利和乌拉圭）事例，发现了军事支出过高会造成主权债务风险急剧上升，这也是拉美债务危机的重要原因。Dunne[2]等人则以小型工业化国家为研究对象，发现外债对于主权债务风险上升确实产生了正向影响。Muhanji、Shahbaz[3]等人通过对非洲国家、巴基斯坦等国家研究发现，战争导致的军费开支会使外债规模急剧扩大。这种影响从战前到战中一直持续到战后，造成了沉重的债务负担和外债风险。Dimitraki[4]等人则指出，军费开支是希腊主权债务增长的重要原因之一。尤其是在经济衰退期间，高额的军费开支严重挤占原本可以用经济建设的资金。Çolak[5]等人则通过对转型经济体分析发现，这些国家的军费开支对外债产生了加速效应和积压问题，使外债风险不断累积。此外，Arellano[6]等人发现，政府在增加消费支出，或者占用偿还

〔1〕 Milman, Claudio, "Military Expenditures and Foreign Debt: A Case Study of the Southern Cone Countries, 1971-1983", *Journal of Third World Studies 6*, 1 (1989), pp. 147-155.

〔2〕 Dunne, J. Paul, Sam Perlo-Freeman, and Aylin Soydan, "Military Expenditure and Debt in Small Lndustrialised Economies: A Panel Analysis", *Defence and Peace Economics 15*, 2 (2004).

〔3〕 Muhanji, Stella, and Kalu Ojah, "External Debt and Military Spending: The Case of Africa's Conflict Countries", *MPRA Papers*, (2014). Shahbaz, Muhammad, Muhammad Shahbaz Shabbir, and Muhammad Sabihuddin Butt, "Does Military Spending Explode External Debt in Pakistan?", *Defence and Peace Economics 27*, 5 (2016).

〔4〕 Dimitraki, Ourania, and Aris Kartsaklas, "Sovereign Debt, Deficits and Defence Spending: The Case of Greece", *Defence and Peace Economics 29*, 6 (2018), pp. 712-727.

〔5〕 Çolak, Olcay, and M. Hilmi Özkaya, "The Nexus between External Debts and Military Expenditures for the Selected Transition Economies: A Panel Threshold Regression Approach", *Defence and Peace Economics 32*, 7 (2021), pp. 882-898.

〔6〕 Arellano, Cristina, and Yan Bai, "Fiscal Austerity During Debt Crises", *Economic Theory*, 64 (2017).

债务的资金时，会对该国债务问题造成一定程度冲击。Paczos[1]等人则发现一些政府在应对大流行问题时被迫投入大量防控支出，但这些政府支出并没有产生应有的经济增加值，反而使一些国家尤其是新兴国家主权债务风险不断上升。

（4）国内政治因素形成的主权债务风险

国家内部政治因素也会导致主权债务风险形成和上升。当前各国主要采取多党制政体，多数国家都是政党轮流执政模式。执政党需要扩大财政支出，刺激经济增长、增加居民福利以换取执政业绩。在野党为获取选民支持需要做出福利承诺，从而使各政党不约而同地采取扩大支出，增加福利稳定执政地位，这就使政府财政赤字扩大，债务负担和风险只升不降。同时，政府腐败程度也会对主权债务形势造成影响。腐败程度越高，通过债务筹集的资金使用效率越低，对于外部债务的依赖程度越高，越有需求向外举借债务。

Chin[2]等人探讨了国债与总统选举之间的关系，发现增加国债的竞选态度可以让其获得更多的选民支持。从而使各个政党竞相扩大债务规模以捞取选票，促使债务风险急剧上升。Mian[3]等人进一步指出，在金融危机后，选民变得更加极端，在政治上趋于两极化，大大降低了执政党进行债务改革的意愿和可能性。各个政党皆不愿主动削减债务，反而不断扩大债务规模。Chatterjee[4]等人发现，政治竞争是预测政府债务水平的有效指标，二者之间存在正相关关系。政治竞争增加通常会导致政府债务水平增加，政治竞争越激烈，债务风险水平越高。此外，一些较为腐败的国家债

---

〔1〕 Paczos, Wojtek, and Kirill Shakhnov, "Defaulting on Covid debt", *Journal of International Financial Markets*, 77（2022）．

〔2〕 Chin, Alycia, and Taya R. Cohen, "The National Debt in the 2012 US Presidential Election", *Analyses of Social Issues and Public Policy 14*, 1（2014）．

〔3〕 Mian, Atif, Amir Sufi, and Francesco Trebbi, "Resolving Debt Overhang: Political Constraints in the Aftermath of Financial Crises", *American Economic Journal: Macroeconomics 6*, 2（2014）．

〔4〕 Chatterjee, Bikram, et al, "Political Competition and Debt: Evidence From New Zealand Local Governments", *Accounting Research Journal 32*, 3（2019），pp. 344-361.

务风险一直居高不下。Alesina[1]等人指出，一些更为腐败的国家反而能够获得更多的外部资金援助，而这些外债往往被腐败政府挥霍一空，既没有推动经济发展，也没有降低该国的债务风险。Cooray[2]等人则通过研究126个腐败国家和公共债务之间的关系发现，腐败的加剧和影子经济的扩张会使得公共债务增加，同时腐败导致的政府支出扩大和偿债能力下降也将导致债务风险显著上升。Benfratello[3]等人通过分析腐败对债务风险的影响发现，政府腐败会增加债务风险，尤其是在低收入发展中国家更为明显。Liu[4]等人以美国为例，发现公共腐败程度较高的州债务总额同样较高。如果最腐败的10个州在其他条件相同的情况下，它们的公共债务将比其他州高出9%。Del Monte[5]等人则通过研究经济合作与发展组织国家的数据发现，如果腐败水平减半，短期内公共债务将减少2%，而如果腐败现象持续不断，那么会导致债务规模和债务风险居高不下。由此可见，国家内部政治因素也会对债务风险产生影响，无论是政党竞争激烈，还是长期独裁导致的腐败泛滥，都会导致该国债务风险不断上升。

2. 主权债务形成的外因

众多学者对主权债务形成的外部原因进行了探讨和研究。由于主权债务来自外部国家，因此易受到外部因素冲击。冷战时期，美苏两国为了争夺世界霸权，纷纷采取对外援助方式拉拢其他国家站队，无论是最初的马歇尔计划，还是其后的各种各样的援助和扶持，都与债务密切相关。而在冷战以后，国际局势风云变化，跌宕起伏。无论是美国次贷危机、欧债危机等债务危机事件，还是国际大宗商品价格波动、美国加息等不确定性事

---

[1]　Alesina, Alberto, and Beatrice Weder, "Do Corrupt Governments Receive Less Foreign Aid?", *American economic review 92*, 4 (2002), pp. 1126-1137.

[2]　Cooray, Arusha, Ratbek Dzhumashev, and Friedrich Schneider, "How Does Corruption Affect Public Debt? An Empirical Analysis", *World development*, 90 (2017), pp. 115-127.

[3]　Benfratello, Luigi, Alfredo Del Monte, and Luca Pennacchio, "Corruption and Public Debt: a Cross-Country Analysis", *Applied Economics Letters 25*, 5 (2018), pp. 340-344.

[4]　Liu, Cheol, Tima T. Moldogaziev, and John L. Mikesell, "Corruption and State and Local Government Debt Expansion", *Public Administration Review 77*, 5 (2017), pp. 681-690.

[5]　Del Monte, Alfredo, and Luca Pennacchio, "Corruption, Government Expenditure and Public Debt in OECD Countries", *Comparative Economic Studies*, 62 (2020), pp. 739-771.

件，都会对国际形势产生重大冲击，进而对各国债务问题产生深远影响[1]。因此，众多学者从影响主权债务问题的外部因素出发，探讨主权债务形成的外因。其中伍海华[2]等人对发展中国家债务形成的外因进行了总结，主要有五个方面：一是国际经济旧秩序恶果，发达国家利用自身优势盘剥发展中国家；二是两次石油危机加剧了非产油发展中国家进口支出、债务负担急剧上涨；三是以发达国家为主的债权国提高借贷利率，使债务国利息负担加重；四是发达国家实施贸易保护主义，使发展中国家连年贸易逆差，偿债能力削弱；五是发达国家利用石油美元对发展中国家实施过剩资本倾销[3]。

（1）国际政治经济秩序引发的主权债务风险

不合理的国际政治经济秩序来源于发达国家利用自身优势地位，长期对发展中国家进行压榨和剥削。发展中国家在不公正对待下，经济长期处于贫穷落后状态，进而缺乏偿债能力，极易陷于债务泥潭。历史上由发展中国家进入到发达国家行列的仅有韩国、新加坡等极少数国家，大多数国家经济发展十分缓慢。

Gilpin[4]等人指出，脆弱的国际政治经济秩序是导致亚洲金融危机的重要原因，欧美发达国家占据了绝对优势地位，使亚洲发展中国家成为欧美国家的附庸。Gagnon[5]等人则指出，美国利用自身在全球的领导地位，利用美元的国际地位压榨其他国家，在经济繁荣时向其他国家尤其是发展中国家大量倾销信贷资本，而在经济衰退时则提高利率，回流美元，使发展中国家外债风险被急剧放大。此外，美国等发达国家还会利用自身的地

　　〔1〕 刘场等：《全球经济政策不确定性、极端金融风险溢出与短期资本流动》，载《金融经济学研究》2020 年第 4 期。

　　〔2〕 伍海华、张健君、陈敬：《发展中国家债务问题再思考——特点、成因、影响、对策》，载《金融教学与研究》1992 年第 1 期。

　　〔3〕 伍海华、张健君、陈敬：《发展中国家债务问题再思考》，载《世界经济与政治》1992 年第 3 期。

　　〔4〕 Gilpin, Robert, "A Postscript to the Asian Financial Crisis: The Fragile International Economic Order", *Cambridge Review of International Affairs 16*, 1 (2003), pp. 79-88.

　　〔5〕 Bergsten, C. Fred, and Joseph E. Gagnon, "Currency Manipulation, the US Economy, and the Global Economic Order", *Washington, DC: Peterson Institute for International Economics*, 2012.

位对一些国家采取霸权主义与强权政策等制裁措施，从而使被制裁国家债务风险急剧上升。Maerean[1]等人对 4 个新兴国家的主权债务问题进行研究后认为，外部制裁是导致其主权债务上升的重要因素，这些国家在外部制裁下被迫采用更高的成本举借债务。De Bassa[2]等人则发现，当面临外国制裁时，被制裁国可能会选择债务违约来抵御外部压力和抑制制裁所产生的内部政治动荡，但代价就是主权债务上升，造成债务违约事件，甚至酿成债务危机。此外，还有学者分析了美国对一些国家的制裁所导致的外债风险，例如俄罗斯、黎巴嫩、叙利亚、伊朗等，其结论都指出这种外部制裁，尤其是来自美国的制裁将会导致这些国家经济形势急剧恶化，外债风险急剧上升。

（2）汇率波动形成的主权债务风险

国际金融因素也能导致主权债务形成与上升。债务问题的本质仍然是金融问题，主权债务变化与国际金融因素密切相关。早期国际资本流动理论认为，资本在国际间流动的驱动力在于追逐更高的利润。李嘉图则认为，各国比较优势的存在会带动资本在国际间流动，从而使投资者获得远超本国投资利润[3]。在国际金融当中，利率与汇率问题与主权债务密切相关。从利率角度来看，利率相当于主权债务的借贷成本，利率低相当于主权债务成本低。而国际利率定价权掌握在以美国为首的西方发达国家手中，发展中国家缺乏相应的议价权，从而在借贷关系上处于不利地位。

Von Borstel[4]等人发现了利率升高对主权债务波动的影响，利率升高会导致债务国借贷成本上升，偿债压力加大，进而导致主权债务不断上升。

〔1〕　Maerean, Andreea-Alexandra, Maja Pedersen, and Paul Sharp, "Sovereign Debt and Supersanctions in Emerging Markets: Evidence from Four Southeast European Countries, 1878-1913", *EHES Working Paper*, 2021.

〔2〕　De Bassa, Carlo, Edoardo Grillo, and Francesco Passarelli, "Sanctions and Incentives to Repudiate External Debt", *Journal of Theoretical Politics 33*, 2 (2021), pp. 198-224.

〔3〕　［美］大卫·李嘉图：《政治经济学及赋税原理》，郭大力、王亚南译，商务印书馆1962 年版，第 20 页。

〔4〕　Von Borstel, Julia, Sandra Eickmeier, and Leo Krippner, "The Interest Rate Pass-through in the Euro Area During the Sovereign Debt Crisis", *Journal of International Money and Finance*, 68 (2016), pp. 386-402.

De Marco[1]等人指出，西方发达国家把控的金融机构通过紧缩性信贷措施提高借贷实际利率，进而加重债务国偿债压力与债务风险。Reinhart[2]等人则指出，降低借贷利率可为债务国提供更为低廉的资金，以及延长偿还期限，能够有效减少债务国借贷成本并降低债务风险爆发的可能性。除了利率以外，由于主权债务通常以美元、欧元等国际货币标价而非本币，偿债时也不用本币，因此汇率波动也会对债务风险产生影响。Bernoth[3]等人探讨了汇率变动对主权债务的影响，他发现本币兑美元贬值会增加主权债务风险。"金融渠道"与传统的"净贸易渠道"相比，汇率冲击对主权债务传导更为重要。Della[4]等人同样发现，货币贬值及汇率较大波动会增加主权债务。

（3）能源价格波动带来的主权债务风险

能源价格波动能带来主权债务变化。以石油为主的能源价格关系到一个国家的经济命脉，其价格波动会带动整个大宗商品价格的波动，进而对不同国家经济发展和债务形势造成巨大影响。资产价格下降理论表明，倘若资源型国家的能源矿产价格下降，国际评级机构就会下调其主权信用等级，该债务国无法通过借新还旧的借贷方式偿还已有债务，只能被迫廉价出售本国能源矿产等初级产品。这种廉价出售行为必然会导致该国财富值以及国内生产总值进一步降低，削弱该国融资能力与偿债能力，会使债务负担增加，主权债务风险上升。

在非资源型国家中，能源矿产价格波动往往会对主权债务产生影响。当原油价格上涨时，非产油国进口原油支出大大提升，这会使该国进口增加，同时由于原油成本推动国内出口产品成本上升，产品竞争力下降，进而导致出口减少，贸易逆差扩大。这种情形大多出现在非产油国的发展中

---

[1] De Marco, Filippo, "Bank Lending and the European Sovereign Debt Crisis", *Journal of Financial and Quantitative Analysis 54*, 1 (2019), pp. 155-182.

[2] Reinhart, Carmen M., and Christoph Trebesch, "Sovereign Debt Relief and its Aftermath", *Journal of the European Economic Association 14*, 1 (2016), pp. 215-251.

[3] Bernoth, Kerstin, and Helmut Herwartz, "Exchange Rates, Foreign Currency Exposure and Sovereign Risk", *Journal of International Money and Finance*, 117 (2021).

[4] Della Corte, Pasquale, et al, "Exchange Rates and Sovereign Risk", *Management Science 68*, 8 (2022).

国家, 发达国家同样会受此影响, 但影响程度较小。发展中国家在面对贸易逆差时经常通过举借外债来进行弥补, 这种由于原油价格上升导致的贸易逆差往往会造成该国外债规模及外债风险上升。Nkomo[1]等人分析了高油价对南部非洲国家的影响, 发现油价上升导致这些国家进口成本上升, 对这些国家经济发展造成了严重的负面影响, 其中就包括外债风险上升。Malik[2]等人同样发现了原油价格上涨对巴基斯坦外债总额和外债风险上升的作用。此外印度、土耳其以及其他发展中国家中也存在油价上升对债务风险上升的助推作用。而当石油价格下降时, 产油发展中国家的石油收入和出口规模大幅缩水, 贸易赤字增加, 偿债能力下降, 政府为了应对各项支出不得不举借外债, 从而引起这些国家债务风险上升。Sylvia[3]等人指出, 上个世纪拉美债务危机期间, 委内瑞拉凭借高油价带来的经济红利而独善其身, 其主要原因就是石油收入提供了较强的偿债能力, 进而降低了债务风险。以尼日利亚为例, 2014 年之后原油价格暴跌使 GDP 下降 3%, 政府收入下降, 而为资本项目融资的外债增加, 推高了外债风险。不管是资源型国家还是非资源型国家, 其国内债务形势和债务风险都会受到以原油为首的大宗商品价格波动的影响。当大宗商品价格变化趋势对本国有利时, 则会显著降低本国所面临的债务风险。但当大宗商品价格变化趋势对本国不利时, 则会恶化债务形势, 加剧债务风险。

(4) 国际债务危机传导的主权债务风险

债务风险的跨国传导效应, 使一个国家主权债务不仅受本国国内因素影响, 还会受到外部因素冲击。在经济全球化影响下, 国际资本在全球范围流动, 形成了由诸多环节组成的债权债务链条, 使各国债务风险紧密地联系在一起, 因而可能形成综合性国际债务危机。当一个国家债务风险上升, 或者爆发债务危机时, 首先会对周边国家债务形势造成严重冲击, 导致这些国家债务风险被传导上升。

---

[1] Nkomo, Joshua C, "The Impact of Higher Oil Prices on Southern African Countries", *Journal of Energy in Southern Africa 17*, 1 (2006), pp. 10–17.

[2] Malik, Afia, "Crude Oil Price, Monetary Policy and Output: The Case of Pakistan", *The Pakistan Development Review* (2008), pp. 425–436.

[3] Sylvia, Ronald D., and Constantine P. Danopoulos, "The Cha'vez Phenomenon: Political Change in Venezuela", *Third world quarterly 24*, 1 (2003), pp. 63–76.

拉美债务危机期间，债务危机最初起源于墨西哥，但后来逐渐蔓延至巴西、阿根廷等其他拉美国家，各国债务风险相互传导，进而使拉美债务危机越演越烈。欧债危机期间，债务危机最初在希腊爆发，引起了一系列连锁反应，使债务风险和债务危机蔓延至葡萄牙、意大利、爱尔兰、希腊、西班牙等其他欧盟国家，进而造成了影响巨大的债务危机事件。2008年美国次贷危机引发的全球金融危机更是造成了广泛的债务冲击，对世界各国包括其他发达国家和发展中国家，都造成了严重的负面影响，使诸多国家的债务风险在经历90年代末期以来的缓慢下降之后，再度逐渐上升。同时，不少学者对主权债务的传导问题进行了研究，有学者分析了欧债危机的金融传导特性，认为欧债危机通过金融渠道在欧盟国家内部相互传导，加剧了欧盟各国主权债务的形成与其形势的恶化。Alexandre[1]、Altun[2]、Martins[3]等学者也探讨了欧债危机期间欧盟各国主权债务传导的特性，认为各国之间经济、金融联系越紧密，越容易受到他国债务风险与债务危机冲击。国内学者也对主权债务的传导问题进行了研究，认为债务风险的传导特性是影响一个国家主权债务形成与上升的重要外部因素[4]。

（二）发展中国家主权债务对经济增长的影响

主权债务对发展中国家宏观经济运行影响深远。但是，不同学者对于主权债务与宏观经济增长之间的关系持有不同观点。相关研究文献主要围绕以下几个方面展开探讨：

---

〔1〕 Alexandre, Paulo, Paula Heliodoro, and Rui Dias, "The Contagion Effect in Europe: A DCC GARH Approach", 5th LIMEN Conference Proceedings (part of LIMEN conference collection), 2019.

〔2〕 Ada, Ayşen Altun, Sibel Çelik, and Yasemin Deniz Koç, "Testing for Financial Contagion: New Evidence from the European Debt Crisis", *Panoeconomicus 66*, 5 (2019), pp. 611–632.

〔3〕 Campos-Martins, Susana, and Cristina Amado, "Financial Market Linkages and the Sovereign Debt Crisis", *Journal of International Money and Finance 123*, 2022.

〔4〕 杨继梅、齐绍洲：《欧元区国家银行风险与主权风险的传导效应分析》，载《世界经济研究》2016年第5期。宋凌峰、刘志龙、郭亚琳：《银行与政府部门间信用风险的跨国传导与反馈研究——以欧元区为例》，载《世界经济研究》2017年第6期。李政等：《全球主权债务风险溢出的水平、结构与机制研究》，载《国际金融研究》2019年第10期。王学凯：《全球主权债务风险：表现形式、风险度量与传导机制》，载《经济学家》2022年第1期。

1. 主权债务的正向影响

部分学者认为，主权债务对经济增长具有正向影响。认为主权债务能够提高投资规模，通过扩张性政策来实现经济发展。凯恩斯认为，在经济萧条阶段扩大支出计划，增加财政支出，虽然会使得债务规模增加，债务风险上升，但最终能够使经济走向繁荣轨道[1]。

Hansen[2]等人进一步完善了凯恩斯的债务理论，指出债务对于经济社会发展是一种福利，能够刺激经济增长。并且有学者研究发现，这种主权债务对经济增长的正向影响大多发生在发展中国家。也就是说，发展中国家通过主权债务扩张，承担一定程度的主权债务，能够促进国内经济快速发展。例如，Bal[3]等人从长期均衡关系出发，分析了政府债务对于印度经济增长的影响，发现中央政府债务能带动经济增长，并且这种影响在2008年全球金融危机后更加明显。López[4]等人发现，巴西通过优化债务结构和规模，扩大了政府经济政策的调整空间，从而拉动了巴西经济的不断发展。Baharumshah[5]等人在对新兴国家马来西亚债务分析中发现，遵循可持续财政政策，严格控制债务规模，并注重债务循环的可持续性，能够对马来西亚经济起到良好的促进作用。

2. 主权债务的负向影响

部分学者认为，主权债务对经济增长的影响是负面的，是经济增长的负担，主张削减债务规模来保证经济持续增长。新古典主义认为，债务规模增长会使居民储蓄率降低，从而对私人投资产生挤出作用，对经济增长造成负面冲击。布坎南则提出在任何状态下，通过债务进行融资实际上就

---

〔1〕　[英] 凯恩斯：《就业、利息和货币通论》，徐毓枬译，商务印书馆1963年版，第49页。

〔2〕　Hansen, Alvin H, "The Public Debt Reconsidered: a Review Article", *Review of Economics & Statistics*, 1959, pp. 370-378.

〔3〕　Bal, Debi Prasad, and Badri Narayan Rath, "Public Debt and Economic Growth in India: A Reassessment", *Economic Analysis and Policy 44*, 3 (2014), pp. 292-300.

〔4〕　López Vicente, Fernando, and José María Serena, "Macroeconomic Policy in Brazil: Inflation Targeting, Public Debt Structure and Credit Policies", *Banco de Espana Occasional Paper 1405*, 2014.

〔5〕　Baharumshah, Ahmad Zubaidi, Siew-Voon Soon, and Evan Lau, "Fiscal Sustainability in an Emerging Market Economy: When Does Public Debt Turn Bad?", *Journal of Policy Modeling 39*, 1 (2017), pp. 99-113.

是一种时间歧视。将未来收入通过举债方式在当期消费，如果当前社会服务的提供是通过举借债务方式获得的，那么最终需要有人在未来时间进行偿还，这对于后来人而言无异于剥削行为。因此，新古典主义学者认为，主权债务对于经济增长的影响无疑是负面的。

主权债务的负向影响研究主要集中在发达国家，例如欧债危机——本质上是由过高的债务问题引起的——对发达国家乃至全球经济造成了严重负面影响。Lof[1]等人分析发达国家主权债务对经济增长的影响，发现二者之间存在显著的负向关联，当主权债务处于较高水平时，对经济的负面影响更为严重。Panizza等人[2]研究了经合组织国家债务对经济发展的影响，同样发现主权债务与经济增长之间存在负相关系，在进行各种稳健性检验之后依然如此。Tan[3]等人在对欧洲国家经济增长研究中发现，通过外国投资产生的债务问题导致了较差的经济表现，原因在于过度的外债会挤压国内私人投资，降低国内投资水平与投资效率，进而阻碍本国经济增长。

尽管负向影响研究文献多集中于对发达国家的研究，但对发展中国家的负向影响研究也同样存在。Mohsin[4]等人分析了南亚地区外债与经济增长之间的关系，认为外债会成为这些国家经济增长的拖累，具有显著的负面影响。Makun[5]等人则探讨了太平洋岛国外债与经济增长之间的关系，发现随着债务增加，对经济的负面影响也会越来越严重。除此之外，Sajuyigbe[6]等

〔1〕 Lof, Matthijs, and Tuomas Malinen, "Does Sovereign Debt Weaken Economic Growth? A Panel VAR Analysis", *Economics Letters 122*, 3 (2014), pp. 403-407.

〔2〕 Panizza, Ugo, and Andrea F. Presbitero, "Public Debt and Economic Growth: Is There a Causal Effect?", *Journal of Macroeconomics*, 41 (2014), pp. 21-41.

〔3〕 Tan, Ai-Lian, and Normaz Wana Ismail, "Foreign Direct Investment, Sovereign Debt and Growth: Evidence for the Euro Area", *American Journal of Trade and Policy 2*, 2 (2015), pp. 51-58.

〔4〕 Mohsin, Muhammad, et al. "How External Debt Led to Economic Growth in South Asia: A Policy Perspective Analysis from Quantile Regression", *Economic Analysis and Policy 72*, 2021, pp. 423-437.

〔5〕 Makun, Keshmeer, "External Debt and Economic Growth in Pacific Island Countries: A linear and Nonlinear Analysis of Fiji Islands", *The Journal of Economic Asymmetries*, 23 (2021), p. 197.

〔6〕 Ademola, S. Sajuyigbe, A. Odetayo Tajudeen, and Z. Adeyemi Adewumi, "External Debt and Economic Growth of Nigeria: An Empirical Investigation", *South Asian Journal of Social Studies and Economics 1*, 2 (2018), pp. 1-11.

人、Omodero[1]等人针对尼日利亚，以及Kurniasih[2]等人针对印度尼西亚等发展中国家的债务问题研究，均发现了外债对经济增长负面影响的经验证据。

还有学者指出，主权债务上升容易引发债务危机甚至经济危机，对经济运行造成巨大的负面冲击。Acharya[3]等人、De Marco[4]等人通过对希腊的债务问题研究发现，债务风险的急剧上升引发了整个欧元区国家的债务危机，对希腊以及欧元区国家的银行业造成了巨大的负面影响，严重阻碍了欧元区国家投资、就业与经济增长。以希腊为代表的南欧国家经济至今仍处于低迷状态[5]。Koh[6]等人发现，主权债务不断累积，加剧了债务风险上升，也增大了金融危机爆发的可能性，并指出20世纪70年代以来，将近一半的金融危机都与债务问题有关，债务风险不断上升导致了投资下降以及人均产出的萎缩。

3. 主权债务的中性影响

研究主权债务中性影响的文献比较少，主要的研究和探讨都是针对李嘉图等价理论和巴罗跨期预算约束而展开的。在《政治经济学及赋税原理》中，李嘉图指出："政府为筹措战争经费，采用征税或是发行公债的影响作用是等价的。也就是说，通过债务来筹集资金只不过是延迟税收的一种融资方式。这种债务模式对社会乃至个人的影响都是一致的，通过债务进行融资与通过税收进行融资是等价的，并不会对经济产生影响。"该等价理论论述了政府债务与社会负担的转嫁问题，指出政府债务对经济影响是趋于

〔1〕　Omodero, Cordelia Onyinyechi, and Ogechi Eberechi Alpheaus, "The Effect of Foreign Debt on the Economic Growth of Nigeria", *Management Dynamics in the Knowledge Economy 7*, 3 (2019), pp. 291-306.

〔2〕　Kurniasih, Erni Panca, "The Effect of Foreign Debt on the Economic Growth", *Jurnal Ekonomi Malaysia 55*, 3 (2021), pp. 125-136.

〔3〕　Acharya, Viral V., et al, "Real Effects of the Sovereign Debt Crisis in Europe: Evidence from Syndicated Loans", *The Review of Financial Studies 31*, 8 (2018).

〔4〕　De Marco, Filippo, "Bank Lending and the European Sovereign Debt Crisis", *Journal of Financial and Quantitative Analysis 54*, 1 (2019), pp. 155-182.

〔5〕　池元吉主编：《世界经济概论》，高等教育出版社2013年版，第78页。

〔6〕　Koh, Wee Chian, et al, "Debt and Financial Crises", *World Bank Policy Research Working Paper*, 2020.

中性无影响的。在李嘉图等价理论的基础上，巴罗等人对债务中性理论进一步发展。为了证明债务对经济增长作用是趋于中性的，巴罗还采用跨期预算约束方式进行数理推导，结果表明在跨期预算约束下，政府举债对居民最终消费以及经济增长并没有决定性作用。

Elmendorf[1]等人、Mankiw[2]等人利用债务中性理论对政府债务问题对宏观经济影响展开了探讨，在一定程度上验证了等价理论的合理性。Ganelli[3]等人从新开放经济宏观经济学模型出发，探讨债务融资所带来的财政冲击和经济增长影响，结果发现尽管短期内会使汇率升值，但从长期来看，债务对于财政收支与经济增长的影响将会逆转，趋于无效。同时，也有学者从债务的政治经济学角度进行研究，也得到了相同或者类似结论，例如，Alesina[4]等人在宏观经济学手册中利用专门章节对政府债务展开政治经济学论述，Bouton[5]等人采用动态政治经济模型发现，债务可以跨时期转移资源，将资源在不同时期进行分配，内生权利存在抑制了强大政治团体积累债务的动机，进而避免出现更为糟糕的经济后果。但随着世界各国债务问题愈发严重，主权债务中性论越来越受到质疑，Missale[6]等人指出，在现实中债务中性理论能够成立的要求太过于严格，理性预期是具有局限性的。在有限预期条件下，无论是消费者还是政府部门都对未来预期太过于理想化，很难达到理论成立条件。尽管债务中性理论存在诸多缺陷，但其相关研究却发挥了十分重要的作用。Mankiw[7]等人在研究中指出，债

〔1〕 Elmendorf, Douglas W. , and N. Gregory Mankiw, "Government Debt", *Handbook of Macroeconomics*, 1 (1999), pp. 1615−1669.

〔2〕 Mankiw, N. Gregory, "The Savers−Spenders Theory of Fiscal Policy", *American Economic Review 90*, 2 (2000), pp. 120−125.

〔3〕 Ganelli, Giovanni, "The New Open Economy Macroeconomics of Government Debt", *Journal of International Economics 65*, 1 (2005), pp. 167−184.

〔4〕 Alesina, Alberto, and Andrea Passalacqua, "The Political Economy of Government Debt", *Handbook of Macroeconomics*, 2 (2016), pp. 2599−2651.

〔5〕 Bouton, Laurent, Alessandro Lizzeri, and Nicola Persico, "The Political Economy of Debt and Entitlements", *The Review of Economic Studies 87*, 6 (2020), pp. 2568−2599.

〔6〕 Missale, Alessandro, "Public Debt Management", OUP Catalogue, 1999.

〔7〕 Elmendorf, Douglas W. , and N. Gregory Mankiw, "Government Debt", *Handbook of Macroeconomics*, 1 (1999), pp. 1615−1669.

务风险中性讨论实则为债务问题研究提供了一个完全竞争市场的衡量标准，对债务问题的进一步研究起到十分重要的作用。

4. 主权债务的非线性影响

除了主权债务对经济增长的正向、负向以及中性影响研究，还有学者认为主权债务对经济增长的影响较为复杂，不能简单片面地加以定性。有学者认为在不同阶段的不同负债水平下，主权债务对经济增长的影响也不同。并通过对不同国家债务问题的具体分析加以验证，在主权债务处于较低水平时，其对经济增长能够产生正向促进作用。而当主权债务处于较高水平时，其对经济增长的负向作用则逐步显现出来，从而使主权债务对经济增长具有一种倒 U 型影响。

Osinubi[1]等人以尼日利亚为研究对象，探讨该国外债积累对于经济增长的影响。他认为，在债务具有稳定性与可持续性的情况下，债务拉弗曲线确实存在，且外债对经济增长的影响是非线性的。Abbas[2]以低收入及新兴市场国家为研究对象，对债务问题进行分析，发现对于这类国家而言，不同债务水平对经济增长的影响存在着显著差异。当债务保持在较低水平时，其能够对这些国家的经济增长产生积极作用。而当债务比例过高时，其会对经济增长产生负面作用，二者呈现出倒 U 型非线性关系。Égert[3]等人发现了债务与经济增长之间的倒 U 型非线性关系，并且债务对经济增长的影响存在阈值，不同的债务水平对经济增长的影响也不同。Breuer[4]等人发现经合组织的数据显示了债务和经济增长之间的关系，同样证实了这种非线性关系的存在。

在近些年研究文献中，非线性关系得到了充分的关注，主要原因在于

---

〔1〕　Osinubi, Tokunbo Simbowale, Risikat Oladoyin S. Dauda, and Oladele Emmanuel Olaleru, "Budget Deficits, External Debt and Economic Growth in Nigeria", *The Singapore Economic Review* 55, 3 (2010), pp. 491-521.

〔2〕　Abbas, SM Ali, and Jakob E. Christensen, "The Role of Domestic Debt Markets in Economic Growth: An Empirical Investigation for Low-Income Countries and Emerging Markets", *IMF Staff Papers 57*, 1 (2010), pp. 209-255.

〔3〕　Égert, Balázs, "Public Debt, Economic Growth and Nonlinear Effects: Myth or Reality?", *Journal of Macroeconomics*, 43 (2015), pp. 226-238.

〔4〕　Breuer, Christian, and Carsten Colombier, "Debt and Growth: Historical Evidence", *FiFo Discussion Paper*, 2020.

学界已经充分认识到主权债务对经济增长的影响并不仅仅是非正即负，而是十分复杂的非线性影响，存在不同的债务阈值与门槛，从而对这个问题又有了更深层次的认识。Liu[1]等人发现债务对经济增长的非线性影响在发展中国家、新兴市场国家，以及发达国家均显著存在，不同类型国家存在不一样的债务门槛和阈值，债务对经济的影响在不同阶段和不同类型国家之间存在较大差异。Akinlo[2]等人针对尼日利亚的债务研究与Wanniarachchi[3]等人针对南亚国家的债务研究，同样证明了这种非线性影响的存在。除了这种非线性影响以外，众多学者还对债务门槛值进行了深入研究。Reinhart[4]等人通过研究发现，发达国家的债务门槛值在90%左右。但这一观点引起了经济学家和政策制定者的广泛争论。不少学者认为，债务门槛在不同国家之间并不相同。Bentour[5]等人则指出，同一个债务门槛值不一定适合所有国家，并以20个发达国家为研究对象，发现债务对经济增长的影响是随时间而改变的，债务门槛值也是不稳定的，在不同国家之间存在着明显的异质性。

对此，众多学者纷纷针对非线性影响下债务门槛和阈值展开探讨，Checcherita[6]等人指出，债务占GDP的90%-100%是债务水平非线性影响的阈值，高债务的负面增长效应可能从GDP的70%到80%左右开始。Lopes[7]

〔1〕 Liu, Zhongmin, and Jia Lyu, "Public Debt and Economic Growth: Threshold Effect and Its Influence Factors", *Applied Economics Letters 28*, 3 (2021), pp. 208-212.

〔2〕 Akinlo, Anthony Enisan, "Impact of External Debt on Economic Growth: A Markov Regime-Switching Approach", *Journal of Applied Financial Econometrics 1*, 2 (2021), pp. 123-143.

〔3〕 Wanniarachchi, Sasindu, "The Nexus among External Debt and Economic Growth: Evidence from South Asia", Available at SSRN 3696553, 2020.

〔4〕 Reinhart, Carmen M., and Kenneth S. Rogoff, "Growth in a Time of Debt", *American Economic Review 100*, 2 (2010), pp. 573-578.

〔5〕 Bentour, El Mostafa, "On the Public Debt and Growth Threshold: One Size Does not Necessarily Fit All", *Applied Economics 53*, 11 (2021), pp. 1280-1299.

〔6〕 Checcherita-Westphal, Cristina, and Philipp Rother, "The Impact of High Government Debt on Economic Growth and its Channels: An Empirical Investigation for the Euro Area", *European Economic Review 56*, 7 (2012), pp. 1392-1405.

〔7〕 Lopes da Veiga, Jose Augusto, Alexandra Ferreira-Lopes, and Tiago Neves Sequeira, "Public Debt, Economic Growth and Inflation in African Economies", *South African Journal of Economics 84*, 2 (2016), pp. 294-322.

等人则认为，北非国家债务水平对于经济增长的阈值处于债务占 GDP 的30%-60%之间，而在撒哈拉以南国家的债务阈值处于债务占 GDP 的 60%-90%之间，高于北非国家。Nzeh[1]等人以尼日利亚为研究对象，找出其最佳债务阈值为 40.2%，在这一水平以下，债务能够显著促进经济增长，而当超过债务占 GDP 的比例阈值时，就会对经济增长产生负面影响。Medina[2]等人发现墨西哥债务与经济遵循倒 U 型关系，并找出墨西哥债务占 GDP 的阈值在 27%左右。Shvets[3]等人则发现，乌克兰的债务阈值在 63.8%~87.4%之间。Tangkanjanapas[4]等人则证明了泰国债务阈值在 48%左右，一旦超过这个值，GDP 增长和债务之间的关系就会从正向变为负向。Zaghdoudi[5]等人在探讨中低收入国家外债与经济增长之间的关系时发现，中低收入国家的债务阈值在 15.28%左右。Daher[6]等人发现中东国家的债务阈值在 58%左右。据此，针对债务阈值或门槛值的探讨与研究表明，主权债务对经济发展的影响是非常复杂的，不能简单判定，需要针对不同区域的具体国家进行特定分析。从不同国家类型来看，发达国家债务门槛值普遍较高，这说明发达国家能够承受更高的债务风险。发展中国家尤其是落后穷国的债务门槛值较低，使得这类穷国抵御风险的能力非常低，特别是穷国的债务风险相对更高，需要严格在债务门槛值之内控制风险。

---

〔1〕 Nzeh, I. C., "Public Debt and Economic Growth in Nigeria: Investigating the Optimal Threshold Level", *Asian Development Policy Review 8*, 2 (2020), pp. 112-127.

〔2〕 Vaca, Jesús, Gustavo Vaca Medina, and César Omar Mora Pérez, "The Impact of Public Debt on Economic Growth: An Empirical Study of Mexico (1994-2016)", *CEPAL Review*, 130 (2020), pp. 167-180.

〔3〕 Shvets, Serhiy, "Modeling the Impact of Public Debt on Economic Growth in Ukraine", *Economy and forecasting*, 3 (2020), pp. 126-136.

〔4〕 Tangkanjanapas, Passarapa, Rewat Thamma-Apiroam, and Siwapong Dheera-Aumpon, "Public Debt and Economic Growth: The Empirical Result of Thailand", *RMUTT Global Business and Economics Review15*, 2 (2020), pp. 1-18.

〔5〕 Zaghdoudi, Taha, "Threshold Effect in the Relationship between External Debt and Economic Growth: A Dynamic Panel Threshold Specification", *Journal of Quantitative Economics 18*, 2 (2020), pp. 447-456.

〔6〕 Daher Alshammary, Mohammed, et al, "Debt-growth Nexus in the MENA Region: Evidence from a Panel Threshold Analysis", *Economies 8*, 4 (2020), p. 102.

（三）中亚国家主权债务的文献及评述

1. 中亚国家主权债务规模与结构

对于中亚国家主权债务问题，国内外学者主要围绕主权债务规模与主权债务结构两个方面进行研究。据此，本书将围绕这两个方面分析中亚国家主权债务现状与存在的问题。

（1）中亚国家主权债务规模

在针对中亚国家主权债务问题的研究中，大多数学者都集中于探讨债务规模问题。Islamov[1]等人根据 20 世纪 90 年代中亚国家的统计资料发现，与 GDP 和出口总额相比，债务总额绝对值和相对值都在迅速增加。根据 IMF 数据，1998 年底，他们的公共外债约为 146 亿美元，与 1992 年相比增长了 9.6 倍，可见债务总额增长。潘广云[2]在分析独联体国家债务问题时也谈到了中亚国家，认为独联体国家在向市场经济转型过程中大量举借外债，借债过多使其债务负担沉重并对外债过分依赖，反而使这些国家陷入债务危机，形成借债容易还债难的局面。对中亚各国主权债务进行比较分析后可以得出，中亚各国的债务水平在 1997-2009 年间大幅提升，始终维持在较高水平。此外，也有学者针对中亚地区具体国家的债务规模进行了分析。首先是哈萨克斯坦，由于哈萨克斯坦是中亚地区经济和领土规模最大的国家，研究哈萨克斯坦的文献也最多。郭新明[3]等人发现，该国外债总额增长十分迅速，2008 年底，外债总额为 1078.13 亿美元，比 1995 年增加了 22.6 倍，年均增速达 27.1%，人均外债从 1998 年的 429.7 美元上升至 2008 年的 4494.1 美元。同时也有部分学者对塔吉克斯坦、吉尔吉斯斯坦、乌兹别克斯坦、土库曼斯坦的主权债务规模问题进行了探讨和分析。虽然结果略有差异，但总体结论较为一致，那就是中亚国家整体主权债务形势不容乐观，主权债务总额及其占经济总量比重在近些年呈现上升趋势，主权债务风险不断上升，对这些国家的经济产生了负向影响。

[1] Islamov, Bakhtior, "Central Asia: Problems of External Debt and Its", *Notes 16*, 85 (2001).

[2] 潘广云：《试析独联体国家的债务问题》，载《俄罗斯中亚东欧市场》2005 年第 9 期。

[3] 郭新明、郇志坚：《哈萨克斯坦外债问题分析》，载《俄罗斯中亚东欧研究》2009 年第 6 期。

（2）中亚国家主权债务结构

对中亚国家债务结构分析首先要研究债务来源。雷婕[1]等人发现各国债务规模在不断增加的同时，债务来源也发生着较大变化，如哈萨克斯坦的政府债务在国家债务中占绝对主导地位，外债主要来自世界银行、亚洲开发银行和中国进出口银行。张洁洁[2]指出，在债务来源上，哈萨克斯坦前六大债权国分别为荷兰、英国、美国、中国、法国和俄罗斯。而自 2013 年起，中国加大对中亚国家的经济援助，并连续四年成为塔吉克斯坦的第一债权国。梁梦怡[3]等人认为，哈萨克斯坦主要债权国多为欧美国家，但中国、俄罗斯对哈萨克斯坦外债具有举足轻重的地位。吉尔吉斯斯坦前五大债权机构分别为中国进出口银行、世界银行、亚洲开发银行、俄罗斯和日本国际协力机构。由此可见，中国对中亚国家主权债务的影响力越来越大。

学者对于哈萨克斯坦、塔吉克斯坦的主权债务结构研究较多。郭新明[4]等人在分析哈萨克斯坦债务结构时认为，在融资主体上，哈萨克斯坦外债以银行为主；外债期限上，新增外债将以国际金融机构提供的长期低息贷款为主；外债使用投向上，哈国外债主要流向金融业、能源业和房地产等行业，流入制造业所占的比例较小。同时梁梦怡[5]等人认为，在外债币种上，哈萨克斯坦外债币种以美元为主，欧元、日元、卢布、韩元、英镑极为少量。周丽华[6]对塔吉克斯坦债务结构进行分析时发现，其债务结构主要以政府举债，优惠贷款为主，债务结构逐渐优化，但由于缺乏还款能力且自身债务需求不断增加，塔吉克斯坦陷入了借新还旧的债务困境当中。张宁[7]指出塔吉克斯坦债绝大部分是政府外债，私人和企业外债可以忽

〔1〕 雷婕、丁超、童伟：《中亚地区财政经济形势分析》，载《欧亚经济》2016 年第 4 期。

〔2〕 张洁洁：《"一带一路"背景下中亚五国主权债务风险研究》，中共中央党校 2018 年硕士学位论文。

〔3〕 梁梦怡、郭辉：《哈萨克斯坦外债风险分析》，载《中国市场》2020 年第 36 期。

〔4〕 郭新明、郇志坚：《哈萨克斯坦外债问题分析》，载《俄罗斯中亚东欧研究》2009 年第 6 期。

〔5〕 梁梦怡、郭辉：《哈萨克斯坦外债风险分析》，载《中国市场》2020 年第 36 期。

〔6〕 周丽华：《塔吉克斯坦外债：结构优化与风险隐患并存》，载《新疆财经大学学报》2019 年第 3 期。

〔7〕 张宁：《塔吉克斯坦主权债务可持续性及其对"一带一路"的影响分析》，载《北方论丛》2021 年第 1 期。

略不计。总体而言，中亚国家的债务结构以政府外债、长期外债和优惠外债为主，债务结构恶化带来债务风险的可能性较低，其主权债务的风险来源主要是经济基础薄弱，缺乏偿债能力，由此陷入到借新还旧的债务困境当中。

2. 中亚国家主权债务形成原因

现有文献对中亚国家主权债务成因的探讨并不充分，仅有少量学者对其展开分析。本书对中亚国家主权债务的成因研究主要集中在内因和外因两个方面，其中内因是中亚国家债务风险形成的根本原因，外因是引起中亚国家债务风险上升的重要推力。

（1）中亚国家主权债务形成的内因

第一，中亚国家债务的历史积累问题。中亚国家是由前苏联解体而各自独立出来的，在立国之初就继承了大量的遗留债务。这些遗留债务以及后期不断借新还旧的债务运转模式使中亚国家债务规模不断上升，利息支出不断增加，债务风险居高不下。Tikhomirov[1]等人通过研究后发现，20世纪80年代，前苏联已经陷入了经济停滞、债务缠身的困境当中。1980-1991年期间，前苏联公共债务增长了9倍，但经济总量GDP仅仅增长了12%，大量债务及停滞的经济增速使前苏联债务风险急剧上升，到了1991年，外债总额已经达到了787亿美元。前苏联解体以后，各加盟共和国既继承了前苏联的遗产，同样也继承了前苏联巨量的债务，从而使包括中亚各国在内的不少国家在立国之初就面临着较为沉重的历史债务包袱。潘广云[2]在分析中亚在内的独联体国家债务问题时指出，借债过多、债务负担沉重和对外债的过分依赖，使这些国家陷入借债容易还债难的局面。郭新明[3]等人在分析哈萨克斯坦外债问题时指出，债务问题形成的原因之一就在于借新还旧导致的债务积累，借新还旧只能暂时缓解偿债压力，但频繁

---

〔1〕 Tikhomirov, Vladimir, "Russian Debt Problems in the 1990s", *Post-Soviet Affairs 17*, 3 (2001), pp. 262-284.

〔2〕 潘广云：《试析独联体国家的债务问题》，载《俄罗斯中亚东欧市场》2005年第9期。

〔3〕 郭新明、郁志坚：《哈萨克斯坦外债问题分析》，载《俄罗斯中亚东欧研究》2009年第6期。

的借新还旧将导致利息支出的不断扩大，进一步导致外债积累。周丽华[1]在研究塔吉克斯坦外债风险时发现，通过借新还旧方式偿还外债，导致该国陷入反复的恶性循环中，具有极高的外债偿付危机隐患，将该国陷入爆发债务危机的困境中。因而，债务的历史包袱给中亚国家埋下了巨大隐患。这种隐患并没有随着中亚国家转轨而清除，反而持续存在并在经济社会形势恶化时不断爆发，成为中亚国家主权债务形成与债务形势恶化的重要内因之一。

第二，中亚国家内部因素导致的经济问题。中亚国家地处内陆，经济环境封闭，又处于从前苏联模式的计划经济向市场经济的转型时期。Batsaikhan[2]等人对中亚国家经济发展状况进行了简要分析，认为在苏联解体25年以后，中亚国家尽管在向市场经济过渡，但仍然面临巨大的困难和挑战，经济发展本身存在根深蒂固的制度性弱点。由于历史因素影响及经济转型带来的负面冲击，中亚国家普遍经济基础薄弱、产业结构不合理、国内储蓄不足、投资建设乏力，各国的外债需求较高[3]。但由于经济总量较小，缺乏偿债能力，债务风险极易快速上升。郭新明[4]等人认为，哈萨克斯坦经济转型的现实需求是其外债形成的重要原因。哈萨克斯坦在经济转型与经济发展过程中，面临着储蓄不足、投资乏力、预算赤字等现实问题。一方面，促进经济增长需要产业多元化、产业结构升级，需要大量的资金支持；另一方面，哈萨克斯坦国内储蓄规模过小，投资缺口较大，从而对外债有较大的内在需求。周丽华[5]认为，包括塔吉克斯坦在内的中亚国家具有新兴市场债务危机的通病，共同表现都是政府为追求经济快速增长而举借大量外债，以解决国内储蓄不足问题，导致各国外债规模持续增长，再

---

〔1〕　周丽华：《塔吉克斯坦外债：结构优化与风险隐患并存》，载《新疆财经大学学报》2019年第3期。

〔2〕　Batsaikhan, Uuriintuya, and Marek Dabrowski, "Central Asia—Twenty-Five Years after the Breakup of the USSR", *Russian Journal of Economics 3*, 3 (2017), pp. 296-320.

〔3〕　李中海：《中亚经济30年：从转型到发展》，载《欧亚经济》2021年第4期。

〔4〕　郭新明、郇志坚：《哈萨克斯坦外债问题分析》，载《俄罗斯中亚东欧研究》2009年第6期。

〔5〕　周丽华：《塔吉克斯坦外债：结构优化与风险隐患并存》，载《新疆财经大学学报》2019年第3期。

加上国内经济结构单一、偿债能力不足，致使各国债务风险隐患长期存在。

第三，中亚国家财政收支失衡导致的债务问题。债务问题本质就是财政收支问题，当一个国家财政收支失衡，并且缺乏偿债能力时，只能通过向外举借债务来平衡财政收支状况。胡颖[1]等人在对"一带一路"沿线国家外债风险评价中指出，外债风险形成及其扩大可归因于国内政策、外部冲击等因素，财政赤字是包括中亚国家在内的"一带一路"沿线国家外债风险形成的主要原因。同时由于中亚国家经济基础薄弱，经济结构主要以采矿业为主，财政来源单一且收入较少，但各项建设需求较大，国内财政支出较大且增长较快，财政收支经常处于入不敷出的状态。并且由于国内储蓄不足，内债市场缺乏，中亚国家为了弥补财政收支缺口只能借助于外部债务，进而引发外债风险上升。Bayulgen[2]等人指出，中亚国家严重依靠外债为财政赤字融资，并且大部分债务资金直接流向政府。这种情况赋予了专制统治者更多的财政权力，加剧了财政收支失衡并推动债务风险增加。而且中亚国家经济规模普遍偏小，国内财政收入有限且增长空间不大，但财政支出项目较多且增速较快，财政收支长期处于赤字状态，财政收支失衡问题长期存在。而为了解决财政收支问题，中亚国家不得不向外举借债务，从而引发债务风险不断上升。

第四，中亚国家不合理的外债结构引发的债务问题。外债结构合理是使外债风险保持在合理范围内的重要保证，而外债结构不合理则会引发严重后果，造成债务堆积和债务风险急剧上升[3]。胡颖[4]等人在研究"一带一路"沿线国家债务风险时发现，不合理的外债结构是外债风险增大的重要诱因。例如短期债务、私人债务占比过高会导致债务可持续性下降和债务违约概率上升，从而促使外债风险上升。2017年，在哈萨克斯坦的外债结构中，私人债务占比达到了76.89%，私人债务占比过高会导致偿

---

〔1〕 胡颖、刘营营：《"一带一路"沿线国家外债风险评价及启示——基于31个沿线国家的数据分析》，载《新疆财经》2020年第1期。

〔2〕 Bayulgen, Oksan, "Foreign Capital in Central Asia and the Caucasus: Curse or Blessing?", *Communist and Post-Communist Studies 38*, 1 (2005), pp. 49-69.

〔3〕 李超、马昀：《中国的外债管理问题》，载《金融研究》2012年第4期。

〔4〕 胡颖、刘营营：《"一带一路"沿线国家外债风险评价及启示——基于31个沿线国家的数据分析》，载《新疆财经》2020年第1期。

债压力与债务风险增大。梁梦怡[1]等人认为，哈萨克斯坦外债风险的诱发因素主要是借债主体多为私人部门，外债投放领域单一且集中在能源领域。此外，中亚国家普遍存在的腐败问题也导致外债使用和投放并不恰当，外债使用效率低下，浪费与贪污现象严重。Knack[2]等人指出，中亚是世界上腐败程度最高的区域，各类腐败事件已经对中亚国家的经济社会发展造成了严重阻碍，成为中亚国家难以根除的顽疾。Hayman[3]等人指出，中亚国家能源矿产资源十分丰富，但是各国在这一领域的腐败十分严重，进而严重影响到在能源领域的投资效率。Cooray[4]等人指出，腐败会导致债务规模和债务风险上升，尤其是在中亚这类腐败高发的国家当中。Ekşi[5]等人同样指出，中亚过于腐败的政府会严重降低投资效益与债务使用效率，造成大量的投资浪费，向外举借的债务并没有很好地发挥应有的经济作用。

（2）中亚国家主权债务形成的外因

中亚国家主权债务形成的外因主要由外部环境中的多种因素构成。从中亚国家所面临的国际环境来看，主权债务形成的外因主要有以下几点：

第一，国际油价导致的贸易收支逆差问题。中亚国家出口产品以能源矿产为主，以原油为首的大宗商品价格波动对其出口收入有着很大影响，进而通过贸易逆差影响偿债能力与债务风险。胡颖[6]等人指出，一国国际收支逆差、贸易条件恶化是外债形成的重要原因。哈萨克斯坦的外汇收入主要来源于石油等矿产品出口。2014年以来，国际油价下跌造成出口收入

---

[1] 梁梦怡、郭辉：《哈萨克斯坦外债风险分析》，载《中国市场》2020年第36期。

[2] Knack, Stephen, "Measuring Corruption: A Critique of Indicators in Eastern Europe and Central Asia", *Journal of Public Policy 27*, 3 (2007), pp. 255-291.

[3] Hayman, Gavin, and Tom Mayne, "Energy-Related Corruption and Its Effects on Stability in Central Asia", *China & Eurasia Forum Quarterly 8*, 2 (2010).

[4] Cooray, Arusha, Ratbek Dzhumashev, and Friedrich Schneider, "How does Corruption Affect Public Debt? An Empirical Analysis", *World Development 90*, 2017, pp. 115-127.

[5] Ekşi, İbrahim Halil, and Berna Doğan, "Corruption and Financial Development: Evidence from Eastern Europe and Central Asia Countries", *Pénzügyi Szemle/Public Finance Quarterly 65*, 2 (2020), pp. 196-209.

[6] 胡颖、刘营营：《"一带一路"沿线国家外债风险评价及启示——基于31个沿线国家的数据分析》，载《新疆财经》2020年第1期。

大幅下降，导致偿债能力下降，外债风险增大。周丽华[1]认为，中亚这类"资源依赖"型国家，国际油价变化直接影响出口收入，在享受高油价福利带来大规模出口收入增长的同时，也遭受着国际油价大跌所带来的出口收入骤减的危害。Aleksandrova[2]等人同样指出，中亚石油出口国对油价变动十分敏感，因为油价下降会导致中亚国家 GDP 下降及财政收支赤字和贸易逆差的扩大。这些都会削弱中亚国家的偿债能力，导致中亚国家债务风险上升。

第二，外部风险对中亚国家造成的冲击。中亚国家普遍经济实力薄弱，缺乏国际话语权，在国际政治经济体系中处于被支配地位，外部风险抵御能力较低。拉美债务危机、俄罗斯债务危机、欧债危机，以及美国次贷危机等外部债务危机事件均对中亚国家造成了负面冲击。由于俄罗斯与中亚国家地缘关系紧密，俄罗斯债务危机对中亚国家冲击最大。Pastor[3]等人指出，1998 年 8 月俄罗斯金融危机对中亚地区经济状况造成了严重的负面冲击，引发了中亚国家包括债务风险上升等一系列连锁反应。周丽华[4]在探讨吉尔吉斯斯坦外债问题时指出，中亚国家经济发展与俄罗斯经济形势密切相关。俄罗斯经济危机是引起吉尔吉斯斯坦经济增长衰退、外汇收入减少的外部冲击，并引发了吉尔吉斯斯坦外债风险上升的不良后果。此外，由于欧美国家在国际政治经济体系中处于绝对主导地位，中亚国家债务风险也同样会受到来自欧美国家的外部冲击，中亚在全球经济危机中并不能独善其身，而是会受到外部经济危机、金融危机、债务危机等一系列不确定性风险的冲击影响。Peyrouse[5]等人指出，自 2007 年以来，欧盟大幅度

---

[1] 周丽华：《哈萨克斯坦外债：国际油价大跌背景下的隐患》，载《银行家》2016 年第 11 期。

[2] Aleksandrova, Svetlana, "Impact of Oil Prices on Oil Exporting Countries in the Caucasus and Central Asia", *Economic Alternatives*, 4 (2016), pp. 447-460.

[3] Pastor G, Damjanovic T, "The Russian Financial Crisis and Its Consequences for Central Asia", *Emerging Markets Finance and Trade 39*, 3 (2003), pp. 79-104.

[4] 周丽华：《吉尔吉斯斯坦外债：俄罗斯经济危机背景下的隐患》，载《新疆财经》2017 年第 2 期。

[5] Peyrouse, Sébastien, Jos Boonstra, and Marlène Laruelle. "Security and Development Approaches to Central Asia: The EU Compared to China and Russia." *EUCAM Working Paper 11*, 1 (2012), pp. 1-23.

增加其在中亚国家的存在感，对中亚国家经济发展、金融投资，以及债务融资的影响力越来越大，导致中亚国家越来越能感受到来自欧盟国家的外部冲击，如欧债危机对中亚国家债务同样产生了一定程度的负面冲击。

第三，利率汇率等国际金融因素导致的债务风险。中亚国家主权债务结构中，外债货币币种单一，绝大多数外债以美元计价，使各国债务风险受到本币与美元汇率的影响。当美联储降息放水、美元贬值时，中亚国家本币相对升值，借入以美元计价的外债是十分有利的。但当美联储加息、美元升值时，偿还外债需要更多的本国货币，进而造成偿债压力加大。梁梦怡[1]等人指出，中亚国家的主要债权国为欧美国家，币种以美元为主，这就使美元汇率波动将会对哈萨克斯坦外债价值、偿债利息等产生重大影响。Sağdiç[2]等人则以高加索和中亚地区为例，探讨汇率对主权债务的影响与作用，发现主权债务已经是这些国家公共支出、外债偿还和经常账户赤字的重要来源，而汇率变动则会对这主权债务产生不利影响，加剧债务风险上升。此外，由于欧美国家是世界主要债权国，对债务利率拥有绝对的定价权，而中亚国家缺乏议价话语权，在债务期限、债务利率等方面处于不利地位。因此，不受本国控制的债务利率也会对中亚国家的债务产生影响。

3. 中亚国家主权债务对经济增长的影响

目前仅有少量研究探讨了债务上升对经济的正向影响，学者们对于债务风险的正向研究有着很大的局限性，其结论往往只适用于某些特定情形。例如在经济转型与经济腾飞过程中，承担一定程度的债务风险往往能够促进经济起飞。Abazov[3]等人探讨了外债在吉尔吉斯斯坦经济发展中的作用，指出在90年代通过外债筹集资金帮助该国度过了转型困难期，促使该国经济走向正轨。Filiz[4]等人在探讨中亚以及高加索国家外债、经常账户

〔1〕　梁梦怡、郭辉，《哈萨克斯坦外债风险分析》，载《中国市场》2020 年第 36 期。

〔2〕　Sağdiç, Ersin Nail, and Fazlı Yildiz, "Factors Affecting External Debt in Transition Economies: The Case of Central Asia and the Caucasus", *Uluslararasl Yönetim Iktisat ve Işletme Dergisi 16*, 4（2020）, pp. 891–909.

〔3〕　Abazov, Rafis, "Policy of Economic Transition in Kyrgyzstan", *Central Asian Survey 18*, 2（1999）, pp. 197–223.

〔4〕　Filiz, Kadi, and Kadi Osman Salih, "Case Study: Does Debt Provide Economic Growth in Central Asian Economies?", *Advances in Management 9*, 2（2016）, p. 10.

赤字与经济增长之间的关系时认为，外债比率上升对经济增长没有负面影响。并且通过外债筹资能够显著带动该国固定资本增加，对经济发展产生间接推动作用。

但总体而言，针对中亚国家主权债务对经济增长影响的研究结论主要以负向效应为主，这类研究主要探讨了主权债务对经济的不利影响。例如，周亚军[1]采用协整检验与向量误差修正模型，探讨了哈萨克斯坦外债与经济增长关系，发现偿债率增加对经济增长有负向效应。Shkolnyk[2]等人以中亚国家经济体为例，分析主权债务对经济增长的影响，发现高水平的外债，加上宏观经济不稳定，会阻碍这些国家的经济增长。当债务负担处于临界水平，外债对经济增长的边际影响将变为负值。Bissembay[3]等人同样分析了哈萨克斯坦外债对其经济发展的影响，发现当债务水平达到一定程度时，外债持续增加将会对经济增长产生负向影响。吉尔吉斯斯坦较高的外债水平对经济造成了严重的负面冲击，使吉尔吉斯斯坦经济增长极不稳定。

债务对经济的非线性效应具体体现为债务率的阈值或者门槛值，当债务率低于阈值时，债务对经济的影响主要以正向为主，而当超过这一阈值时，主要以负面影响为主。例如，Kazakova[4]等人以吉尔吉斯斯坦为例分析了主权债务对于经济增长的非线性效应，当外债总额占国内生产总值的61.3%，公共和公共担保外债占国内生产总值的30%以下时，债务对经济增长的边际影响可以使增长最大化。但从长期来看，债务对增长的边际影响较低，超过上述水平的外债会导致经济放缓或增长率下降。Atoullo[5]等人

〔1〕 周亚军：《哈萨克斯坦外债与经济增长关系研究——基于协整检验与向量误差修正模型》，载《新疆大学学报（哲学·人文社会科学版）》2014年第2期。

〔2〕 Shkolnyk, Inna, and Viktoriia Koilo. "The Relationship Between External Debt and Economic Growth：Empirical Evidence from Ukraine and other Emerging Economies", *Investment Management and Financial Innovations 15*, 1（2018）.

〔3〕 Bissembay, Rysbek, and Olga Koshkina, "The Impact of Kazakhstani External Debt on the Economy of Republic", *Eurasian Journal of Economic and Business Studies 55*, 1（2020）, pp. 16-36.

〔4〕 Kazakova, Sabina, and Kazuo Inaba, "Debt Sustainability in the Developing Countries：Case Study of the Kyrgyz Republic", *The Ritsumeikan Economic Review 67*, 4（2018）, pp. 438-453.

〔5〕 Atoullo, Rajabov, "Public Debt and Growth in Tajikistan." Diss. Ritsumeikan Asia Pacific University, 2019.

同样验证了塔吉克斯坦债务增长与经济增长之间的非线性关系，进而证明了当债务整体处于较低水平时，债务增长能够带动经济增长，而当债务处于较高水平时，债务继续增加并不能带来经济持续增长，反而会拖累经济发展。

总体而言，中亚国家主权债务对于经济增长的影响既有正向的，也有负向的，同时也存在非线性的。即在不同的债务阶段，主权债务对经济增长的影响也是不同的，在某个债务门槛值以下，债务能够促进经济增长。而当超过这一门槛时，债务对经济增长的影响主要以负面为主。

三、本章小结

本章主要分为两个部分。第一部分，梳理有关国内外主权债务的概念、成因和主权债务对经济增长影响的相关理论，并着重介绍了主权债务成因和主权债务对经济的影响理论，为后文奠定理论基础。在现有资料的基础上，本章将主权债务的成因理论归纳为三个：财政疲劳理论、国际收支理论和债务危机理论，同时将主权债务对经济增长的影响理论归纳为正向论、负向论和非线性论。第二部分，明确发展中国家主权债务的成因及其对经济产生的非线性影响。通过文献评述，本章将主权债务成因分为内因和外因，主权债务形成内因主要有财政收支疲劳、贸易逆差扩大、资金支用不合理和国内政治腐败等。主权债务形成外因主要有国际政治经济秩序变化、汇率大幅震荡、能源价格波动和国际债务危机传导等。同时，本书基于中亚国家主权债务规模和结构特点，进一步分析中亚国家主权债务形成的内外部因素。研究发现，中亚国家主权债务形成的内外部因素与财政、贸易、资金使用、国际秩序、汇率、能源以及国际危机等因素有关，这些因素也有可能对东道国经济产生正向、负向和非线性影响。

第三章

中亚国家主权债务现状及特点

中亚国家地处亚洲内陆，区位封闭，地缘敏感，身处十分复杂的政治、经济、社会环境，这使中亚国家经济转型与起步十分艰难，经济发展长期处于较低水平。在这种复杂整体环境下，中亚国家主权债务问题尚未得到各界广泛关注。因此，为了研究中亚国家主权债务问题，剖析其形成和发展的机理和对经济发展的影响，本章将对中亚国家主权债务的现状类型及特点进行较为全面的梳理与介绍，包括主权债务总额与增速、主权债务结构、主权债务负担，以及主权债务管理等几个方面，进而基本掌握中亚国家的主权债务情况，为后文对其主权债务的成因与影响研究做出铺垫。

一、中亚国家的地理与国情

一个国家的主权债务状况与该国的地缘及国情状况密切相关。因此，本书在分析中亚国家主权债务问题时，将对中亚国家的地缘与国情状况进行梳理和分析。

（一）中亚国家的地理

学术界对于中亚的定义并不统一，存在自然地理、民族文化以及政治区域等诸多标准[1]。中亚这一概念最早出现在 19 世纪中期，由德国地理学家洪堡提出，但洪堡对中亚的定义仅仅局限于地理层面[2]。中亚的广义定义，根据联合国教科文组织定义，中亚地区包括中亚五国、蒙古国、阿

---

〔1〕 何希泉等：《大国战略与中亚地缘变局》，载《现代国际关系》2002 年第 2 期。

〔2〕 Detlev, Quintern, "Arabic Traces in Alexander Humboldt's Kosmos and Central Asian Geographies", *Вестник Санкт-Петербургского Университета. Востоковедениеи Африканистика 10*, 4 (2018), pp. 424-435.

富汗、俄罗斯南部、中国西部、伊朗东北部、巴基斯坦东北部以及印度西北部地区，区域范围广大。根据前苏联官方定义，中亚地区包括乌兹别克斯坦、塔吉克斯坦、吉尔吉斯斯坦、土库曼斯坦四个国家，前苏联将其和哈萨克斯坦统称中亚及哈萨克。部分俄罗斯学者也将俄罗斯南部地区和中亚五国一起统称为中亚地区。而狭义上的中亚定义，根据国际学术界和中国官方定义，只包括哈萨克斯坦、乌兹别克斯坦、塔吉克斯坦、吉尔吉斯斯坦、土库曼斯坦五个国家[1]。

中亚国家地处亚洲中心，是连接东亚、北亚、南亚、西亚的关键区域，战略价值十分明显。自古以来，中亚地区的地缘政治就十分敏感。历史上，各个大国均将势力拓展到中亚地区，从早期的波斯帝国、亚历山大帝国、匈奴帝国，到中世纪的阿拉伯帝国、蒙古汗国、帖木儿帝国，再到近代的沙俄帝国、西方列强，纷纷入侵并统治中亚地区，使之成为大国争霸的角逐场[2]。19 世纪英国著名地缘政治学家麦金德提出了"大陆腹地说"，并指出"谁控制了中亚，谁就能主宰心脏地带；谁控制了心脏地带，谁就能主宰世界岛；谁控制了世界岛，谁就能主宰全世界"[3]。由此可见，中亚地区对亚欧大陆乃至全世界具有重要的地缘战略价值。即使到了当代，中亚地区的地缘战略价值也是十分重要的，地处亚洲内陆中心使其对俄罗斯和中国的国家安全具有重要意义[4]。苏联解体以后，中亚各国成为了主权独立的国家，但俄罗斯一直将中亚地区视为其"后院"，时刻警惕西方敌对势力渗透。中国也通过各种方式不断加强与中亚国家的友好往来，从而稳定我国西部地区的安全局势[5]。以欧美为首的西方势力则不断向中亚地区渗透，全方位影响和控制中亚国家的政治、经济和外交，企图在中亚地区楔

　　[1]　肖斌：《中国中亚研究：知识增长、知识发现和努力方向》，载《俄罗斯东欧中亚研究》2019 年第 5 期。

　　[2]　程毅：《大国角逐与中亚战略走势——综合历史与地缘战略的视角分析》，载《国际政治研究》2005 年第 3 期。

　　[3]　Mackinder, Halford J, "The Geographical Pivot of History (1904)", *The Geographical Journal 170*, 4 (2004), pp. 298-321.

　　[4]　李淑云：《中亚未来：谁主沉浮》，载《俄罗斯中亚东欧研究》2004 年第 6 期。

　　[5]　徐亚清、王转运：《中亚地缘政治态势发展与中国新疆安全》，载《新疆社会科学》2006 年第 6 期。

入制约中俄的钉子[1]。因此，在多个大国的交互影响和博弈下，中亚地区的地缘价值变得极其突出又十分敏感，使得中亚问题变得十分复杂[2]。

（二）中亚国家的国情

中亚国家的国情也较为复杂。在 19 世纪中期，随着沙俄的逐步东扩，中亚地区原先建立的汗国纷纷被沙俄吞并，成为沙俄帝国的一部分。1917年随着俄国十月革命爆发，中亚地区纷纷响应革命建立苏维埃政权。1924年，乌兹别克、土库曼分别成立苏维埃社会主义共和国并加入苏联。1929年塔吉克、1936 年哈萨克、吉尔吉斯纷纷成立社会主义共和国并加入苏联。在苏联体制内，中亚各国得到了一定程度发展，但其农业国定位严重制约了经济发展，社会矛盾不断加剧。1991 年随着东欧剧变和苏联解体，中亚各国纷纷脱离苏联成立共和国，进而走上主权独立的发展道路[3]。

表 3-1 整理了哈萨克斯坦、乌兹别克斯坦、塔吉克斯坦、吉尔吉斯斯坦、土库曼斯坦的国情概况，对中亚五国的整体情况进行了初步介绍。从国土面积来看，中亚五国国土面积约 400 万平方公里，其中哈萨克斯坦约占68%，位居中亚第一，世界第九位，是名副其实的中亚第一大国。而吉尔吉斯斯坦与塔吉克斯坦国土面积较小，不到 20 万平方公里，且境内多山地，发展空间受限。从人口总量来看，中亚五国人口总量约为 7348.51 万人，其中乌兹别克斯坦人口数量最多，约占 44%，人口密度达到了 72 人/平方公里。哈萨克斯坦国土面积最大但人口密度最低，仅有 6.9 人/平方公里。具体分析如下：

1. 政治制度方面，当前中亚各国均实行总统制。塔吉克斯坦由 90 年代初期的议会制转变为当前的总统制。吉尔吉斯斯坦整体经过多次变化，由90 年代初期的总统制转变为 2010 年的议会制。而在 2021 年，吉尔吉斯斯坦总统扎帕罗夫签署新宪法，再次将政体由议会制过渡为总统制。从政党

---

〔1〕 潘志平、胡红萍：《欧亚腹地的地缘政治——以美国的地区战略为视角》，载《俄罗斯中亚东欧研究》2009 年第 1 期。

〔2〕 孙力主编：《中亚黄皮书：中亚国家发展报告（2018）》，社会科学文献出版社2018 年版，第 112 页。

〔3〕 孙力主编：《中亚黄皮书：中亚国家发展报告（2019）》，社会科学文献出版社2019 年版，第 98 页。

情况来看，吉尔吉斯斯坦政党多达 210 个，与其他中亚四国相比，政党数量繁多，主要政党影响力较弱，容易造成议会与国家政权动荡。政府缺乏组织稳定性，国家与社会治理能力较为低下〔1〕。2020 年，反对党因对议会选举结果不满而发动政变，造成国家骚乱，时任总统热恩别科夫被迫辞职，成为继 2005 年、2010 年后吉尔吉斯斯坦第三位被赶下台的总统，吉尔吉斯斯坦也成为中亚五国中最为动荡的国家〔2〕。尽管中亚各国普遍实行总统共和制，但其民主制度与主流国家仍然存在较大差异。虽然中亚各国宪法规定总统任期为 5 或 7 年，但中亚各国总统普遍存在超长任期的问题，由此滋生了诸如裙带政治、贪污腐败等现象，使中亚国家成为全球最为腐败的区域。严重的贪腐现象成为困扰中亚国家政治稳定和经济发展的重要因素，成为中亚政治国情中的重要特征〔3〕。

2. 民族宗教方面，中亚各国民族数量虽多，但主体民族人口数量的占比较大，通用语言为主体民族语言。除了主体民族语言之外，俄语也是中亚国家的通用语言，反映出俄罗斯对中亚各国具有很强的影响力。从宗教信仰来看，中亚各国均信仰伊斯兰教，伊斯兰教民占人口的绝大多数，少数信仰东正教。表明宗教文化受西亚影响较深，与俄国东正教文化存在冲突〔4〕。

3. 货币种类方面，中亚各国都拥有自己的主权货币，分别为坚戈、苏姆、索莫尼、索姆、马纳特。尽管这些货币都存在与美元的官方汇率，但与许多新兴经济体一样，汇率受外部因素尤其是美元汇率的影响极大，变动较为剧烈。同时由于深受俄罗斯影响，中亚国家汇率经常伴随着俄罗斯卢布的贬值而贬值。因此，尽管作为主权独立国家，但中亚各国汇率受外部影响较大，美元乃至卢布汇率的走向，往往决定了中亚国家货币贬值与

---

〔1〕　王林兵、雷琳：《吉尔吉斯斯坦"低态化"政党政治形成的制度性因素分析》，载《新疆社会科学》2017 年第 4 期。

〔2〕　韩彦雄、廖成梅：《疫情与选情叠加之下 2020 年吉尔吉斯斯坦政局动荡分析》，载《区域与全球发展》2021 年第 5 期。

〔3〕　林治华：《"颜色革命"爆发的经济学分析——吉尔吉斯斯坦与乌兹别克斯坦转轨经济比较》，载《俄罗斯中亚东欧研究》2006 年第 1 期。孙力主编：《中亚黄皮书：中亚国家发展报告（2020）》，社会科学文献出版社 2020 年版，第 137 页。

〔4〕　张宁：《当前中亚伊斯兰宗教极端形势分析》，载《新疆社会科学》2017 年第 1 期。

否,从而传导到中亚国家的内部市场,引起国内经济动荡。

4. 自然资源方面,中亚各国自然资源较为丰富。哈萨克斯坦、乌兹别克斯坦、土库曼斯坦国土面积较大,拥有较多的耕地与草原,粮食、牲畜等农产品资源也较为丰富。同时,这几个国家靠近里海地区,石油、天然气资源十分丰富,成为全球主要的油气产区之一。塔吉克斯坦、吉尔吉斯斯坦靠近青藏高原,境内多山地,贵金属、稀有金属资源十分丰富。总体来看,中亚国家在农产品、能源与矿产资源上具有很强的优势。但中亚各国地处内陆,缺乏海运条件,导致农产品、能源矿产资源运输极为困难,使得中亚国家农产品、能源矿产资源出口受限,难以通过农产品、能源矿产的大规模出口换取外汇,资源优势难以转化为经济优势。

表 3-1 中亚五国主要国情概况

国家	哈萨克斯坦	乌兹别克斯坦	塔吉克斯坦	吉尔吉斯斯坦	土库曼斯坦
国土面积	272.49 万平方公里	44.89 万平方公里	14.31 万平方公里	19.85 万平方公里	49.12 万平方公里
行政区划	共设 14 个州和 3 个直辖市	共设 1 个自治共和国、12 个州和 1 个直辖市	共设 3 个州、1 个区和 1 个直辖市	共设 7 个州和 2 个直辖市	共设 5 个州和 1 个直辖市
人口总量	1887.71 万人（2021 年）	3240 万人（2018 年）	954 万人（2021 年）	663.68 万人（2021 年）	603.12 万人（2020 年）
资源状况	农产品、石油、天然气、有色及稀有金属矿产	农产品、石油、天然气、黄金、其他矿产	铀矿、银矿、有色及稀有金属矿产	金、钨、锡、铁矿、稀有金属矿产	农产品、石油、天然气、有色及稀有金属矿产
民族宗教	共 131 个民族、主体为哈萨克族,信奉伊斯兰教	共 134 个民族,主体为乌兹别克斯坦族,信奉伊斯兰教	共 86 个民族,主体为塔吉克族,信奉伊斯兰教	共有 84 个民族,主体为吉尔吉斯族,信奉伊斯兰教、东正教	主要民族有土库曼族（占比 90% 以上）、信奉伊斯兰教、东正教
通用语言	哈萨克语、俄语	乌兹别克语、俄语	塔吉克语、俄语、乌兹别克语	吉尔吉斯语、俄语	土库曼语、俄语

表 3-1　中亚五国主要国情概况　　　　　　　　　　　　续表

国家	哈萨克斯坦	乌兹别克斯坦	塔吉克斯坦	吉尔吉斯斯坦	土库曼斯坦
政治制度	总统制共和国，现任总统卡瑟姆若马尔特·托卡耶夫	总统制共和国，现任总统米尔济约耶夫	议会制－总统制共和国，现任总统埃莫马利·拉赫蒙	总统制－议会制共和国，现任总统扎帕洛夫	总统制共和国，现任总统别尔德穆哈梅多夫
基本汇率	坚戈，1美元＝413坚戈（2020年）	苏姆，1美元＝8101苏姆（2017年）	索莫尼，1美元＝10.32索莫尼（2020年）	索姆，1美元＝83.5索姆（2021年）	马纳特，1美元＝3.5马纳特（2015年）
人均GDP	9122.23美元（2020年）	1750.70美元（2020年）	859.14美元（2020年）	1173.61美元（2020年）	7612.04美元（2019年）

数据资料：各国官方网站介绍，由作者搜集整理得到。

二、中亚国家主权债务规模演变

中亚国家主权债务研究需要厘清其主权债务的规模情况，包括主权债务的规模变动和主权债务的增速情况，从而进一步厘清中亚国家主权债务规模的演变。

（一）主权债务规模持续增加

如图 3-1 所示：1995 年中亚五国主权债务总额为 71.93 亿美元，从 1995 到 2008 年，中亚国家主权债务总体保持着较高的增长速度，从 1995 年的 71.93 亿美元，快速上升到 2008 年的 1187.52 亿美元。自 2008 年以后，中亚国家主权债务增速放缓，但总额依旧在不断上升，从 2008 年的 1187.52 亿美元上升到 2020 年的 2162.80 亿美元。而在中亚五国主权债务构成当中，哈萨克斯坦占比最高，由 1995 年的 52.14%，上升至 2007 年最高 90.79%。然后缓慢下降至 2020 年的 75.35%，占据中亚主权债务总额的约 3/4，这表明哈萨克斯坦的主权债务规模对于整个中亚债务形势的影响十分关键。

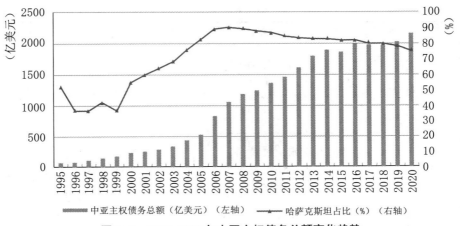

图 3-1　1995-2020 年中亚主权债务总额变化趋势

数据来源：作者根据 WDI 数据库整理制作。

　　从中亚地区国别来看，如图 3-2 所示：哈萨克斯坦 1995 年主权债务总额为 37.50 亿美元，2010 年达到了 1191.51 亿美元，而在 2020 年主权债务总额达到了 1629.74 亿美元，相比 1995 年增长了 42.45 倍。乌兹别克斯坦 1995 年主权债务为 18.01 亿美元，2013 年达到了 102.74 亿美元，而在 2020 年更是达到了 321.74 亿美元，相比 1995 年增长了 16.86 倍。哈萨克斯坦与乌兹别克斯坦也是中亚国家中主权债务规模超过百亿规模的国家，债务规模巨大。土库曼斯坦 1995 年主权债务为 4.02 亿美元，而在 2020 年达到了 56.36 亿美元，增长了 13.02 倍。塔吉克斯坦 1995 年主权债务为 6.30 亿美元，而到了 2020 年，主权债务规模增长到了 67.98 亿美元，增长了 9.79 倍。吉尔吉斯斯坦 1995 年主权债务规模为 6.09 亿美元，而到了 2020 年，主权债务规模达到了 86.97 亿美元，增长了 13.28 倍。中亚各国主权债务在过往的 30 年里均出现了大规模攀升，这与钱纳里在经济起飞理论中对于发展中国家的债务增长趋势的分析一致。

　　从中亚国家主权债务规模来看，以同属亚洲的马来西亚、巴基斯坦、土耳其为参考对象，2020 年，马来西亚主权债务总额为 2387.60 亿美元，巴基斯坦为 1171.34 亿美元，土耳其为 4328.04 亿美元。以非洲的尼日利亚、南美洲的阿根廷为参考对象，2020 年尼日利亚主权债务为 1291.96 亿美元，阿根廷主权债务总额为 2714.43 亿美元。由此可以看出，虽然中亚国家主权债务膨胀速度很快，但与世界其他国家相比，只有哈萨克斯坦的主权债务规模达到了千亿级别，而其他国家尤其是土库曼斯坦、塔吉克斯坦、吉尔吉斯斯坦三国债务规模仍然较小。郭辉[1]等人也指出，中亚国家主权债务发展较快，但总体规模仍然有限，哈萨克斯坦是中亚主权债务规模最高的国家。

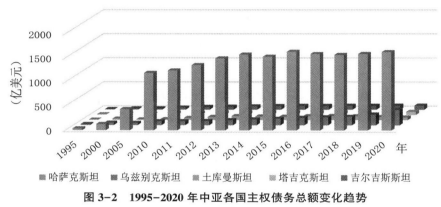

图 3-2　1995-2020 年中亚各国主权债务总额变化趋势

数据来源：作者根据 WDI 数据库整理制作。

（二）主权债务增速逐渐放缓

如图 3-3 所示：近年来中亚各国主权债务增长率总体呈现出放缓趋势，正在进入缓慢上升的状态。例如，哈萨克斯坦近 10 年主权债务增长率多数控制在 10% 以下，土库曼斯坦 2010 年、2011 年主权债务增长率虽然高达 109.24%、155.45%，但近年来均为负增长。这表明中亚各国近年来在经济增速持续下行的形势下，各国际金融机构及企业开始缩减对中亚国家的主权借贷，使中亚国家无法从其他国家获得主权资金的支持，主权债务持续走低。在此情形下，各国主权债务也告别了过往的高速增长阶段，进入了低速平稳增长阶段。戎梅[2]指出，各国主权债务往往是不可持续的，很难

〔1〕　郭辉、郇志坚：《丝绸之路经济带沿线国家外债风险评估和偿债能力分析》，载《西伯利亚研究》2017 年第 3 期。

〔2〕　戎梅：《主权债务可持续性的影响因素——基于特征事实的分析》，载《世界经济与政治论坛》2015 年第 4 期。

长期保持较快增速。当债务规模越大时，债务负担也相应地加重。此时很难再高速扩张债务，从而进入了低速增长阶段。

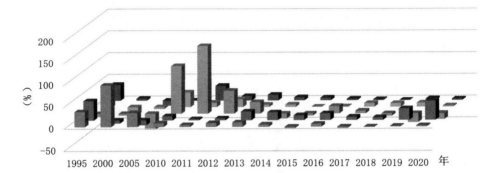

图 3-3　1995-2020 年中亚各国主权债务增速变化

数据来源：作者根据 WDI 数据库整理制作。

三、中亚国家主权债务结构特点

中亚国家主权债务的结构研究，对主权债务的长短期结构、货币结构、来源与用途展开分析，挖掘出中亚国家主权债务的期限、币种和资金投向，进一步厘清中亚国家主权债务的结构特点。

（一）短期债务占比逐渐下降

图 3-4 反映的是中亚各国 1995-2020 年主权债务长短期金额。从图中可以看出，与长期主权债务金额相比，短期主权债务金额规模很小。例如，2020 年哈萨克斯坦长期主权债务金额为 1524.45 亿美元，短期主权债务金额仅为 100.34 亿美元。土库曼斯坦长期主权债务金额为 53.94 亿美元，而短期主权债务金额 1.42 亿美元。这表明，中亚国家主权债务结构是以长期债务为主，短期债务占比很小。图 3-5 进一步反映了中亚各国 1995—2020 年短期主权债务金额占比的变化情况。如图所示，塔吉克斯坦主权债务短期金额占比在 1995-2020 年总体呈现上升趋势，近年来短期债务占比总体维持在较高水平。而哈萨克斯坦、乌兹别克斯坦、土库曼斯坦、吉尔吉斯斯坦的短期债务占比总体呈现下降趋势。在 2009 年以前，四国短期债务占

比总体较高，而在 2009 年以后短期债务占比逐渐维持在较低水平。总体而言中亚国家的主权债务长短期结构较为合理，以长期债务为主，短期债务占比较少。这一特点与其他国家的主权债务结构较为一致，因为在多数国家中，主权债务均以长期债务为主，短期债务为辅。例如，蒲大可[1]在研究非洲国家外债时发现，非洲国家主权债务中长期债务常年维持在 85% 以上，尽管近年来短期外债占比有所增加，但仍然占据主体地位。此外，亚洲多数发展中国家主权债务结构都以长期债务为主，长期外债占比常年维持 80% 以上。例如，越南外债中长期债务占比在 2000 年高达 90%，在 2018 年以后仍然维持在 80% 以上[2]。一些小国穷国的外债结构，长期外债占比更高，缅甸，老挝、尼泊尔等国，近年来长期外债占比都在 90% 以上，短期外债占比不足 10%[3]。

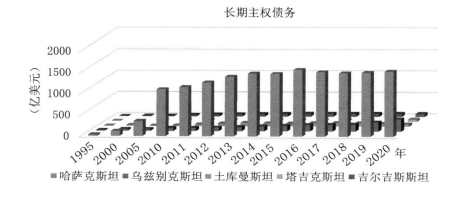

长期主权债务

（亿美元）

1995 2000 2005 2010 2011 2012 2013 2014 2015 2016 2017 2018 2019 2020 年

■哈萨克斯坦 ■乌兹别克斯坦 ■土库曼斯坦 ■塔吉克斯坦 ■吉尔吉斯斯坦

---

〔1〕 蒲大可：《非洲外债问题研究——历史演进、深层逻辑及其影响》，上海师范大学 2020 年博士学位论文。

〔2〕 数据来源于 WDI 数据库。

〔3〕 数据来源于 WDI 数据库。

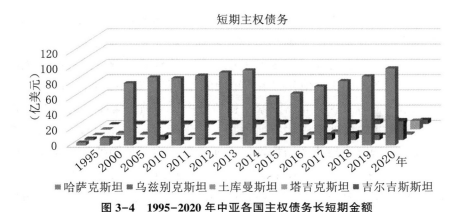

图 3-4　1995-2020 年中亚各国主权债务长短期金额

数据来源：作者根据 WDI 数据库整理制作。

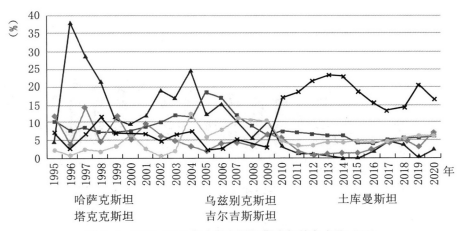

图 3-5　1995-2020 年中亚各国短期主权债务占比（%）

数据来源：作者根据 WDI 数据库整理制作。

（二）美元债务影响力不断增强

主权债务涉及国际支付，中亚各国需要用国际货币来举债并偿还债务，因此主权债务货币结构就显得十分重要。货币结构不仅仅是国际金融实力的体现，也是地缘政治的直接反映。图 3-6 至图 3-10 反映了 1991-2017 年中亚国家主权债务的国际货币构成，美元在中亚各国主权债务的货币组成中具有绝对优势的地位。哈萨克斯坦美元占比从 1991 年的 0 逐步上升到

2017 年的 97.51%。乌兹别克斯坦美元占比在 1994 年高达 98%，近年来也维持在 60% 以上。塔吉克斯坦与吉尔吉斯斯坦两国主权债务结构中的美元占比常年维持在 70% 以上，且其他国际货币占比极低。只有土库曼斯坦主权债务的货币结构较为合理，1993 年美元占比高达 90%，随后逐年下降，2011 年最低达到了 4.37%。尽管之后随着美元占比再次上升，如 2017 年美元占比上升到接近 50%，但其他货币占比也在 40% 以上，对美元货币并不是特别依赖。中亚国家主权债务结构以美元为主，这一点与世界其他国家一致。由于美元具有超强的国家实力与国家信用作为担保，在全球主权债务体系当中占据绝对主导地位，短期内没有任何一种货币能够挑战美元地位[1]。蒲大可[2]在研究非洲国家外债时发现，非洲国家债务结构，美元占比最高。自 2003 年以来就超过 50%，并且逐渐呈现出美元一家独大的趋势。美国依靠自身的全球影响力不断通过包括债务在内的手段渗透包括中亚在内的世界各国，用美元债务来控制各国经济[3]。

除了美元以外，日元、欧元也是中亚国家主权债务的重要货币币种。在哈萨克斯坦，2008 年债务结构中日元占比最高达到了 52.53%，超过了美元占比。乌兹别克斯坦、土库曼斯坦主权债务结构中，日元也占据较大比例。但总体来看，近年来日元在中亚国家主权债务货币结构中的占比不断下降，表明日元在国际货币体系中的衰落和日本在中亚国家中地缘影响力的下降。欧元在中亚国家主权债务货币结构中的影响力近年来也呈现下降趋势。土库曼斯坦 2002—2011 年欧元占比维持在 20% 以上，但随后逐渐下降至 0。其他货币在 1991—2000 年间在哈萨克斯坦、乌兹别克斯坦、吉尔吉斯斯坦主权债务结构中占据较大比重，但随后占比逐渐下降，仅有土库曼斯坦占比逐渐上升。主权债务货币结构的单一化，反映了中亚地区地缘战略趋势的变化，美国对中亚地区的影响力逐渐增强，而其他地区对中亚地区的影响力逐渐减弱。

---

〔1〕　秦卫波、蔡恩泰：《美国公共债务与对外债务可持续对美元霸权地位的影响》，载《苏州大学学报（哲学社会科学版）》2019 年第 6 期。

〔2〕　蒲大可：《非洲外债问题研究——历史演进、深层逻辑及其影响》，上海师范大学 2020 年博士学位论文。

〔3〕　张发林：《经济方略与美元霸权的生成》，载《世界经济与政治》2022 年第 1 期。

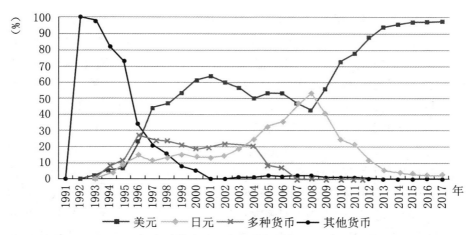

图 3-6 1991-2017 年哈萨克斯坦主权债务中的国际货币构成占比（%）

数据来源：作者根据 WDI 数据库整理制作。

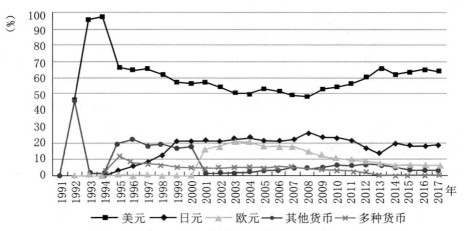

图 3-7 1991-2017 年乌兹别克斯坦主权债务中的国际货币构成占比（%）

数据来源：作者根据 WDI 数据库整理制作。

图 3-8　1991-2017 年塔吉克斯坦主权债务中的国际货币构成占比（%）

数据来源：作者根据 WDI 数据库整理制作。

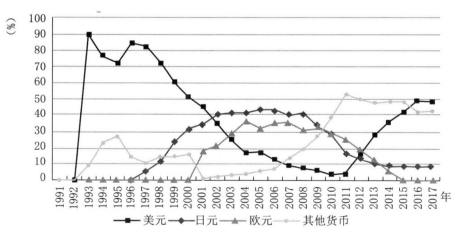

图 3-9　1991-2017 年土库曼斯坦主权债务中的国际货币构成占比（%）

数据来源：作者根据 WDI 数据库整理制作。

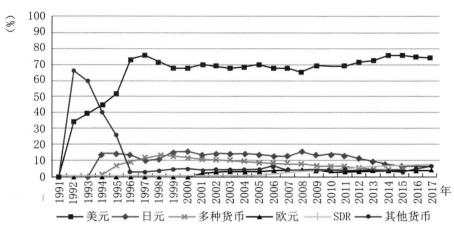

图 3-10　1991-2017 年吉尔吉斯斯坦主权债务中的国际货币构成占比（%）

数据来源：作者根据 WDI 数据库整理制作。

（三）主权债务来源集中

从中亚国家的主权债务来源来看，对哈萨克斯坦、乌兹别克斯坦、土库曼斯坦等国的研究缺乏翔实资料，只有塔吉克斯坦和吉尔吉斯斯坦有相关的报告。根据塔吉克斯坦财政部数据，塔吉克斯坦 2020 年向 IMF 贷款 1.895 亿美元，向欧亚开发银行贷款了 5000 万美元。截至 2020 年年底，国际金融机构对塔吉克斯坦多边贷款余额，分别为世界银行 3.56 亿美元、亚洲开发银行 2.96 亿美元、国际货币基金组织 1.895 亿美元、伊斯兰开发银行 1.67 亿美元。双边贷款余额分别为中国进出口银行 11.55 亿美元、沙特国家基金 0.79 亿美元、科威特国家基金 0.38 亿美元、法国 0.24 亿美元，此外还有欧洲债券总计约 5 亿美元。上述金额约占塔吉克斯坦 2020 年外债总额 67.98 亿美元的 41.25%，其中中国进出口银行的约占 17%，来自中国金融机构的主权债务占据塔吉克斯坦主权债务总额的六分之一。

对于吉尔吉斯斯坦而言，财政部将主权债务分类为双边贷款和多边贷款。双边贷款主要来源于中国和日本，而中国所提供的贷款额度最高，约占主权债务总额的 41.87%，中国是吉尔吉斯斯坦第一大债权人。吉尔吉斯斯坦的多边贷款主要来源于亚洲开发银行、世界银行、国际货币基金组织和伊斯兰银行等，其中来源于世界银行与亚洲开发银行的多边贷款占比最高，分别占据主权债务总额的 16.06%、14.35%。奚艳萍[1]在分析美元债务时也指出，由于美国的全球主导地位，美国对很多国家具有很强的债务影响力。美国本身及在其控制下的国际组织以及国际银行，是众多国家最为重要的债务来源。吉尔吉斯斯坦主权债务来源及债权人统计如表 3-2 所示。本书在分析中发现，中亚国家的主权债务来源以中国为主，这与地缘关系密切相关。蒲大可[2]在分析主权债务来源时也认为地缘关系是重要影响因素，非洲国家的外债来源主要是其早期的殖民宗主国。

表 3-2　2020 年底吉尔吉斯斯坦主权债务来源结构（单位：百万美元，%）

双边贷款			多边机构贷款		
国家金融机构	主权债务存量	占比	国际和地区金融机构	主权债务存量	占比
中国进出口银行	1766	43.04	国际开发协会（世界银行集团）	677.43	16.51
日本国际协力银行	242.05	5.90	亚洲开发银行	605.4	14.75
德国复兴信贷银行	83.14	2.03	国际货币基金组织	376.38	9.17
沙特发展基金	28.9	0.70	伊斯兰开发银行	118.31	2.88
韩国进出口银行	14.92	0.3	欧洲复兴开发银行	50.25	1.22
阿布扎比发展基金	8.46	0.21	欧亚开发银行	43.6	1.06
科威特国家基金	7.97	0.19	欧洲投资银行	36.5	0.89
德国安联保险集团	5.68	0.14	世界粮农发展基金会	28.63	0.70

[1]　奚艳萍：《美元—债务循环视角的美国贸易逆差问题研究》，中国财政科学研究院 2022 年硕士学位论文。

[2]　蒲大可：《非洲外债问题研究——历史演进、深层逻辑及其影响》，上海师范大学 2020 年博士学位论文。

表 3-2　2020 年底吉尔吉斯斯坦主权债务来源结构（单位：百万美元，%）　续表

双边贷款			多边机构贷款		
国家金融机构	主权债务存量	占比	国际和地区金融机构	主权债务存量	占比
法国外贸银行	4.89	0.12	石油输出国组织欧佩克	4.51	0.11
总计	2162.01	52.69	总计	1941.01	47.31

数据来源：吉尔吉斯斯坦财政部网站，由作者整理得到。

哈萨克斯坦主权债务投向集中，大多投向金融业和房地产业。郭新明（2009）[1]等人在对哈萨克斯坦外债问题进行分析时涉及主权债务投向，借助数据对哈萨克斯坦的主权债务使用去向进行简要分析，结果如表 3-3 所示。2008 年哈萨克斯坦通过主权债务所筹集资金的主要投向为金融业、房地产业，分别为 416.15 亿美元、316.34 亿美元，占比分别达到了 38.60%、29.34%。而投向哈萨克斯坦支柱产业采矿业的共计 105.53 亿美元，占比约 9.79%。可以看出哈萨克斯坦主权债务投向并不合理，大量资金被投入到金融业、房地产业当中。在哈萨克斯坦，这些行业与实体经济、基础产业关联度较低，对经济发展的带动作用较弱，容易产生经济泡沫，对经济发展造成负面影响。而对哈萨克斯坦经济发展具有支撑作用的采矿业、制造业投入则严重不足，难以产生良好且长期的经济效益。其他公共服务业的投入，例如电力、公共设施业、运输业等则更加严重不足，使得哈萨克斯坦基础设施建设极为落后，严重制约了经济发展。

外债用途不合理是很多国家外债风险高企的主要原因。蒲大可[2]在对非洲债务研究中发现，非洲国家不合理使用主权债务，导致其出现新一轮债务问题。同样问题也可以映射到中亚国家，中亚国家主权债务投向与哈

---

〔1〕郭新明、郇志坚：《哈萨克斯坦外债问题分析》，载《俄罗斯中亚东欧研究》2009 年第 6 期。

〔2〕蒲大可：《非洲外债问题研究——历史演进、深层逻辑及其影响》，上海师范大学 2020 年博士学位论文。

萨克斯坦大体一致，没有将筹集的资金重点投入到生产性、基础性领域，这不仅难以起到带动经济发展的作用，反而会加重债务风险，甚至引发债务危机。因此，中亚国家需要加强债务用途管理来严格控制债务风险。

表 3-3 2008 年哈萨克斯坦主权债务用途（单位：亿美元，%）

主权债务使用部门	总计	占比	主权债务使用部门	总计	占比
农林牧	1.31	0.12	运输、仓储和通信业	46.45	4.31
采矿业	105.53	9.79	金融业	416.15	38.60
制造业	43.19	4.01	房地产、租赁和商业活动	316.34	29.34
电力、天然气和供水业	9.95	0.92	公共设施业	18.27	1.69
建筑业	58.22	5.40	教育、健康和社会业	0.89	0.08
批发零售业	56.23	5.22	专业组织、协会	0.76	0.07
餐饮与旅馆业	2.06	0.19	NEC 活动业	2.79	0.26

数据来源：郭新明、郇志坚：《哈萨克斯坦外债问题分析》，载《俄罗斯中亚东欧研究》2009 年第 6 期。

四、中亚国家主权债务风险特征

中亚国家主权债务风险与中亚国家偿债压力及债务负担正向相关。国际上用来衡量主权债务负担与偿债压力的指标，主要有以下几个：债务率、负债率、偿债率、短期主权债务与总储备之比、国际储备与主权债务总额之比。债务率是指一国外债存量与出口收入的比重，负债率是指一国外债存量与经济总量 GDP 的比重。按照国际通行的债务安全标准，一个国家的负债率，即外债存量与经济总量 GDP 的比重应控制在 20% 以下。而债务率应该控制在 100% 以下。偿债率反映的是当年外债还本付息额与出口创汇收入之比，一般而言，偿债率的警戒线在 25% 左右，超过这个警戒线则认为偿债能力存在问题。由于短期债务需要在短时间内偿还，且出口创汇收入不能完全用来偿还债务，也有用短期债务与总储备之比来衡量该国的偿债能力的情形，比值越高，表明偿债压力越大。此外，还可以用国际储备与主权债务总额之比来反映该国的偿债能力，这一比值越高，表明该国的国际储备越能覆盖主权债务，偿债压力越小。

（一）主权债务风险不断加剧

图 3-11 反映的是 1995-2020 年中亚各国主权债务率与负债率。从图中可以看出，按照 100% 的债务率警戒线和 20% 的负债率警戒线标准，只有土库曼斯坦总体处于警戒线以下。而乌兹别克斯坦近年来则分别突破债务率和负债率预警线，例如 2010 年债务率仅为 60.54%、负债率为 16.04%，均处于警戒线以内；到了 2020 年，债务率达到了 199.66%、负债率达到了 53.69%，相比前一年度的 112.31%、37.40% 大幅度跃升。除此之外，哈萨克斯坦、塔吉克斯坦、吉尔吉斯斯坦三国债务率以及负债率均远远超过国际公认的警戒线。例如哈萨克斯坦 2000 年债务率就达到了 123.00%，而到了 2016 年债务率高达 373.03%。即使到了 2020 年，债务率仍然高达 299.61%。塔吉克斯坦与吉尔吉斯斯坦 2020 年债务率达到了 230.46%、354.11%，负债率达到了 82.96%、112.42%，大幅超过国际公认的警戒线标准。这表明，在中亚国家中，除了土库曼斯坦以外，哈萨克斯坦、乌兹别克斯坦、塔吉克斯坦、吉尔吉斯斯坦当前均面临较大的主权债务负担，这种债务压力在过往的十几年中一直处于高位水平。乌兹别克斯坦虽然最初的债务负担不高，但近几年来债务压力急剧上升。总体而言，中亚国家的债务负担和债务压力普遍较大，潜在的主权债务风险较高。

中亚国家的主权债务率与负债率不仅远超过了国际公认的警戒线，与其他发展中国家相比也显得非常高。例如，2020 年越南、泰国同期的主权债务率仅有 60% 左右，负债率也低至 40% 左右。西亚国家中，土耳其债务率也仅有 182%，负债率也仅有 57.71%，远远低于中亚国家的平均水平[1]。主权债务负担的一个重要特点，在于经济规模越小、债务负担越重，也就是常说的"小国重债"。例如 2020 年，蒙古国、不丹、斯里兰卡等国家的主

---

〔1〕 数据来源于 WDI 数据库。

权债务率均在300%以上[1]。戴蔚[2]在分析发展中国家所存在的穷国重债问题时发现，国家越小，经济越穷，主权债务负担反而越大。张洁洁[3]在对中亚国家主权债务进行分析时也发现，中亚国家债务负担远远高于其他类似发展中国家，具有相当高的主权债务风险。

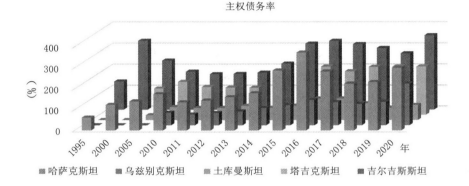

图 3-11　1995-2020 年中亚各国主权债务率与负债率

数据来源：作者根据 WDI 数据库整理制作。

〔1〕　数据来源于 WDI 数据库。

〔2〕　戴蔚：《重债低收入国家参与国际主权债务减免机制效果研究》，对外经济贸易大学 2019 年硕士学位论文。

〔3〕　张洁洁：《"一带一路"背景下中亚五国主权债务风险研究》，中共中央党校 2018 年硕士学位论文。

（二）短期偿债压力较轻

图 3-12 反映的是中亚各国的主权债务偿债压力。从偿债率来看，哈萨克斯坦偿债率总体较高，1995 年主权债务偿债率仅为 3.90%，到 2000 年跃升到 32.37%。此后 20 年一直保持高位运行，2020 年偿债率仍高达56.26%。乌兹别克斯坦与土库曼斯坦偿债率较低，总体保持在 20% 以下，土库曼斯坦甚至常年维持在 0.3%~0.5% 之间。塔吉克斯坦与吉尔吉斯斯坦两国偿债率均在警戒线附近波动，只有少数年份超过警戒线，但超过幅度并不大。而关于短期主权债务与总储备之比，结合短期主权债务占比变化趋势可知，除了塔吉克斯坦以外，其他四国均降低了短期主权债务占比。因此在图 3-12 中除了塔吉克斯坦之外，近年来四国的短期主权债务与总储备之比均处于较低水平。例如 2005 年哈萨克斯坦短期主权债务与总储备之比为 114.61%，随后逐渐降低到 2020 年的 28.16%。吉尔吉斯斯坦从 2000年的 49.27%，降低到 2020 年的 19.64%。塔吉克斯坦短期主权债务占比较高，短期主权债务与总储备之比处于居高不下的状态。2014 年最高达到了227.15%，随后逐渐回落，但在 2019 年仍然高达 92.66%。这使塔吉克斯坦在偿还短期债务方面仍面临巨大压力。

尽管短期内中亚国家的偿债压力不大，但与其他国家相比，中亚国家的短期偿债形势仍然不够稳定。例如越南、泰国等东南亚国家，2020 年的主权债务偿债率都在 10% 左右。印度、巴基斯坦、不丹等南亚国家偿债率也在 25% 的警戒线以下，短期内具有较高的偿债安全性[1]。同时短期外债的偿债压力会随着外部环境变化而快速改变，使偿债形势发生巨大改变。例如，2020 年国际贸易环境大受冲击，使中亚各国出口外汇收入大受影响，短期偿债压力明显上升。而 2022 年国际能源价格上升，使中亚各国出口收入大幅度增加，短期偿债压力下降。梁梦怡[2]等人在其研究中指出，中亚国家的债务形势十分复杂敏感，任何外部形势变化都会引发中亚国家债务风险剧烈变动。

---

〔1〕 数据来源于 WDI 数据。
〔2〕 梁梦怡、郭辉：《哈萨克斯坦外债风险分析》，载《中国市场》2020 年第 36 期。

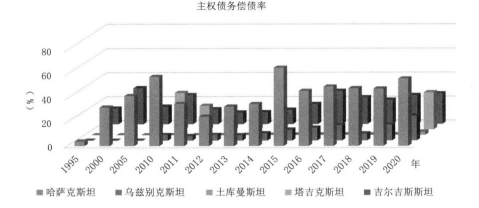

主权债务偿债率

短期主权债务与总储备之比

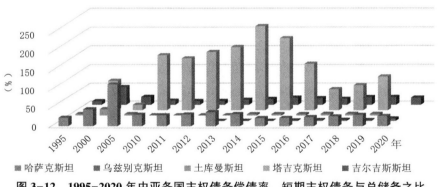

图3-12 1995—2020年中亚各国主权债务偿债率、短期主权债务与总储备之比
数据来源：作者根据 WDI 数据库整理制作。

（三）长期债务负担较重

用国际储备与主权债务总额的比重来衡量偿债压力，比值越大，偿债压力越小。如图3-13所示：从图中可以看出，除了乌兹别克斯坦以外，其余四国的国际储备并不能够覆盖主权债务总额。乌兹别克斯坦2020年国际储备与主权债务总额之比为108.48%，哈萨克斯坦为21.87%、土库曼斯坦为23.65%、吉尔吉斯斯坦为32.33%。这表明，在极端情况下，乌兹别克斯坦能够动用国际储备偿还全部主权债务，而其他四国偿还比例不超过三分之一。从中亚各国的主权债务偿债能力来看，乌兹别克斯坦最高，主权债务偿债风险最小。其他国家主权债务的偿债风险较大，在遭遇外部风险冲击下，国际储备难以覆盖主权债务，抗风险能力弱。对于长期偿债而言，各国面临的偿债压力普遍较大，国际储备通常难以覆盖主权债务总额。乌仁[1]在针对蒙古国的研究中发现，该国国际储备极少，债务规模远超偿债能力，主权债务风险长期居高不下。孙晓涛[2]等人在对各个发展中国家的主权债务风险与偿债能力分析中发现，绝大多数国家现有的国际储备水平都无法覆盖主权债务规模。同时随着未来不确定性风险上升，主权债务还可能进一步上升。但国际储备有可能不增反降，这会进一步加剧长期偿债压力。中亚国家在长期偿债压力上，与其他国家基本一致，在长期维度上对于主权债务风险的抵御能力较弱。

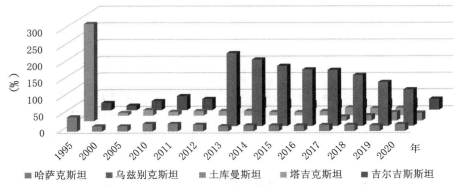

图 3-13　1995-2020 年中亚各国国际储备与主权债务总额之比

数据来源：作者根据 WDI 数据库整理制作.

注：空值表示该年数据缺失。

五、本章小结

本章对中亚国家的地缘和国情、主权债务规模、债务结构、债务负担进行分析总结，对其特点进行了归纳。总体发现：从债务总额与增速来看，

---

〔1〕 乌仁：《蒙古国主权债务风险研究》，哈尔滨工业大学 2019 年硕士学位论文。

〔2〕 孙晓涛、李浩东：《疫情影响下的发展中国家主权债务风险》，载《中国外汇》2021 年第 23 期。

中亚国家主权债务规模持续增加，哈萨克斯坦作为债务大国持有了中亚地区绝大部分主权债务。同时，中亚各国债务增速在经历 2008 年以前的高增长期后，逐渐进入到低速增长期。从债务结构来看，中亚各国主权债务主要以长期债务为主，短期债务占比逐渐下降；债务借贷结构主要以美元计价，西方势力影响逐渐增强。从债务负担来看，各国债务普遍超过预警线，债务负担较重。哈萨克斯坦总体债务负担最高，塔吉克斯坦与吉尔吉斯斯坦是典型的穷国重债，债务压力较大。虽然中亚国家短期偿债压力较小，但长期偿债压力较大，抗风险能力较弱。从债务来源与投向来看，中亚国家的主权债务主要来源于周边国家和国际组织，债务来源单一。债务用途并非重点投入到生产性、支柱性产业，而是主要流向金融业等虚拟产业，经济效益较差，可能进一步加重债务负担及债务风险。

第四章

中亚国家主权债务成因分析及实证检验

　　中亚国家主权债务的形成原因分为内因和外因，内因方面主要探讨中亚国家国内经济、政治、财政等方面，外因方面则从国际因素出发分析中亚国家主权债务的外生冲击。同时，本章对中亚国家主权债务成因进行实证检验，验证内因和外因是否成立，从而从实证角度检验定性分析的准确性。同时本章借助脉冲响应和方差分解方式，对中亚国家主权债务成因进行分解，检验内因和外因在中亚国家主权债务成因中的比重，解析主导地位和首要因素，进而厘清中亚国家主权债务成因中的内外部结构。

　　本章从定性分析中发现，主权债务形成的内部因素主要表现在五个方面：经济基础薄弱加速债务负担、贸易逆差引起债务风险上升、财政赤字加重债务负担、政治腐败造成债务问题恶化，以及主权债务投向过于集中。外部因素主要表现在四个方面：不合理国际贸易秩序加速债务形成、境外资本渗透导致债务上升、大宗商品价格波动增加债务风险和国际环境复杂多变加深债务负担。本章在定量分析中，首先采用线性模型对内外部因素进行回归分析、稳健性检验与异质性分析。其次对中亚国家主权债务形成的内外部因素进行了脉冲响应分析，探讨内外部因素对中亚国家主权债务形成的动态冲击影响。最后对中亚国家主权债务的内因和外因进行量化分解，计算每个因素在中亚国家债务成因中的占比，找出影响主权债务的首要因素和主导力量。

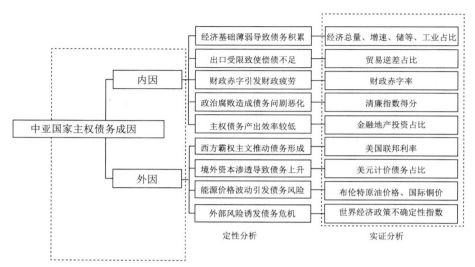

图 4-1　中亚国家主权债务成因及相关指标

资料来源：由作者归纳整理得到。

一、中亚国家主权债务形成的内因

主权债务形成的内部因素主要体现在五个方面：经济基础薄弱加速债务负担、贸易逆差引起债务风险上升、财政赤字加重债务负担、政治腐败造成债务问题恶化，以及主权债务投向过于集中。

（一）经济基础薄弱加速债务负担

一个国家的主权债务形成，与该国的经济基础密切相关。中亚国家经济基础薄弱，促使债务规模增速较快。主要影响因素有以下几个方面：

首先，中亚国家的经济规模普遍偏小。过小的经济规模意味着财富总量有限，增长空间不足，难以从国内筹集到经济建设所需要的资金[1]。同时过小的经济规模使中亚国家在债务问题上缺乏应对空间，难以承受较大规模的主权债务，进而引发"小国重债"问题[2]。与经济大国上万亿

---

〔1〕　董新兴、俞炜华：《经济整合、交易成本与国家规模》，载《东岳论丛》2014 年第 11 期。李君华、欧阳峣：《大国效应、交易成本和经济结构——国家贫富的一般均衡分析》，载《经济研究》2016 年第 10 期。

〔2〕　韦民：《小国概念：争论与选择》，载《国际政治研究》2014 年第 1 期。

美元的巨量债务相比，中亚国家的主权债务规模相对较小。例如2020年塔吉克斯坦、吉尔吉斯斯坦的主权债务总额仅有67.98和86.97亿美元，哈萨克斯坦主权债务总额也只有1629.74亿美元，与2020年同期中国的外债总额24008亿美元相比显得微不足道。但经济总量的巨大差距导致中亚国家债务率过高，塔吉克斯坦、吉尔吉斯斯坦、哈萨克斯坦的债务率分别高达230.46%、354.11%、299.61%，远超中国同期的87.9%[1]。由此可见，经济规模过小是中亚国家主权债务形成以及债务风险高位运行的重要原因。

图4-2与图4-3反映的是哈萨克斯坦主权债务率与GDP总量、GDP增速之间的关系。从图中可以看出，哈萨克斯坦主权债务率与GDP总量、GDP增速大致呈现出反向关系。该国在2008年以前经济总量较小，主权债务率相对更高。但在2009-2014年期间，受益于国际大宗商品价格的高位运行，哈萨克斯坦经济总量快速攀升，2013年达到2366.35亿美元。较强的经济实力使哈萨克斯坦能够将主权债务率保持在较低水平，但随着近年来哈萨克斯坦经济的逐渐下滑，经济总量缩小，该国债务问题又进一步突出，

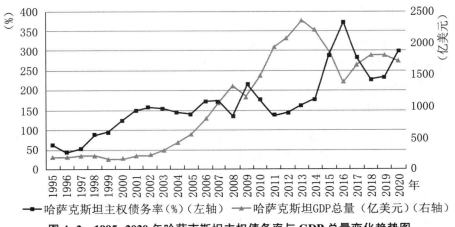

图4-2 1995-2020年哈萨克斯坦主权债务率与GDP总量变化趋势图

数据来源：作者根据WDI数据库整理制作。

---

[1] 哈萨克斯坦、塔吉克斯坦、吉尔吉斯斯坦的主权债务总额与主权债务率数据来源于WDI数据库，中国的外债总额与外债负债率数据来源于中国国家统计局。

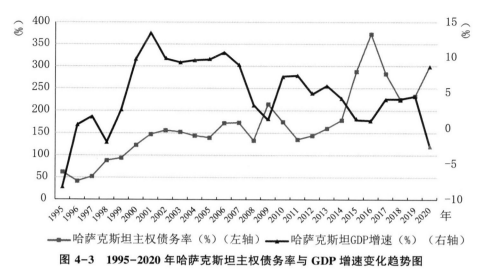

图 4-3　1995—2020 年哈萨克斯坦主权债务率与 GDP 增速变化趋势图

数据来源：作者根据 WDI 数据库整理制作。

主权债务规模增加，债务风险上升。由此可见，中亚国家经济规模过小，会导致中亚国家陷入经济衰退。如此循环往复，容易形成债务—通缩—衰退恶性循环，即债务风险上升与经济衰退同时存在。

　　其次，中亚国家国内储蓄规模过小，投资缺口较大。中亚国家薄弱的经济基础，造成居民收入普遍偏低，储蓄规模较小，经济建设所需要的投资缺口较大[1]。由于国内储蓄规模较小，难以形成较大规模的内债市场。中亚国家筹集建设资金较大程度地依赖外债市场，通过向外举借债务方式来满足国内建设的资金需求，从而导致中亚国家主权债务规模上升。图 4-4 反映的是哈萨克斯坦主权债务率与储蓄率的变化趋势，从图中可以看出，哈萨克斯坦主权债务率与储蓄率也呈现出反方向变动的趋势。在 2011 年以前，中亚国家储蓄率保持着上升趋势，从 1995 年的 15.01% 上升到 2011 年的 38.31%，同期哈萨克斯坦主权债务率保持着平稳的低位趋势。自 2012 年起，哈萨克斯坦储蓄率从 38.31% 下降到 2020 年的 29.93%，而同期的主权债务率从 2011 年的 135.49% 快速上升，2016 年最高达到 373.03%，2020 年

[1]　张向达等：《全球经济失衡的影响因素研究》，载《宏观经济研究》2022 年第 4 期。

仍然高达 299.61%。由此可见，储蓄率下降是近年来哈萨克斯坦主权债务率上升的重要因素。图 4-5 展示了中亚四国 1995-2020 年储蓄率的变化趋势，哈萨克斯坦、乌兹别克斯坦储蓄率较高，但近年来均呈现出不断下降趋势。吉尔吉斯斯坦与塔吉克斯坦储蓄率较低，在 2005-2015 年间长期处于

图 4-4　1995-2020 年哈萨克斯坦主权债务率与储蓄率变化趋势图

数据来源：作者根据 WDI 数据库整理制作。

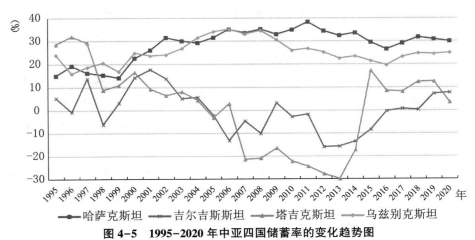

图 4-5　1995-2020 年中亚四国储蓄率的变化趋势图

数据来源：作者根据 WDI 数据库整理制作。

负值状态，2020 年两国储蓄率也仅有 7. 76%、3. 59%。究其原因，中亚国家经济增速下降导致其储蓄率同步下降，国内资本缺乏。为了应对各项建设需求，中亚国家只能通过向外举借债务方式筹集资金，主权债务规模增加，债务压力上升。

最后，工业制造业衰退使中亚国家经济增长内生动力不足。当经济基础薄弱、经济规模过小时，各国难以建立完善的工业体系，其自身造血能力弱，内生增长动力不足[1]。图 4-6 反映的是哈萨克斯坦 1995-2020 年主权债务率、制造业占比、工业占比的变化趋势。图中哈萨克斯坦工业占比与制造业占比差距较大，制造业只有工业占比的三分之一左右，这表明哈萨克斯坦乃至其他中亚国家制造业基础薄弱，工业严重依赖于能源矿产的开采。哈萨克斯坦工业占比在 2010 年之前总体保持上升趋势，但从 2011 年起工业占经济增加值的比重显著下滑，同期哈萨克斯坦的主权债务则快速上升，由此表明哈萨克斯坦工业及制造业基础在不断地萎缩。这种下滑趋势将会严重影响到经济基础以及自身造血能力，对主权债务形成、债务压力上升起到重要的推动作用。一方面，工业及制造业生产是一个国家财富的来源。工业以及制造业衰退将直接导致财政收入、居民收入下降，使中亚国家所需大规模建设资金只能依靠向外举借债务方式获得。另一方面，工业以及制造业衰退导致大量工业产品在本国无法生产，从而严重依赖外国进口。而进口所需资金将占用大量外汇收入，从而造成贸易逆差。对此，从中亚国家出口贸易结构中可以看到，为平衡国际收支，中亚国家只能向外举借债务，导致推高主权债务规模，加大主权债务风险。

图 4-7 反映的是 1995-2020 年中亚各国工业占比，从中可以看出，近年来中亚各国工业普遍呈现出停滞衰退迹象，这与发展中国家产业发展路径并不一致。吉尔吉斯斯坦、塔吉克斯坦、乌兹别克斯坦工业占比常年低于 30%，工业基础薄弱，制造业水平低下。而土库曼斯坦工业占比在中亚国家中处于最高水平，工业占比在 2012 年达到了 66. 58%。此后不断下降，在 2019 年时只有 42. 02%，7 年间工业占比下滑了 24. 56 个百分点。工业发

---

[1] 姜安印、刘博：《资源开发和中亚地区经济增长研究——基于"资源诅咒"假说的实证分析》，载《经济问题探索》2019 年第 5 期。闫坤、李双双：《中国与中亚轻工业合作进程与启示》，载《红旗文稿》2019 年第 22 期。

展停滞加剧了中亚国家的经济衰退，引发中亚国家主权债务规模上升，并加大了债务风险。

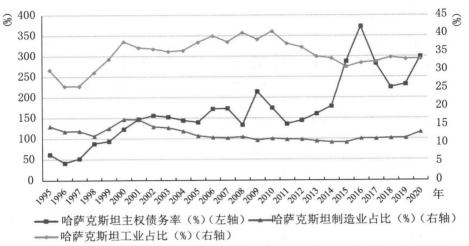

图 4-6 1995-2020 年哈萨克斯坦主权债务率、制造业占比、工业占比变化趋势图

数据来源：作者根据 WDI 数据库整理制作。

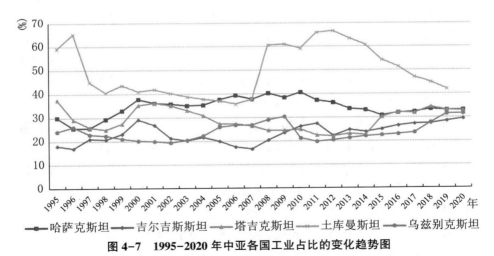

图 4-7 1995-2020 年中亚各国工业占比的变化趋势图

数据来源：作者根据 WDI 数据库整理制作。

(二) 贸易逆差导致债务风险不断上升

贸易逆差也是引发中亚国家主权债务形成和债务风险上升的重要因素。中亚国家位于亚洲内陆中心地区，均属于典型的内陆国家。当前国际贸易绝大多数依托于海洋运输，沿海区位优势对于发展进出口贸易至关重要，因此中亚国家开展贸易活动存在先天性区位缺陷[1]。同时由于中亚国家出口产品主要以能源、矿产、农产品为主，陆路交通运输极不方便，严重依赖于海洋运输，这对中亚国家扩大出口规模带来较大不便。世界上著名能源、矿产以及农产品出口国均位于沿海，有着十分便利的海洋运输条件。例如美国、澳大利亚、巴西、阿根廷、智利等，这些国家依托便利的海洋交通运输条件，成为能源、矿产以及农产品出口大国。中亚国家尽管在能源矿产总量上与上述沿海国家不相上下，但受制于区位条件，难以将本国能源矿产、农产品资源转化为出口收入，出口贸易潜力受到严重制约。

除了缺乏海洋运输条件以外，中亚地区的地理位置是其另外的贸易制约因素。从地理位置来看，中亚国家与世界主要经济体或者经济区域市场距离过远。当前世界主要经济区域有北美的美国、加拿大，欧洲西部的西欧国家，以及亚洲东部沿岸的中日韩—东盟国家。中亚国家与上述三个地区的地理距离过于遥远，以哈萨克斯坦首都阿斯塔纳为例，距离中国上海4600公里，距离美国纽约9200公里，距离英国伦敦4700公里。过远的市场距离除了会产生高昂的运输成本，还会产生较高的交流成本，从而使中亚国家出口贸易成本增加。在这种区位因素下，中亚国家初级产品出口受限，而高级工业品的进口需求却持续扩大，这将会出现不可避免的贸易逆差。乌兹别克斯坦、吉尔吉斯斯坦、塔吉克斯坦三个国家均常年处于贸易逆差状态。同时哈萨克斯坦、土库曼斯坦的贸易顺差额度也在逐年缩小，正在朝贸易逆差状态转变。

图4-8反映的是哈萨克斯坦主权债务率与进出口差额占GDP的比重。从图中可以看出二者大致呈现出反向关系，贸易顺差上升时，主权债务率呈现下降趋势。当贸易顺差下降时，主权债务率就逐渐呈现上升趋势。

---

[1] 邱志萍、秦淑悦：《全球海运连通性的贸易效应及作用机制研究——来自联合国LS-BCI数据的经验证据》，载《国际经贸探索》2022年第3期。

2011 年前，哈萨克斯坦贸易顺差总体呈现出上升的趋势，而同期主权债务率维持在较低水平，但 2011 年后，哈萨克斯坦的贸易顺差开始缩小，从 2011 年的 26.01%下降到 2020 年的 5.18%，同期哈萨克斯坦主权债务率大幅度攀升。由此可以预见，哈萨克斯坦贸易平衡状态在未来数年间将由贸易顺差向贸易逆差转变，届时贸易逆差将会给哈萨克斯坦的主权债务形势带来严峻考验，主权债务风险将不断攀升。其余三个中亚国家乌兹别克斯坦、吉尔吉斯斯坦、塔吉克斯坦常年处于贸易逆差状态，主权债务率居高不下。据此，贸易逆差是中亚国家主权债务形成与债务风险上升的重要因素。

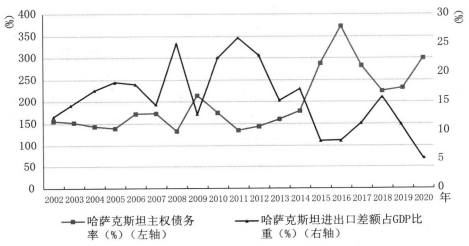

图 4-8 2002-2020 年哈萨克斯坦主权债务率与进出口差额占 GDP 比重的变化趋势
数据来源：作者根据 WDI 数据库整理制作。

（三）财政赤字加重债务负担

债务问题与一国的财政状况紧密相关，财政问题是债务问题的直接原因[1]。如果该国财政情况良好，能够实现财政平衡甚至财政盈余，那么就会压制债务规模的过快上涨。但一旦国家财政情况恶化，常年处于财政收

---

〔1〕 张曾莲、张瀚之：《财政赤字影响政府债务风险的门槛效应研究》，载《华东经济管理》2019 年第 1 期。

不抵支的赤字状态，就会引起债务规模与债务压力持续上升[1]。对于一国财政而言，短期的财政赤字能够通过财政收支手段得到有效平衡，从长期来看财政情况仍然处于一个健康状态。但当财政赤字状态长期持续，且无法得到有效缓解的情况下，就会出现财政疲劳现象[2]。这种财政疲劳本质上就是财政长期收不抵支，国家通过举债方式维持财政运行，导致债务规模上升以及债务风险增加。对于中亚国家而言，其往往经济基础薄弱，税收来源单一，缺乏广泛的税收基础，财政税收增收乏力[3]。而随着经济建设发展，各项财政支出尤其是大规模的基础设施建设支出大幅度增加，中亚各国财政支出增速远远超过财政收入增速，从而陷入财政赤字。与此同时，在税收增长受限时，财政赤字与财政疲劳继续加剧，这就需要中亚国家用更多的主权债务来进行平衡，从而陷入到狭义的财政疲劳困境当中，助推债务规模与债务风险持续上升[4]。

图4-9反映的是2000-2020年哈萨克斯坦主权债务率与财政赤字率的变化趋势。从图中可以看出，财政赤字率与主权债务率走势具有高度一致性，这种特性在2008年以后表现得特别明显。2009年哈萨克斯坦财政赤字率达到近10年来的最高点1.33%，而同期主权债务率也达到了近10年来的最高点214.32%。随后二者走势基本一致，财政赤字维持在高位水平，2015年达到了6.26%，2020年最高达到了7.04%，在发展中国家里面属于严重的财政失衡。长期处于高额的赤字状态使哈萨克斯坦财政疲劳十分严重，这种财政疲劳状态在很大程度上助长了哈萨克斯坦主权债务规模的上升以及债务风险的累积。全球经济处于逐渐下行的通道，能源矿产需求总体萎

〔1〕　田雅琼：《超级大国崩溃的财政视角——以苏联为例》，载《财政科学》2021年第11期。

〔2〕　唐文进、苏帆、许超：《广义"财政疲劳"现象研究评述》，载《经济学动态》2015年第4期。蒲诗璐：《印度政府债务的演进、风险及可持续性研究》，四川大学2021年博士学位论文。

〔3〕　张栋、许燕、张舒媛：《"一带一路"沿线主要国家投资风险识别与对策研究》，载《东北亚论坛》2019年第3期。

〔4〕　郭新明、郇志坚：《哈萨克斯坦外债问题分析》，载《俄罗斯中亚东欧研究》2009年第6期。孙长鹏、邓晓兰：《财政赤字率、政府债务率、利率与汇率作用机制——基于MSAR-TVP-VAR模型的分析》，载《经济问题探索》2022年第4期。

缩，对于中亚这类严重依赖初级产品出口的国家而言是极其不利的。可以预见，在未来很长的一段时间之内，中亚国家财政收入会受到较大约束，而财政支出则在基础设施建设的推动下会进一步保持较高增长态势。因此，中亚国家高企的财政赤字会持续较长时间，财政疲劳也会长期存在，从而不断推高中亚国家主权债务规模及债务风险。

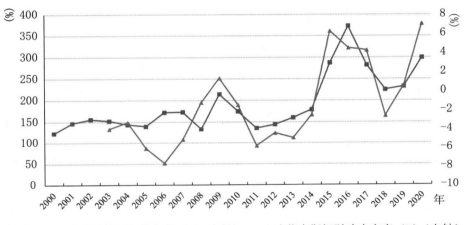

图 4-9　2000-2020 年哈萨克斯坦主权债务率与财政赤字率的变化趋势

数据来源：作者根据 WDI 数据库整理制作。

本书采用中亚各国财政赤字率与主权债务率的线性影响来反映财政赤字对中亚国家主权债务的成因影响。结果如图 4-10 所示，中亚国家的主权债务率与财政赤字率呈现出显著的正向关系，拟合度达到了 43.4%。这一数值表明，在不考虑其他因素的情况下，主权债务率变动幅度的 43.4% 能够由财政赤字率变动所解释。财政赤字率对主权债务率的拟合估计值为 15.71，表明每当中亚国家的财政赤字率上升 1 个百分点，主权债务率将平均上升 15.71 个百分点。假设中亚财政收支由 3% 的盈余变成 3% 的赤字状态，主权债务率将上升 94.26 个百分点，主权债务风险将会大幅度上升。从图 4-10 中可以看出，3% 的财政盈余与 3% 的财政赤字是一个常见状态，任何一个中亚国家的财政状态都有可能在短时间内从 3% 的财政盈余转变为 3% 的财政赤字，使主权债务率快速上升近 100 个百分点。在财政疲劳状态下，中亚各国的财政赤字率将保持高位运行，主权债务率将长期处于较高水平。由此可见，中亚国家长期存在的财政赤字所引发的财政疲劳是主权债务形成以及主权债务风险上升的重要因素。

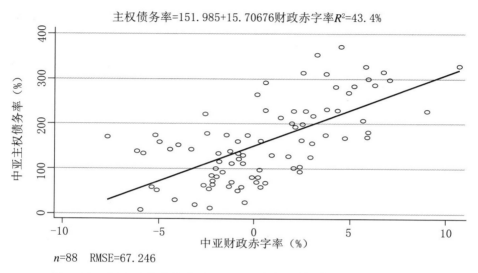

图4-10　2000-2020年中亚各国财政赤字率与主权债务率的线性拟合图

资料来源：笔者通过 stata 软件拟合并计算得到。

（四）政治腐败加剧债务恶化

尽管中亚国家自独立以来走上了西方式的转型道路，建立了与西方国家类似的总统共和制政体，但由于深受前苏联体制的遗留影响，政治体制仍然存在较大缺陷。这些缺陷使中亚各国无法有效控制主权债务规模的过快膨胀，各国主权债务问题逐渐恶化。具体而言，中亚各国政治体制缺陷主要体现在以下几个方面：

第一，超长任期难以制衡政府官员，各国举债难受约束。前苏联政治体制下，官员实行的是终身制[1]。虽然中亚各国从苏联独立出来后实行了

---

［1］　高放：《苏联解体、苏共灭亡与斯大林的关系》，载《马克思主义与现实》2010 年第 3 期。李斯霞、冯小伟：《勃列日涅夫时期的"政治笑话"及其对特权阶层的批评》，载《江西师范大学学报（哲学社会科学版）》2016 年第 1 期。

总统制共和政体，但各国总统均存在普遍性的超长任期。例如哈萨克斯坦前总统纳扎尔巴耶夫 1990-2019 年在任，任期 29 年。乌兹别克斯坦前总统卡里莫夫 1990-2016 年在任，任期 26 年。土库曼斯坦前总统尼亚佐夫 1991-2006 年在任，任期 15 年。现总统别尔德穆哈梅多夫 2007 年至今，任期 15 年。塔吉克斯坦总统拉赫蒙 1994 年就任总统至今，于 1999、2006、2013、2020 年四次连任总统，任期 28 年。吉尔吉斯斯坦前总统阿卡耶夫 1990-2005 年在任，任期 15 年。这些国家的总统任期与当今主流民主国家领导人一至两届、八至十年的任期相比过于漫长，几乎等同于总统终身制，形成了事实上的超级总统制[1]。在这种超级总统制下，总统权力过大，而议会以及反对党的制约能力过小，总统权力几乎不受制约，很难受到反对党等不同声音的制衡。在这种情况下，以总统为首的各级官员在对外举债时缺少必要制约，他们大肆举债行为会导致债务规模上升，债务压力和债务风险加大。

第二，中亚国家严重的腐败问题进一步恶化了债务问题。在僵化且缺乏有效监督的政治体制下，政府官员腐败成为了一个普遍性问题。表4-1 反应的是中亚各国近年来的清廉指数，中亚各国政府腐败程度位居世界前列。从表中可以看出，中亚各国清廉指数普遍很低，2021 年哈萨克斯坦得分仅有 37，土库曼斯坦仅有 19 分。排名均在 100 名以后，如哈萨克斯坦仅排在 102 名，土库曼斯坦排名低至 169 名。并且从得分和排名的变化趋势来看，中亚各国的腐败形势没有得到实质性好转，吉尔吉斯斯坦、塔吉克斯坦、土库曼斯坦三国得分与名次长期徘徊不前。

表4-1　2012-2021 年中亚各国清廉指数得分与排名情况变化

年份	哈萨克斯坦		乌兹别克斯坦		吉尔吉斯斯坦		塔吉克斯坦		土库曼斯坦	
	得分	排名	得分	排名	得分	排名	得分	排名	得分	排名
2012 年	28	136	17	169	24	153	22	157	17	170

---

[1] 苏萍：《中亚哈萨克斯坦超级总统制评析》，载《新疆大学学报（哲学·人文社会科学版）》2016 年第 4 期。黄军甫：《政治选择与俄罗斯民主化的困境》，载《社会科学》2004 年第 4 期。

表 4-1　2012-2021 年中亚各国清廉指数得分与排名情况变化　　续表

年份	哈萨克斯坦		乌兹别克斯坦		吉尔吉斯斯坦		塔吉克斯坦		土库曼斯坦	
	得分	排名	得分	排名	得分	排名	得分	排名	得分	排名
2013 年	26	140	17	168	24	149	22	153	17	169
2014 年	29	129	18	165	27	136	23	151	17	168
2015 年	28	124	19	153	28	125	26	137	18	154
2016 年	29	131	21	156	28	138	25	152	22	155
2017 年	31	122	22	157	29	135	21	161	19	167
2018 年	31	124	23	158	29	132	25	152	20	161
2019 年	34	113	25	153	30	126	25	153	19	165
2020 年	38	94	26	146	31	124	25	149	19	165
2021 年	37	102	28	140	27	144	25	150	19	169

数据来源：透明国际 2012-2021 年发布的全球腐败报告。该指数为百分制，0 最低，表示最腐败，100 最高，表示最清廉。

中亚地区是全球最为腐败的区域之一，腐败问题多发频发，下至基层官员，上至国家总统，均涉及严重的贪污腐败问题[1]。并且部分官员不仅自身涉及贪腐，其家人也通过裙带关系大肆捞取利益，形成了裙带政治与裙带腐败[2]。例如土库曼斯坦总统别尔德穆哈梅多夫在担任总统长达 15 年之后，有意让其子谢尔达尔成为新任总统。中亚国家总统子女大多在政府担任高级职位，在总统的庇护下大肆贪污腐败。例如哈萨克斯坦总统纳扎尔巴耶夫的长女达利加担任议会议员，同时也是该国著名的女性亿万富翁。乌兹别克斯坦首任总统长女卡里莫娃也曾担任政府高官，在其父亲去世之

---

[1]　吴琳琳：《哈萨克斯坦反腐败研究》，兰州大学 2012 年硕士学位论文。秦吉斯：《哈萨克斯坦行政腐败的成因及防范研究》，华东理工大学 2014 年硕士学位论文。

[2]　张友国、冯玉丽：《试论政治伊斯兰：中亚"伊扎布特"问题》，载《北京科技大学学报（社会科学版）》2016 年第 2 期。吴绩新：《从吉尔吉斯斯坦看中亚局势变化的动因》，载《兰州学刊》2005 年第 6 期。

后被指控贪污腐败[1]。

高发的腐败问题被认为是中亚国家主权债务高企的重要原因。中亚国家政府官员挪用资金私用，严重挤占了原本应该投入到经济建设当中的资金，导致国内资金缺乏，为了弥补这种困境，国家通过向外举借债务方式来弥补。例如中亚国家的能源矿产十分丰富，但该领域的贪污腐败问题极其严重，不仅严重影响了中亚国家的能源矿产收入，还影响了中亚各国在该领域的投资效率，不得不举借更多债务来投资能源矿产行业。同时，过于腐败的政府会严重降低外债使用效率，造成大量外债资金浪费，这就会使中亚国家陷入举借外债的恶性循环当中：政府腐败—国内资金缺乏—举借外债—外债使用效率降低—再度举借外债—以债养债。

二、中亚国家主权债务形成的外因

主权债务形成的外部因素主要体现在四个方面：不合理的国际贸易秩序加速债务形成、境外资本渗透导致债务上升、大宗商品价格波动增加债务风险，以及国际环境复杂多变加深债务负担。

（一）不合理的国际贸易秩序加速债务形成

不合理的国际贸易秩序是中亚国家主权债务形成的重要因素。现有的国际贸易秩序初建于二战结束以后，在布雷顿森林体系下逐渐巩固，并于冷战结束后基本形成。在这一国际贸易秩序下，以美国为首的西方国家凭借着自身经济、科技以及军事实力，掌握了整个世界体系的话语权[2]。而西方国家凭借着这种话语权与主导权，对其他国家尤其是发展中国家实施霸权主义与强权政治，尤其是在全球化的开放环境下，强迫发展中国家接受不平等的国际规则[3]。这种不平等、不合理的国际贸易秩序让广大发展

---

[1] 资料来源于中亚地缘政治研究中心，网址：http://rcgca.xju.edu.cn/info/1113/2230.htm.

[2] 王赓武等：《国际秩序的构建：历史、现在和未来》，载《外交评论（外交学院学报）》2015年第6期。

[3] 戴枫、孙文远：《对外开放与发展中国家的收入不平等：基于亚洲和拉美国家的比较研究》，载《国际贸易问题》2012年第1期。

中国家深受其害，长期陷入经济增长缓慢、收入微薄、债台高筑的困境[1]。西方国家主导的不合理国际贸易秩序对中亚国家主权债务的影响主要体现在以下几个方面：

第一，西方国家通过贸易价值链的剪刀差攫取剩余价值，使中亚国家资本积累缓慢。出口以附加值极低的能源、矿产、农产品为主，这些产品往往是在开采、收获之后通过简单的初加工，甚至完全无加工就出口到国外，买家中西方国家占据绝大多数。这些产品处于产业链上游，未能充分挖掘产品价值就转移到发达国家手中。而发达国家采用先进的科技，将这些产品进行深度加工，进入产业链制造成工业品。例如，中亚国家的有色金属是制造半导体芯片、精密机械的重要原料。发达国家将这些原材料从中亚国家廉价进口，经过产业链深度加工成芯片、精密机械、电子产品出口到中亚国家，赚取中亚国家大量外汇。中亚国家通过出口低价能源矿产所获得的出口收入又通过高价工业品进口返回到发达国家手中，由此成为了被剥削被压榨对象[2]。发达国家为了尽可能地攫取中亚国家的剩余价值往往采取剪刀差方式，即利用国际主导权与影响力压低初级产品价格，提高工业品、高级制造产品价格，从而加速中亚等广大发展中国家的资本流失[3]。

图 4-11 反映的是中亚国家 1995-2020 年资本形成率的变化趋势，从中可以看出，多数年份的资本形成率均处于 30% 以下，增长趋势十分缓慢。土库曼斯坦的资本形成率在 2010 年、2011 年间曾达到了 50% 以上，但并不可持续。作为中亚出口贸易第一大国的哈萨克斯坦，受益于大宗商品价格上升，在 2000-2008 年间资本形成率居中亚前列。2008 年后，哈萨克斯坦资本形成率低于 30%，这表明在发达国家主导的国际政治经济秩序下，哈萨克斯坦遭受了价值链上的剪刀差。这种情况下，哈萨克斯坦出口初级

〔1〕　叶卫平：《国际经济旧秩序与发展中国家经济安全》，载《马克思主义研究》2009年第 10 期。叶卫平：《国际金融危机与建立国际经济政治新秩序》，载《教学与研究》2009 年第 11 期。

〔2〕　国外政治经济学研究新进展课题组：《国外政治经济学研究新进展（2021）》，载《政治经济学评论》2022 年第 3 期。

〔3〕　张少军、侯慧芳：《全球价值链恶化了贸易条件吗——发展中国家的视角》，载《财贸经济》2019 年第 12 期。

产品、进口高级工业品越多，产业价值向外转移程度就越高，越不利于国内资本的形成与积累，容易造成国内资本短缺。为填补国内资本缺口，满足国内建设需要，哈萨克斯坦大规模举借外债，逐渐成为中亚第一外债大国。

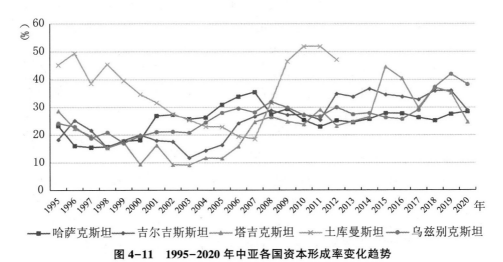

图4-11　1995-2020年中亚各国资本形成率变化趋势

数据来源：作者根据WDI数据库整理制作。

　　第二，除了采用贸易价值链剪刀差收割中亚各国外，西方发达国家还凭借自身在国际金融市场上的绝对主导权，通过利率变动来影响中亚国家的主权债务形势[1]。典型代表是美国通过调整联邦基准利率来影响全球利率水平。美国利用其对国际金融市场的绝对主导权，通过利率这个国际资本的"水龙头"控制中亚等发展中国家的资本市场，掌控其资本命运，对包括中亚国家在内的发展中国家的主权债务造成负面影响[2]。根据国际资本流动理论，当美国调低联邦基准利率时，资本在美国国内的回报率降低，大规模地流向以新兴市场经济体为代表的发展中国家，中亚国家在国

---

　　[1]　庄起善、张广婷：《国际资本流动与金融稳定性研究——基于中东欧和独联体国家的比较》，载《复旦学报（社会科学版）》2013年第5期。

　　[2]　李占国、余方：《试论国际资本逆向流动对新兴市场国家债务违约的决定作用》，载《生产力研究》2009年第2期。

际市场上可以举借到更多外债。而当美国调高联邦基准利率时，美国国内资本回报率上升，全球资本回流美国[1]，使中亚等发展中国家借款难度增加，承担更多的外债利息，不得不扩大主权债务规模，加大主权债务压力。

图 4-12 反应的是美国联邦基金利率变动与哈萨克斯坦主权债务率的变化趋势，从图中可以看出，哈萨克斯坦等中亚国家的主权债务率与美国联邦基金利率总体呈现出反向关系。当美国联邦基金利率较高时，中亚国家主权债务率较低。而当美国联邦利率较低时，中亚国家主权债务率较高。二者总体上以 2008 年为分界线。在 2008 年以前，美国联邦基金利率总体处于较高水平，多数年份在 3% 以上，较高的利率让资本留在美国国内，中亚等发展中国家很难举借到外债。而 2008 年金融危机以后，美国为拯救自身经济，将同业拆借利率快速下调，这期间美元资本快速流出美国，进入到发展中国家，使中亚国家能够轻易借到外债，主权债务率快速飙升，在 2016 年最高达到了 373.03%，随后美国进入加息通道，中亚国家的主权债务率略有下降。

美国通过利率手段操纵国际金融市场，很大程度加重了中亚等发展中国家的主权债务风险。美国为了应对通胀，在短期内采取更为激进的加息措施，例如 2022 年先后 7 次加息。使 2023 年 3 月的 6 个月伦敦银行同业拆借的美元利率高达 5.49986%，相对于 2020 年接近为 0 的利率水平大幅上升，达到 21 世纪罕见的高利率水平[2]。如此高昂的利率水平对中亚国家主权债务造成极大的利息负担，容易造成中亚国家主权债务违约，甚至爆发主权债务危机。

---

[1]　张嗷：《国际资本流动与主权信用危机》，载《新金融》2018 年第 7 期。
[2]　资料来源于金投网，网址：http://forex.cngold.org/c/2022-07-01/c8180074.html.

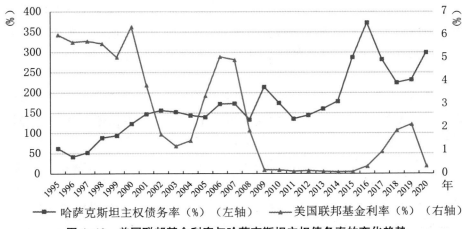

图 4-12　美国联邦基金利率与哈萨克斯坦主权债务率的变化趋势

数据来源：作者根据 WDI 数据库整理制作。

（二）境外资本渗透导致债务上升

中亚国家的地缘战略位置十分重要，成为各个大国拉拢争夺的对象。各个大国往往会以资金借贷形式扶持其在中亚的"代理人"，通过"代理人"来实现自身利益。中亚国家地处亚洲内陆中心区域，紧邻中俄两国，是中俄两国国家安全的"后花园"[1]。以美国为首的西方国家为了制约中俄两国，极力拉拢中亚国家，企图在中亚国家中培植西方势力[2]。在这种战略目的的驱使下，以美国为首的西方国家向中亚国家提供了大量资金，企图通过资本倾销来控制中亚国家，进而攫取利益，达到政治目的[3]。

由于缺乏中亚国家详细的债务数据来源，本书采用中亚国家所获得的 DAC 发展援助资金来判断西方国家对中亚国家的资金支持。DAC 发展援助被认为带有很强烈的政治目的，多达 63% 的资金被用于社会和人道主义领域，

---

〔1〕　姜怀祥：《俄罗斯对中亚国家的援助——政策演进、援助规模和援助方式》，载《俄罗斯东欧中亚研究》2021 年第 2 期。

〔2〕　金仁淑：《投资大国的兴衰——日本对外直接投资模式及效用研究》，吉林人民出版社 2002 年版，第 46 页。袁剑：《什么是中亚？——地缘身份、内部结构与复线历史》，载《文化纵横》2020 年第 6 期。

〔3〕　金仁淑：《日本经济制度变迁及绩效研究》，中国经济出版社 2012 年版，第 69 页。

成为西方国家渗透发展中国家，进行资本倾销和政权颠覆的政治工具[1]。从表4-2中可以看出，中亚各国自成立以来都从西方国家获得了大量资金援助，其中，乌兹别克斯坦最多，达到了42.07亿美元，土库曼斯坦最少，只有4.24亿美元。同时，从来源国情况来看，美国、日本、欧盟、德国是最主要的援助国，其中美国在哈萨克斯坦、塔吉克斯坦、吉尔吉斯斯坦、土库曼斯坦的援助占比中均处于首位，这表明美国为对中亚国家进行债务倾销和资本渗透最多，通过发展援助方式为中亚国家提供大量资金，从而达到自身战略目的。

表4-2　1992-2019年中亚国家DAC发展援助资金来源国情况（单位：亿美元，%）

哈萨克斯坦			塔吉克斯坦			吉尔吉斯斯坦			乌兹别克斯坦			土库曼斯坦		
国家	数额	占比	国家	数额	占比	国家	数额	占比	国家	数额	占比	国家	数额	占比
总计	29.31	100.00	总计	33.23	100.00	总计	39.43	100.00	总计	42.07	100.00	总计	4.24	100.00
美国	12.27	41.84	美国	9.61	28.92	美国	11.62	29.47	日本	20.04	47.63	美国	2.15	50.62
日本	5.86	20.00	欧盟	6.57	19.76	日本	6.97	17.69	美国	5.80	13.79	欧盟	1.09	25.60
德国	4.30	14.68	德国	4.38	13.18	欧盟	6.45	16.36	德国	5.17	12.29	日本	0.31	7.42
欧盟	2.92	9.95	日本	4.06	12.21	德国	5.46	13.86	韩国	3.66	8.71	德国	0.28	6.69
英国	0.76	2.61	瑞士	3.53	10.62	瑞士	3.92	9.95	欧盟	2.90	6.90	英国	0.09	2.07
法国	0.75	2.56	英国	1.70	5.11	英国	1.51	3.84	法国	2.43	5.79	韩国	0.09	2.06
前六合计	26.86	91.64	前六合计	29.84	89.80	前六合计	35.95	91.17	前六合计	40.01	95.11	前六合计	4.01	94.47

数据来源：WDI数据库。

为了进一步探讨地缘政治对中亚国家主权债务的影响，本书对中亚各国主权债务的货币进行加权计算，得到中亚总体的主权债务的计价货币占比。结果如图4-13所示：中亚国家主权债务的计价货币主要有美元、日元、欧元，以及其他货币，不同货币的占比有着十分明显的变化。总体来看，美元计价的主权债务在1995-2017年间始终占据多数地位。但值得注

---

[1]　罗建波：《中国对外援助模式：理论、经验与世界意义》，载《国际论坛》2020年第6期。王妍蕾、刘晴：《OECD十年发展援助情况演变》，载《烟台大学学报（哲学社会科学版）》2013年第4期。

意的是，在 2008 年以前，日元、其他货币计价的主权债务占比较高，更加多元化。例如 2008 年以前，日元计价占比不断上升，在 2008 年达到了 49.11%，随后则快速下降至 2017 年的 3.99%。其他货币计价的中亚主权债务占比在 1995 年达到了 56.09%，随后则不断下降，2017 年低至 3.52%。而在 2008 年以后，随着美元全球大放水，和中亚在美国全球战略中的地位和重要性不断提升，美国在地缘战略利益驱使下加紧了对中亚国家的资本倾销，以美元计价的主权债务在中亚主权债务货币结构中呈现出一家独大的绝对优势地位。而这一时期也是中亚各国主权债务率快速上升时期，如图 4-14 所示，哈萨克斯坦主权债务率与美元计价占比大体呈正相关，同样也以 2008 年为分界线。2008 年以前美元计价占比较低，哈萨克斯坦主权债务率也处于较低水平。而在 2008 年以后，美元计价占比一家独大，哈萨克斯坦主权债务率也逐渐上升到较高水平。这种变化趋势充分反映了以美国为首的西方国家通过资本倾销施加对中亚国家主权债务影响，并成为中亚国家主权债务形成的重要外部因素以及主要风险来源。

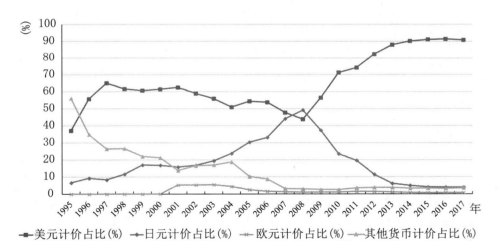

图 4-13　1995-2017 年中亚国家主权债务货币占比变化趋势

数据来源：作者根据 WDI 数据库整理制作。

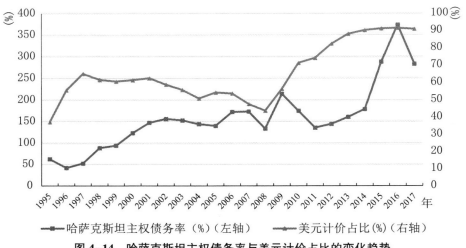

图 4-14　哈萨克斯坦主权债务率与美元计价占比的变化趋势

数据来源：作者根据 WDI 数据库整理制作。

（三）大宗商品价格波动增加债务风险

中亚国家作为典型的资源国，严重依赖资源品出口所获得的出口收入，大宗商品价格对国家收入具有较大影响。当国际大宗商品价格上涨时，中亚各国出口的能源、矿产、农产品等资源价格也会随之上升，国家收入增加。当国际大宗商品价格下跌时，中亚各国出口收入减少[1]。因此，中亚国家主权债务风险与国际大宗商品价格波动密切相关。国际大宗商品价格上升时，中亚国家收入增加，偿债能力增强，借债需求减少，主权债务规模和债务压力下降。但当际大宗商品价格下跌时，中亚国家出口收入下降，偿债能力减弱，借债需求上升，主权债务规模和债务风险也会增加[2]。该结论与沃尔芬森提出的资产价格下降理论一致。由于中亚国家出口产品主要以能源、矿产、农产品为主，但国际大宗商品的定价权掌握在发达国家手中，中亚国家只是价格的接受者，被动接受国际大宗商品价格波动的冲

---

〔1〕　张栋、董莉、郑红媛：《中亚五国经济和金融发展情况的比较研究（2009－2016年）》，载《俄罗斯研究》2017 年第 3 期。

〔2〕　张暾：《国际资本流动与主权信用危机》，载《新金融》2018 年第 7 期。

击[1]。较低的国际大宗商品价格将削弱中亚国家的资产总值，进而造成出口收入下降和偿债能力减弱。为弥补资产价格下降带来的资金缺口，中亚国家往往采取对外举债方式，以满足国内资金需求。

图4-15及图4-16是国际大宗商品价格与哈萨克斯坦主权债务率的变动关系走势图。从图中可以看出，国际原油价与国际铜价走势较为一致，表明了大宗商品价格走势的一致性。但国际原油价与国际铜价的走势均与哈萨克斯坦主权债务率呈现出反方向的变动趋势，说明当国际原油价与国际铜价处于较低水平时，哈萨克斯坦主权债务率则处于较高水平。而当国际原油价与国际铜价处于较高水平时，哈萨克斯坦主权债务率则处于较低

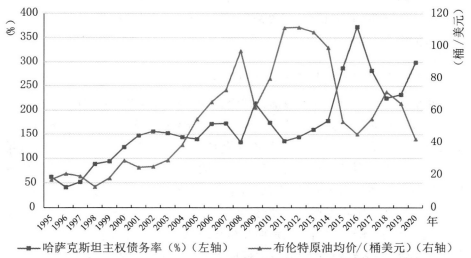

图4-15 1995-2020年国际原油价与哈萨克斯坦主权债务率的变动关系走势图

数据来源：作者根据WDI数据库整理制作。

---

[1] 王金强：《大宗商品定价中的美元霸权分析》，载《社会科学》2019年第5期。陶士贵、别勇杰：《大宗商品定价权与货币国际化互动关系研究——基于美国数据的实证分析》，载《上海经济研究》2019年第5期。吕云龙：《国际大宗商品定价权研究》，载《宏观经济研究》2022年第1期。

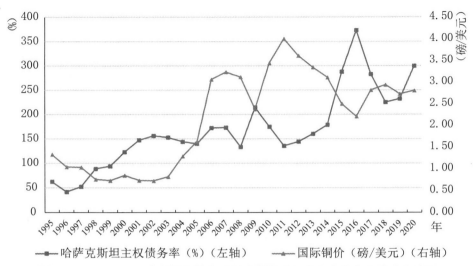

图 4-16 1995-2020 年国际铜价与哈萨克斯坦主权债务率的变动关系走势图

数据来源：作者根据 WDI 数据库整理制作。

水平。例如，2008 年、2011 年、2018 年原油价达到局部顶点时，哈萨克斯坦主权债务率均处于局部低点。2009 年、2016 年国际原油价达到局部低点时，哈萨克斯坦主权债务率均处于局部顶点。国际铜价走势顶点对应着主权债务率低点，国际铜价低点对应着主权债务率顶点。通过原油价和铜价走势可以看出，国际大宗商品价格变化是影响中亚国家主权债务率的重要因素，国际大宗商品价格的下跌将导致中亚国家主权债务规模上升，债务风险加剧。

国际大宗商品价格变动除了影响出口收入外，还可以作用于主权信用，进而影响中亚国家主权债务。主权债务是一国以自身主权信用作为担保向外举借的债务，因此主权信用是衡量债务借贷的重要因素[1]。一国主权信用较高，通常能够获得较高的借款额度以及较低的借贷利率。主权信用较差则借款额度减少，借贷利率上升[2]。主权信用一般由该国的经济发展、

---

〔1〕 王晓永、刘睿：《政府债务、国家主权信用与经济增长——来自全球 95 个国家的国别经验》，载《经济学家》2022 年第 3 期。李明明、秦凤鸣：《主权信用评级、债务危机与经济增长——来自欧元区国家的经验证据》，载《金融研究》2016 年第 10 期。

〔2〕 詹健：《主权信用评级对经济危机的预警性不强问题探析》，载《学术交流》2020 年第 9 期。

科技进步等软硬实力等因素构成，经济发展水平高，科技实力强的经济体往往能够获得较高的主权信用。中亚国家经济发展落后，科技实力薄弱，无法对主权信用提升产生积极作用，只有通过能源、矿产、农产品的资产价值来维系其主权信用。当国际大宗商品价格上升，中亚国家资产价值增加，获得较高的主权信用评级，进而能够获得更多的借款额度与利率优惠。但当国际大宗商品信用价格下跌，则中亚国家的资产价值下跌和主权信用评级下降，在国际上的借债难度上升，主权债务负担与主权债务风险加剧。

（四）国际环境复杂多变加深债务负担

中亚国家作为典型的发展中国家，其债务形成也会受到外部不确定风险冲击，这种风险既有可能来自其他发展中国家连带影响，也有可能来自发达国家溢出影响。中亚国家在世界政治经济格局中处于边缘和被支配地位，因此来自其他国家的不确定风险都有可能对中亚国家造成影响。外部国家的全球影响力越大，对中亚国家造成的冲击也就越深。事实上，自中亚国家独立以来，历次区域乃至全球的经济、金融、债务危机都对中亚国家造成了严重影响。在 20 世纪 80 年代左右，主要的经济、金融、债务危机有拉美债务危机、墨西哥经济危机、俄罗斯经济危机、东南亚金融危机，使得中亚国家从立国之初就面临着严重的外部债务风险的传导与冲击[1]。进入 21 世纪之后，主要的外部危机有阿根廷债务危机、全球金融危机、欧债危机、全球冲击[2]。对于中亚国家而言，由于其经济基础薄弱、缺乏韧性、抗风险能力低下，在每一次外部冲击来临时都会遭受到严重损失，诸如经济衰退、出口下滑、收入下降等。而中亚各国政府在面对外部冲击时往往会通过向外举借债务方式来暂时度过危机，尽管这种方式

〔1〕戴建中：《拉美债务危机和东南亚金融危机比较研究》，载《国际金融研究》1999年第 8 期。仇华飞：《对引发墨西哥金融危机原因的再认识》，载《世界经济研究》2005 年第 12 期。程伟：《俄罗斯经济新观察：危机与转机》，载《国际经济评论》2017 年第 2 期。胡本达、黄润：《东南亚区域发展与金融危机》，载《经济地理》1999 年第 4 期。

〔2〕瓦迪·哈拉比、周岳峰：《世界金融危机是资本主义的"生产过剩危机"》，载《马克思主义研究》2009 年第 6 期。王轶昕、房雷涛、李敏：《欧洲主权债务危机传导效应实证研究对债务危机治理的启示》，载《经济体制改革》2012 年第 5 期。徐奇渊、熊婉婷、栾稀：《全球滞胀型债务危机的风险——后疫情时代全球经济展望》，载《金融论坛》2022 年第 1 期。王学凯：《国际债务风险的新特点及其应对》，载《理论视野》2022 年第 3 期。

能够在一定程度上缓解危机带来的损失，但这并不是毫无代价的，往往会造成中亚各国主权债务规模的膨胀与债务风险上升。在历次危机的债务循环下，中亚国家债务规模不断攀升，债务风险不断累积。

本书采用世界经济政策不确定性指数来衡量中亚国家所面临的外部冲击[1]，并与中亚国家主权债务率进行对比，进而反映外部不确定性风险对中亚国家主权债务形成的传导冲击。从图4-17中可以看出：世界经济政策不确定性指数走势与哈萨克斯坦主权债务率走势基本一致，具有很强的正相关性。2008年以前，世界经济政策不确定性指数总体处于较低水平，同期哈萨克斯坦主权债务率也处于较低水平。2008年以后，世界经济政策不确定性指数大幅度攀升，哈萨克斯坦所受到的外部不确定性风险冲击与传导大幅度上升，主权债务率也经历了一个大幅度攀升过程。以上说明外部不确定性风险的冲击与传导是哈萨克斯坦以及中亚国家主权债务形成、债务风险上升的重要因素。

从外部危机事件与哈萨克斯坦主权债务率关系的对比中可以看出，1998年东南亚金融危机使不确定性指数呈现一个小高峰，此时，哈萨克斯坦主权债务率相对于前一年大幅度上升。2001年美国9·11事件爆发，次年哈萨克斯坦主权债务率达到了局部高点。2008年底由美国次贷危机引发的全球经济危机爆发，次年哈萨克斯坦主权债务率达到建国以来的最高点。2012年欧债危机蔓延，但由于国际大宗商品价格处于高位，哈萨克斯坦主权债务率处于较低水平。2016年美国大选，特朗普当选总统，世界经济政策不确定性指数相对于前一年大幅度攀升，哈萨克斯坦主权债务率达到了最高点373.03%。2020年世界经济政策不确定性指数达到了有史以来的最高点320.06，同期哈萨克斯坦主权债务率在前一年的基础上再次大幅度攀升。哈萨克斯坦主权债务率变动趋势与世界经济政策不确定性指数的变化趋势基本一致，这表明外部不确定性风险的冲击与传导是影响中亚国家主权债务的重要因素。中亚国家在面对外部风险冲击时的应对措施为借外债，这样会导致债务规模增加与债务风险上升。通过借外债应对外部风险冲击是较为短视的举措，但中亚国家往往拿不出更好的应对措施，逐渐形成外债依

---

[1]　Baker, Scott R., Nicholas Bloom, and Steven J. Davis, "Measuring Economic Policy Uncertainty", *The Quarterly Journal of Economics 131*, 4 (2016), pp. 1593-1636.

赖症，跌入债务-通缩的陷阱中，经济持续低迷，债务负担不断上升。

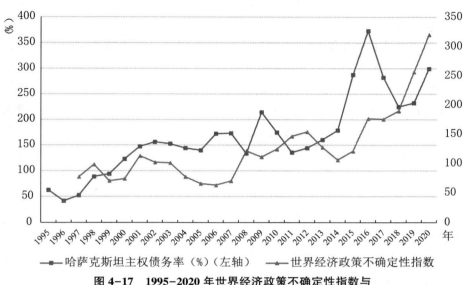

图 4-17　1995-2020 年世界经济政策不确定性指数与
哈萨克斯坦主权债务率的变化趋势图

数据来源：作者根据 WDI 数据库整理制作。

三、中亚国家主权债务成因的实证检验

在对中亚国家主权债务成因进行定性分析以后，本书将对其进行实证检验，以定量分析方式进一步验证中亚国家主权债务成因。实证检验主要包括：实证模型设定、研究数据说明、实证结果分析、稳健性及异质性分析，以及主权债务成因贡献率测算。具体内容如下：

（一）模型设定

1. 主权债务成因的模型设定

主权债务成因设定如下计量模型：

$$Y_{it} = \alpha_{it} + \beta_{in}X_{it} + \varepsilon_{it} \qquad (3-1)$$

$$Y_{it} = \alpha_{it} + \beta_{ex}X_{it} + \varepsilon_{it} \qquad (3-2)$$

$$Y_{it} = \alpha_{it} + \beta_{in}X_{it} + \beta_{ex}X_{it} + \varepsilon_{it} \qquad (3-3)$$

在公式（3-1）-（3-3）中，i 表示国家，t 表示年份，Y_{it} 表示中亚国家

主权债务，X_{it} 表示为影响中亚国家主权债务形成因素，ε_{it} 表示为误差项。β_{in} 表示为中亚国家内部因素对主权债务形成的影响，β_{ex} 表示为外部因素对中亚国家主权债务形成的影响。在实证检验过程中，先对影响中亚国家主权债务的内部因素进行检验，再对外部因素进行检验，最后将影响中亚国家主权债务形成的内外部因素纳入到一个模型当中进行实证检验。从而在计量实证层面检验内外部因素对中亚国家主权债务形成的影响，厘清中亚国家主权债务的形成机理。

2. 成因分解的模型设定

在对主权债务成因的模型进行设定之后，本书将对主权债务形成原因进行成因分解。对此，本书借鉴向量自回归模型，对主权债务形成原因进行分解，进而找出什么是中亚国家主权债务形成的主导因素[1]。一般性向量自回归模型的数学表达式如下所示：

$$y_t = \mathbf{A}_1 y_{t-1} + \mathbf{A}_2 y_{t-2} + \cdots + \mathbf{A}_p y_{t-p} + \mathbf{B} x_t + \varepsilon_t , t = 1, 2, \cdots, p \quad (3-4)$$

在公式（3-4）中，y_t、x_t 分别表示 k 维列向量以及 d 维列向量，$\mathbf{A}_1$，$\mathbf{A}_2$，$\cdots$，$\mathbf{A}_p$ 分别为 $k \times k$ 维矩阵，B 为 $k \times d$ 维矩阵，在公式（3-4）中二者均为待估系数矩阵，p 代表滞后阶数，ε_t 表示的是 k 维随机扰动的列向量。在公式（3-4）中，如果滞后阶数 p 足够大，那么这个模型的动态变化特征就可以得到较为充分的体现，但滞后阶数增大将意味着自由度减少，因此在进行模型估计的时候需要选择适当的滞后期以避免自由度损失。

在进行向量自回归的过程中，为避免出现伪回归现象，本书将对各个变量进行平稳性检验，如果出现变量不平稳现象，则需要对其进行一阶差分以保持变量平稳性。在进行平稳性检验之后，本书将对模型进行格兰杰因果关系检验，用以确定变量之间是否存在着真正的相关关系，这些是向量自回归模型能否建立起脉冲响应函数的前提。

在进行格兰杰因果关系检验之后，本书将对模型进行脉冲响应分析。脉冲响应分析是指一个变量对另一个变量冲击的响应时间与响应幅度，经常被用于研究当某一因素发生变化时对整个系统产生的影响。而在本章研究中，脉冲响应分析将被用于研究内外部因素变动对中亚国家主权债务的

---

[1] 巴曙松、孙兴亮、顾磊：《主权 CDS 对欧元区主权债务危机的影响》，载《国际金融研究》2012 年第 7 期。

影响。一般而言，内外部因素对中亚国家主权债务的影响会在前几期反映出来，脉冲响应在这一阶段会处于一个变化趋势，但经过一段时间变化最终会达到一个平稳状态，通过这种脉冲响应状态变化来反映内外部因素对于中亚国家主权债务的影响。

最后，在脉冲响应分析以后，本书将确定各个因素对中亚国家主权债务的影响程度，因此将对其进行方差分解。在向量自回归模型当中，本书将探讨每一个解释变量对被解释变量的影响程度，进而确定每个解释变量对被解释变量的重要程度。而方差分解过程就是分析某个变量对被解释变量的解释力度，确定各个解释变量的正交冲击对被解释变量变动的贡献幅度。因此，本书采用方差分解方式来确定每个内外部因素变动对中亚国家主权债务变化的影响比例，确定主要影响因素，以及内部因素和外部因素在中亚国家主权债务形成与债务风险上升中占据的比重，进而充分厘清中亚国家主权债务的成因。

（二）研究数据说明

1. 变量说明

在本章研究中，所涉及研究数据和变量主要有以下三类：

首先，中亚国家主权债务数据主要有：主权债务负债率、主权债务偿债率等，本书将采用主权债务率来衡量中亚国家主权债务的变化趋势，同时在稳健性检验当中，也将采用主权债务负债率、主权债务偿债率等指标加以进一步验证。

其次，影响主权债务形成的内部因素主要有：（1）经济总量、经济增速、储蓄率及工业增加值占经济增加值的比重，以这四个变量衡量经济基础对中亚国家主权债务形成的影响；（2）贸易逆差占比，主要用于衡量贸易逆差对中亚国家主权债务形成的影响；（3）财政赤字率，用以衡量财政赤字对中亚国家主权债务形成的影响；（4）清廉指数得分，用来衡量中亚国家的腐败程度等政治体制缺陷对主权债务形成的影响；（5）金融地产投资占比，用来衡量不合理的资金使用去向对中亚国家主权债务形成的影响。

再次，影响中亚国家主权债务形成的外部因素主要有：（1）美国联邦基金利率，用来衡量不合理国际政治经济秩序对中亚国家主权债务形成的影响；（2）美元计价债务占比，用来衡量地缘政治引发的债务倾销对中亚国家主权债务形成的影响；（3）布伦特原油均价、国际铜价，用来衡量大宗商品价格变动对中亚国家主权债务形成的影响；（4）世界经济政策不确定性指数，用来衡量外部风险变动对中亚国家主权债务形成的影响。

2. 数据来源

本书研究的数据来源主要有以下几个方面：（1）主权债务数据，该数据来源于 WDI 数据库，通过作者的收集整理得到；（2）衡量内部因素的变量，中亚国家的经济总量、经济增速、储蓄率以及工业增加值占经济增加值的比重，该数据来源于 WDI 数据库。贸易逆差数据来源于联合国商品贸易数据库。财政赤字率、金融地产投资占比数据来源于 CEIC 数据库。清廉指数得分来源于透明国际网站；（3）衡量外部因素的变量，美联储的联邦基金利率来源于 CEIC 数据库。美元计价债务占比来源于 WDI 数据库，通过整理计算得到。布伦特原油均价、国际铜价数据来源于伦敦洲际交易所、纽约商品交易所。世界经济政策不确定性指数来源于经济政策不确定网站。

3. 变量的描述性统计

在进行数据来源介绍以后，本书对各个变量进行描述性统计来更加清晰地反映研究变量的统计特征。结果如表 4-3 所示，表 4-3 介绍了各个变量的均值、标准差、最小值、中位数，以及最大值。变量被分为主权债务的多种被解释变量：主权债务率、主权债务负债率、主权债务偿债率。影响中亚国家主权债务形成的因素分为内部因素和外部因素，可以分别探讨不同因素对中亚国家主权债务形成的影响。

表 4-3 各变量的描述性统计结果

指标	变量	单位	观测值	均值	标准差	最小值	中位数	最大值
主权债务	主权债务率	（%）	105	146.20	87.95	8.60	133.73	373.03
	主权债务负债率	（%）	105	60.90	35.29	3.98	63.27	141.48
	主权债务偿债率	（%）	105	18.80	14.50	2.68	12.70	65.42

表 4-3　各变量的描述性统计结果　　　　　续表

指标	变量	单位	观测值	均值	标准差	最小值	中位数	最大值
内部因素	经济总量	（亿美元）	105	408.53	568.78	8.61	120.30	2366.35
	经济增速	（％）	105	6.34	3.55	-8.62	6.70	14.70
	储蓄率	（％）	105	15.24	18.39	-29.92	17.27	47.33
	工业增加值占比	（％）	105	32.38	11.04	16.68	30.92	66.58
	贸易逆差占比	（％）	105	9.43	34.78	-46.11	1.46	116.77
	财政赤字率	（％）	105	0.43	3.76	-7.65	0.13	10.70
	清廉指数得分	-	105	22.56	4.41	16.00	22.00	38.00
	金融地产投资占比	（％）	105	6.60	5.33	0.82	5.57	27.85
外部因素	美国联邦基金利率	（％）	105	1.72	1.88	0.07	1.19	6.35
	美元计价债务占比	（％）	105	62.85	22.69	3.64	67.11	97.92
	布伦特原油价格	（美元/桶）	105	63.64	28.19	24.46	61.74	111.57
	国际铜价	（美元/吨）	105	5379.27	2228.17	1587.33	6172.94	8818.48
	世界经济政策不确定性指数	-	105	133.01	62.76	62.69	120.81	320.06

（三）回归结果分析

1. 中亚国家主权债务形成的内因检验

本书对影响中亚国家整体及每个国家主权债务形成的内部因素进行实

证检验。结果如表 4-4 所示，从中亚国家整体来看，经济总量、经济增速对中亚国家主权债务形成的影响为负值，后者在 10% 的水平上显著。这表明一个国家的经济总量越大，经济增速越高，对主权债务形成能够起到抑制作用，可以降低主权债务压力与风险。储蓄率和工业增加值占比对主权债务的影响为正，后者在统计上显著，表明储蓄率增加和工业增加值占比上升在整个样本期内并不能降低主权债务。贸易逆差占比对主权债务的影响不显著。财政赤字率对主权债务形成的系数估计值为 3.340，在 5% 的水平上显著为正，这表明财政赤字率上升是引发中亚国家主权债务增长的重要因素，由财政压力转化为债务压力。清廉指数得分的系数估计值为负，在统计上并不显著，指数得分越高，表明该国政府越廉洁，腐败程度越低，越能够遏制该国债务快速增长。金融地产投资占比对中亚主权债务形成的系数估计值为正，在统计上并不显著，中亚国家在金融地产领域的投资占比越高，经济脱实向虚的问题越严重，越容易引发债务问题恶化。

　　具体到不同国家的内因分析，各个内因变量的系数估计值与中亚国家整体的系数估计值并不一致。例如，乌兹别克斯坦、塔吉克斯坦经济总量对主权债务的系数估计值为 49.572、86.320，在 1% 的水平上显著为正，经济总量上升将会刺激对主权债务需求。而哈萨克斯坦、吉尔吉斯斯坦、土库曼斯坦经济总量对主权债务形成的系数估计值为负，与中亚总体估计系数一致。对于经济增速而言，乌兹别克斯坦、塔吉克斯坦、土库曼斯坦的系数估计值为负，这表明对于这三国而言，经济增速越低迷，越有利于主权债务扩张。在所有内部因素中，财政赤字的系数估计值较为一致，均为正值。也就是说在不考虑外部因素的情况下，中亚各国的财政赤字率上升，都将引发该国主权债务规模上升及主权债务风险加剧。

表 4-4　中亚国家主权债务形成的内因检验实证结果

变量	中亚国家	哈萨克斯坦	乌兹别克斯坦	塔吉克斯坦	吉尔吉斯斯坦	土库曼斯坦
经济总量	-20.494	-0.502	49.572**	86.320***	-70.748**	-4.898
	(-0.91)	(-0.01)	(2.51)	(4.78)	(-2.33)	(-0.45)

表4-4 中亚国家主权债务形成的内因检验实证结果   续表

变量	中亚国家	哈萨克斯坦	乌兹别克斯坦	塔吉克斯坦	吉尔吉斯斯坦	土库曼斯坦
经济增速	−2.819*	2.179	−11.103***	−11.603***	0.022	−3.405**
	(−1.86)	(0.42)	(−3.33)	(−3.42)	(0.02)	(−2.51)
储蓄率	0.082	6.736	3.966*	0.327	2.055	−0.623
	(0.15)	(1.18)	(2.04)	(0.47)	(1.58)	(−0.42)
工业增加值占比	1.222*	−6.294	2.108	12.317***	2.684	1.641**
	(1.78)	(−1.14)	(1.48)	(4.55)	(0.76)	(2.43)
贸易逆差占比	−0.342	5.796	0.283	−0.188	0.442	−0.064
	(−1.13)	(1.63)	(0.28)	(−0.38)	(1.47)	(−0.13)
财政赤字率	3.340**	11.099**	3.385*	1.699	3.693	8.436***
	(2.10)	(2.44)	(1.97)	(0.83)	(0.95)	(3.92)
清廉指数得分	−2.234	1.144	1.493	−5.465	12.128***	1.650
	(−1.28)	(0.31)	(0.62)	(−1.47)	(4.40)	(0.54)
金融地产投资占比	1.899	−1.558	17.691*	−5.634**	4.009**	1.483
	(1.07)	(−0.22)	(1.88)	(−2.88)	(2.84)	(0.81)
常数项	227.845**	235.171	−351.209*	−264.391**	78.634	9.613
	(2.15)	(0.81)	(−1.91)	(−2.78)	(1.60)	(0.09)
时间固定	是	否	否	否	否	否
国家固定	是	否	否	否	否	否
观测值	105	21	21	21	21	21
拟合值	0.595	0.743	0.891	0.888	0.901	0.705

注：***、**、*分别表示在1%、5%以及10%的统计水平上显著，括号内的数值为t统计值。

2. 中亚国家主权债务形成的外因检验

根据公式（3-2）中的模型设定，对影响中亚国家整体及每个国家主权债务形成的外部因素进行实证检验。结果如表4-5所示，外部因素对中亚主权债务形成的影响都不显著，其中，美国联邦基金利率对中亚国家主权债务的系数估计值为 114.925，其中哈萨克斯坦、乌兹别克斯坦、土库曼斯坦的系数估计值均为负值。而美元计价债务占比对主权债务率的影响也不一致。中亚整体、塔吉克斯坦的系数估计值为负，而哈萨克斯坦、乌兹别克斯坦、吉尔吉斯斯坦、土库曼斯坦美元计价债务占比越高，美国的地缘影响越深刻，对于这四国主权债务规模上升及债务风险增加具有十分明显的作用。布伦特原油价格对主权债务的系数估计值一致为负，这表明国际油价大幅上涨有助于提高中亚各国的原油出口收入，进而缓解国内资金短缺局面，能够有效降低中亚国家的主权债务规模与债务风险。另一种大宗商品国际铜价对中亚国家主权债务的影响与原油不一致，铜价上涨并不能够带来中亚国家主权债务率下降，系数估计值为正，并且在哈萨克斯坦、乌兹别克斯坦这一系数值显著为正，主要原因在于铜价上涨将极大地推动工业制成品价格上涨，而哈萨克斯坦与乌兹别克斯坦工业实力在中亚区域中较强，工业制成品进口需求大。铜价上涨将使哈萨克斯坦与乌兹别克斯坦进口支出增加，国际收支失衡，进而引发主权债务规模上升。经济政策不确定性指数对主权债务形成的系数估计值也存在较大差异，中亚整体、哈萨克斯坦为负值，而乌兹别克斯坦、塔吉克斯坦、吉尔吉斯斯坦、土库曼斯坦的系数估计值均为正值，这表明外部不确定性风险上升将会引发这四个国家主权债务率上升。

表 4-5　中亚国家主权债务形成的外因检验实证结果

变量	中亚国家	哈萨克斯坦	乌兹别克斯坦	塔吉克斯坦	吉尔吉斯斯坦	土库曼斯坦
美国联邦基金利率	114.925	-8.265	-0.864	4.783	2.723	-6.554 **
	(0.34)	(-1.61)	(-0.36)	(1.23)	(0.72)	(-2.43)
美元计价债务占比	-0.112	1.308 **	1.619 *	-4.421 **	10.320 ***	1.001 ***
	(-0.33)	(2.32)	(1.96)	(-2.80)	(4.72)	(3.13)
布伦特原油价格	-585.666	-234.563 ***	-91.751 ***	-4.481	-117.766 ***	-4.194
	(-0.42)	(-5.61)	(-4.59)	(-0.13)	(-3.69)	(-0.20)

表 4-5 中亚国家主权债务形成的外因检验实证结果 续表

变量	中亚国家	哈萨克斯坦	乌兹别克斯坦	塔吉克斯坦	吉尔吉斯斯坦	土库曼斯坦
国际铜价	939.596	189.224 ***	82.051 ***	−38.721	0.368	−8.958
	(0.39)	(5.11)	(4.66)	(−1.12)	(0.01)	(−0.49)
世界经济政策不确定性指数	−87.856	−19.000	29.321 *	64.225 ***	22.562	0.390
	(−0.36)	(−0.65)	(1.98)	(3.55)	(1.14)	(0.02)
常数项	−5.3e+03	−451.438 **	−481.654 ***	551.196 *	−125.892	132.369
	(−0.37)	(−2.64)	(−6.38)	(1.80)	(−0.87)	(1.65)
时间固定	是	否	否	否	否	否
国家固定	是	否	否	否	否	否
观测值	105	21	21	21	21	21
拟合值	0.529	0.766	0.835	0.774	0.885	0.632

注：***、**、*分别表示在1%、5%以及10%的统计水平上显著，括号内的数值为 t 统计值。

3. 中亚国家主权债务成因的综合检验

中亚国家主权债务的形成原因十分复杂，仅从单一角度探讨其债务成因将会导致较大偏误。因此需要将中亚国家主权债务的内部因素和外部因素同时加入到模型当中进行综合估计，才能更加准确地得到在不同因素影响下中亚国家主权债务的形成原因。综合检验结果如表 4-6 所示，中亚国家的整体估计中，内部因素的系数估计值与内因检验中的系数估计值一致，系数变化值不大。而在外部因素的系数估计值中，有着较大的变化，美国联邦基金利率对中亚国家整体主权债务的系数估计值为−1.302，与外因检验中的 114.925 相差巨大，美国联邦基金利率越低，美元向全球放水越严重，越能促使包括中亚在内的广大发展中国家主权债务规模上升。布伦特原油价格、国际铜价的系数估计值与外因检验中的估计值符号一致，但数值变化较大，由外因检验中的−585.666、939.596，下降为综合检验中的−

19.769、62.757，这表明在考虑内部因素的前提下，国际油价、国际铜价变动对中亚国家主权债务的影响大幅度缩小。而世界经济政策不确定性指数对中亚国家主权债务的系数估计值也不一致，在外因检验中为−87.856，而在综合因素检验中为22.293，系数符号反转。并且从综合检验的结果来看，当把内外部因素同时加入到模型当中进行回归时，外部因素的系数估计值变化较大，而内部因素的系数估计值变化较小。这表明内部因素是影响中亚国家主权债务形成的主导因素，需要对此进行进一步的检验。

表 4-6 中亚国家主权债务形成原因的综合检验实证结果

变量	中亚国家	哈萨克斯坦	乌兹别克斯坦	塔吉克斯坦	吉尔吉斯斯坦	土库曼斯坦
经济总量	−21.013	238.997	42.571	52.422	13.368	−66.023*
	(−0.93)	(1.64)	(1.57)	(1.44)	(0.28)	(−2.19)
经济增速	−3.025*	−11.465*	−7.917	−11.507**	−0.927	−1.246
	(−1.94)	(−2.25)	(−1.88)	(−2.89)	(−0.88)	(−0.63)
储蓄率	0.087	0.150	2.614	0.870	−1.971*	−1.276
	(0.16)	(0.02)	(0.73)	(1.09)	(−2.04)	(−0.90)
工业增加值占比	1.080	6.867	1.271	10.451*	6.863**	0.502
	(1.49)	(0.91)	(0.59)	(2.29)	(2.79)	(0.62)
贸易逆差占比	−0.349	−1.676	0.169	0.491	−0.231	0.625
	(−1.15)	(−0.44)	(0.11)	(0.82)	(−0.88)	(0.96)
财政赤字率	3.409**	−3.475	4.223	2.923	1.665	7.694**
	(2.13)	(−0.55)	(1.40)	(1.45)	(0.62)	(2.69)
清廉指数得分	−2.366	−2.901	1.558	−1.298	7.885	5.312
	(−1.34)	(−0.70)	(0.54)	(−0.34)	(1.83)	(1.80)
金融地产投资占比	1.828	−14.016*	11.194	−2.483	1.303	1.332
	(1.03)	(−2.08)	(1.12)	(−1.15)	(1.22)	(0.80)
美国联邦基金利率	−1.302	18.678*	0.639	−5.600	−3.688	−10.848
	(−0.00)	(1.99)	(0.18)	(−1.04)	(−1.10)	(−1.56)

表 4-6　中亚国家主权债务形成原因的综合检验实证结果　　　　续表

变量	中亚国家	哈萨克斯坦	乌兹别克斯坦	塔吉克斯坦	吉尔吉斯斯坦	土库曼斯坦
美元计价债务占比	−0.224	1.543	−0.769	1.908	−1.838	1.093
	（−0.62）	（1.15）	（−0.34）	（0.74）	（−0.38）	（1.32）
布伦特原油价格	−19.769	−396.618**	−37.846	53.431	−98.625***	52.028
	（−0.01）	（−3.03）	（−1.43）	（1.42）	（−3.67）	（1.57）
国际铜价	62.757	44.317	43.571	−38.846	−36.383	19.902
	（0.03）	（0.51）	（1.43）	（−1.19）	（−1.28）	（0.56）
世界经济政策不确定性指数	22.293	−36.482	12.044	22.916	−27.884	29.629*
	（0.09）	（−1.16）	（0.49）	（1.07）	（−1.16）	（1.91）
常数项	−239.826	−235.610	−497.985	−368.342	815.629*	−213.968
	（−0.02）	（−0.76）	（−1.68）	（−0.89）	（2.09）	（−0.96）
时间固定	是	否	否	否	否	否
国家固定	是	否	否	否	否	否
观测值	105	21	21	21	21	21
拟合值	0.591	0.866	0.901	0.910	0.974	0.810

注：***、**、*分别表示在1%、5%以及10%的统计水平上显著，括号内的数值为t统计值。

（四）稳健性检验

为了进一步验证模型估计的稳健性，本书采取替换被解释变量方式进行稳健性检验。将主权债务率替换成主权债务负债率与主权债务偿债率，结果如表4-7以及表4-8所示，大部分系数估计值与基准回归模型下一致，这表明本书的实证检验是较为稳健可靠的。然而受限于数据质量及样本容量问题，绝大多数系数估计值显著程度不足，因此仍需要采用更加多样的方式来进一步探讨中亚国家主权债务的形成原因。

表4-7　中亚国家主权债务形成原因的稳健性检验结果（主权债务负债率）

变量	中亚国家	哈萨克斯坦	乌兹别克斯坦	塔吉克斯坦	吉尔吉斯斯坦	土库曼斯坦
经济总量	−27.464***	86.088	−16.790**	39.207	−1.164	−48.969**
	（−3.45）	（1.79）	（−2.62）	（1.41）	（−0.04）	（−3.18）
经济增速	−0.768	−4.152**	−1.572	−1.214	0.263	−0.724
	（−1.40）	（−2.46）	（−1.58）	（−0.40）	（0.43）	（−0.71）
储蓄率	0.241	0.23	−0.300	0.474	−0.478	−0.025
	（1.26）	（0.11）	（−0.36）	（0.78）	（−0.86）	（−0.03）
工业增加值占比	0.443*	2.781	0.098	3.357	2.171	0.764
	（1.73）	（1.11）	（0.19）	（0.96）	（1.53）	（1.85）
贸易逆差占比	−0.146	−0.698	0.623	−0.316	0.153	0.157
	（−1.36）	（−0.56）	（1.71）	（−0.70）	（1.01）	（0.47）
财政赤字率	1.880***	−2.364	1.443*	3.229*	0.824	0.896
	（3.33）	（−1:13）	（2.03）	（2.11）	（0.53）	（0.61）
清廉指数得分	−0.669	−0.236	0.486	0.047	2.748	−0.202
	（−1.07）	（−0.17）	（0.71）	（0.02）	（1.11）	（−0.13）
金融地产投资占比	0.176	−5.561**	−1.726	−0.725	−0.085	−0.344
	（0.28）	（−2.50）	（−0.73）	（−0.44）	（−0.14）	（−0.40）
美国联邦基金利率	8.306	7.746**	−0.248	−0.255	0.308	−2.154
	（0.07）	（2.50）	（−0.29）	（−0.06）	（0.16）	（−0.60）
美元计价债务占比	0.084	0.016	−0.351	5.434**	−1.629	1.309**
	（0.65）	（0.04）	（−0.66）	（2.78）	（−0.59）	（3.10）
布伦特原油价格	−23.505	−131.154**	−4.174	19.853	−31.272*	19.086
	（−0.05）	（−3.04）	（−0.67）	（0.69）	（−2.02）	（1.12）
国际铜价	68.908	9.172	6.376	−11.287	−3.291	24.762
	（0.08）	（0.32）	（0.88）	（−0.46）	（−0.20）	（1.37）

表4-7　中亚国家主权债务形成原因的稳健性检验结果（主权债务负债率）　续表

变量	中亚国家	哈萨克斯坦	乌兹别克斯坦	塔吉克斯坦	吉尔吉斯斯坦	土库曼斯坦
世界经济政策不确定性指数	5.732	−9.454	8.883	22.487	−6.133	6.227
	(0.07)	(−0.91)	(1.52)	(1.38)	(−0.44)	(0.78)
常数项	−334.718	−81.716	77.440	−693.463*	274.978	−95.713
	(−0.07)	(−0.80)	(1.10)	(−2.19)	(1.22)	(−0.84)
时间固定	是	否	否	否	否	否
国家固定	否	否	否	否	否	否
观测值	105	21	21	21	21	21
拟合值	0.573	0.637	0.960	0.791	0.855	0.917

注：***、**、*分别表示在1%、5%以及10%的统计水平上显著，括号内的数值为 t 统计值。

表4-8　中亚国家主权债务形成原因的稳健性检验结果（主权债务偿债率）

变量	中亚国家	哈萨克斯坦	乌兹别克斯坦	塔吉克斯坦	吉尔吉斯斯坦	土库曼斯坦
经济总量	1.686	80.442*	7.557*	−5.042	21.415	−2.133
	(0.48)	(1.92)	(2.12)	(−0.66)	(1.46)	(−0.47)
经济增速	−0.168	0.491	−0.400	−3.996***	−0.148	0.652*
	(−0.69)	(0.33)	(−0.72)	(−4.77)	(−0.46)	(2.15)
储蓄率	−0.037	−0.697	0.414	−0.098	−0.067	−0.042
	(−0.44)	(−0.40)	(0.88)	(−0.58)	(−0.23)	(−0.19)
工业增加值占比	−0.147	3.722	0.105	3.207**	0.517	−0.073
	(−1.29)	(1.71)	(0.37)	(3.33)	(0.69)	(−0.60)
贸易逆差占比	−0.099**	−0.771	−0.251	−0.132	−0.148	0.156
	(−2.08)	(−0.71)	(−1.24)	(−1.05)	(−1.86)	(1.58)

表 4-8　中亚国家主权债务形成原因的稳健性检验结果（主权债务偿债率）续表

变量	中亚国家	哈萨克斯坦	乌兹别克斯坦	塔吉克斯坦	吉尔吉斯斯坦	土库曼斯坦
财政赤字率	0.955 ***	0.742	0.777 *	0.644	1.243	0.455
	（3.82）	（0.41）	（1.96）	（1.52）	（1.53）	（1.05）
清廉指数得分	−0.420	0.323	0.408	−1.969 **	−1.297	−0.217
	（−1.52）	（0.27）	（1.07）	（−2.44）	（−0.99）	（−0.48）
金融地产投资占比	−0.194	−1.430	0.207	−1.362 **	−0.254	−0.227
	（−0.70）	（−0.74）	（0.16）	（−3.00）	（−0.78）	（−0.89）
美国联邦基金利率	6.474	3.850	0.246	−3.925 **	0.657	0.058
	（0.13）	（1.43）	（0.51）	（−3.47）	（0.65）	（0.05）
美元计价债务占比	−0.093	−0.191	−0.111	−0.150	0.280	0.110
	（−1.65）	（−0.50）	（−0.37）	（−0.28）	（0.19）	（0.88）
布伦特原油价格	−33.443	−67.748	−4.775	0.795	−12.269	−10.368 *
	（−0.16）	（−1.80）	（−1.37）	（0.10）	（−1.50）	（−2.06）
国际铜价	52.480	−30.713	7.233	27.988 ***	−8.189	3.032
	（0.14）	（−1.23）	（1.80）	（4.08）	（−0.95）	（0.56）
世界经济政策不确定性指数	2.088	−13.851	5.261	−0.333	−4.118	6.443 **
	（0.06）	（−1.53）	（1.61）	（−0.07）	（−0.56）	（2.73）
常数项	−301.480	−22.778	−119.268 **	−191.143 *	81.006	13.134
	（−0.14）	（−0.26）	（−3.05）	（−2.18）	（0.68）	（0.39）
时间固定	是	否	否	否	否	否
国家固定	是	否	否	否	否	否
观测值	105	21	21	21	21	21
拟合值	0.503	0.525	0.878	0.886	0.778	0.868

注：***、**、*分别表示在 1%、5% 以及 10% 的统计水平上显著，括号内的数值为 t 统计值。

（五）异质性分析

在进行完稳健性检验之后，本书对中亚国家主权债务形成原因的异质性进行检验。本书在定性分析过程中发现，诸多因素对主权债务的影响存在时间上的差异性。例如储蓄率在 2011 年之后大幅度下降，使中亚国家主权债务率大幅度上升。因此，本书将所有样本划分为两个不同时期，2000-2010 年与 2011-2020 年，分别进行模型回归研究以探讨影响因素的差异，结果如表 4-9 所示：在表 4-9 中，两个时期的影响系数存在较大差异。尤其是对于内部因素而言，表现得尤其明显。2000-2020 年经济总量对主权债务的系数估计值为-21.013，在 2000-2010 年间这一系数估计值为 6.179，系数估计值为正，但在统计上并不显著，经济总量越大，主权债务率越高。而在 2011-2020 年，系数估计值为-159.406，系数估计值在 1% 的水平上显著为负。表明经济总量对于主权债务率有着十分明显的抑制作用，经济总量越大的中亚国家债务率越低。经济增速对主权债务率的系数估计值在 2000-2010 年间为-0.805，在统计上并不显著。而在 2011-2020 年，这一系数估计值为-2.306，在 5% 的水平上显著为负，这表明经济增速对于主权债务规模增加和债务风险上升有很好的抑制作用。经济保持较高的增长速度有助于中亚国家将主权债务保持在较低水平，而经济增长低迷则会使中亚国家主权债务暴增与主权债务风险飙升。储蓄率对主权债务率的影响在这两个时间段截然相反，在 2000-2010 年，系数估计值为 1.123，储蓄率增加将导致主权债务率上升。而在 2011-2020 年间，系数估计值为-1.087，在 10% 的水平上显著为负，表明中亚国家储蓄率下降在这一时期推动了主权债务率上升。对于贸易逆差占比的系数估计值，在 2000-2010 年间为 0.572，贸易逆差上升将推动主权债务率上升。而在 2011-2020 年间，这一系数估计值转变为负值。财政赤字率对主权债务的影响在两个时间段内均为正值，表明在这两个时间段内，财政赤字率上升都将会导致主权债务率上升。对于金融地产投资占比而言，两个阶段的系数估计值分别为 9.005、2.644，其中后者在统计上显著为正，这表明近年来中亚国家将大量资金投入到金融房地产行业，经济脱实向虚，导致了主权债务规模与债务风险持续上升。总体而言，这两个时间段内因因素的系数估计值变化较大，而外因因素的变化较小，加之 2011 年来中亚国家主权债务率相比前一时期大幅度上升，可以推断内因因素是导致中亚国家主权债务率暴增的主导因素。中亚国家经济衰退、增长低迷、储蓄下滑、财政赤字、脱实向虚是导致中亚国家主权债务形成与债务风险上升的主要因素。

表 4-9　不同时期中亚国家主权债务形成原因的异质性检验结果

变量	2000—2020 年	2000—2010 年	2011—2020 年
经济总量	−21.013	6.179	−159.406 ***
	(−0.93)	(0.14)	(−3.34)
经济增速	−3.025 *	−0.805	−2.306 **
	(−1.94)	(−0.39)	(−2.06)
储蓄率	0.087	1.123	−1.087 *
	(0.16)	(1.22)	(−1.85)
工业增加值占比	1.080	0.250	0.001
	(1.49)	(0.19)	(0.00)
贸易逆差占比	−0.349	0.572	−0.820 *
	(−1.15)	(1.09)	(−2.02)
财政赤字率	3.409 **	4.882 **	1.880 *
	(2.13)	(2.47)	(1.83)
清廉指数得分	−2.366	−4.860	−1.341
	(−1.34)	(−1.64)	(−0.49)
金融地产投资占比	1.828	9.005	2.644 *
	(1.03)	(1.46)	(1.67)
美国联邦基金利率	−1.302	16.632	32.333
	(−0.00)	(1.02)	(0.55)
美元计价债务占比	−0.224	−0.204	−1.448
	(−0.62)	(−0.17)	(−1.26)
布伦特原油价格	−19.769	−276.733	−142.754
	(−0.01)	(−1.33)	(−0.57)

表 4-9　不同时期中亚国家主权债务形成原因的异质性检验结果　　续表

变量	2000-2020 年	2000-2010 年	2011-2020 年
国际铜价	62.757	169.809	124.323
	(0.03)	(1.04)	(0.20)
世界经济政策不确定性指数	22.293	224.127	19.894
	(0.09)	(1.11)	(0.41)
常数项	-239.826	-1.2e+03	593.216
	(-0.02)	(-0.92)	(0.14)
时间固定	是	是	是
国家固定	是	是	是
观测值	105	55	50
拟合值	0.591	0.257	0.794

注：***、**、*分别表示在1%、5%以及10%的统计水平上显著，括号内的数值为 t 统计值。

四、中亚国家主权债务成因占比分析

在对中亚国家的主权债务进行成因分解之前，本书先对各个变量进行平稳性检验。本书将采用 LLC 检验与 IPS 检验分别对各个变量的平稳性进行检验，结果如表 4-10 所示，绝大多数变量都是零阶平稳，而布伦特原油价格、国际铜价、世界经济政策不确定性指数均为一阶差分后平稳。此外本书还针对变量进行了协整检验，协整检验的 Dickey-Fuller t 值为-1.6307，P 值为 0.0515，表明主权债务率与其内外因因素之间存在长期稳定的协整关系。因此可以采用向量自回归模型分析中亚国家主权债务率形成的动态因素及内外部成因对中亚国家主权债务的脉冲响应与方差分解。

表 4-10　各变量的平稳性检验

变量	LLC 检验		IPS 检验	
主权债务率	-2.096**	0.018	-1.550*	0.061

表 4-10 各变量的平稳性检验 续表

变量	LLC 检验		IPS 检验	
经济总量	−1.329*	0.092	−1.503*	0.066
经济增速	−2.846***	0.002	−1.778**	0.038
储蓄率	−1.498*	0.067	−1.753**	0.035
工业增加值占比	−3.685**	0.030	−1.374*	0.085
贸易逆差占比	−3.222*	0.056	−1.347*	0.090
财政赤字率	−2.716***	0.003	−1.402*	0.081
清廉指数得分	−4.733**	0.016	−1.784**	0.040
金融地产投资占比	−2.319**	0.010	−1.352*	0.088
美国联邦基金利率	−2.864**	0.050	−2.786*	0.060
美元计价债务占比	−2.514***	0.006	−1.989**	0.030
布伦特原油价格	−6.350***	0.000	−3.750***	0.000
国际铜价	−2.693*	0.075	−3.096**	0.027
世界经济政策不确定性指数	−2.780*	0.061	−4.786***	0.000

注：***、**、*分别表示在1%、5%以及10%的统计水平上显著，布伦特原油价格、国际铜价、世界经济政策不确定性指数均为一阶平稳。

（一）中亚国家主权债务成因的脉冲响应

图4-18反映的是中亚国家主权债务形成的外部因素的脉冲响应图，采用滞后一阶、响应期数为20期为脉冲响应参数。图中第一列反映的就是外部因素对中亚国家主权债务形成的脉冲响应。首先来看主权债务率对其自身的冲击，可以发现这种冲击呈现出正向趋势，即过去主权债务会对未来主权债务产生正向影响，这种影响可以被看作是累积效应。主权债务规模是在前期不断累积的基础上膨胀起来的，自中亚国家成立以来，主权债务规模不断膨胀，主权债务风险也因此不断累积。此外，在只考虑外部因素的前提下，美国联邦基金利率对于中亚国家主权债务的影响接近于零，正负值区间接近一致。美元计价债务占比对中亚国家主权债务形成具有负向冲击，这种负向冲击持续到第20期。布伦特原油价格对中亚国家主权债务

的形成一开始具有负向效应，表明中亚国家能够在短期内受益于高油价带来的出口收入，在一定期限内降低本国的主权债务。但在长期内，高油价将推高进口品成本，进而抵消高油价带来的贸易福利。国际铜价对于主权债务具有正向冲击，同样也是由于以铜价为代表的金属矿产价格提升会推高进口品成本，对中亚国家的主权债务起到助推作用。经济政策不确定性指数对中亚国家主权债务的形成具有显著的正向冲击，这表明包括1998年东南亚金融危机、2008年全球经济危机、2011年欧债危机等一系列外部债务危机、经济危机都推动了中亚国家主权债务规模与主权债务风险上升，这种外部输入性风险是中亚国家主权债务形成的重要影响因素。

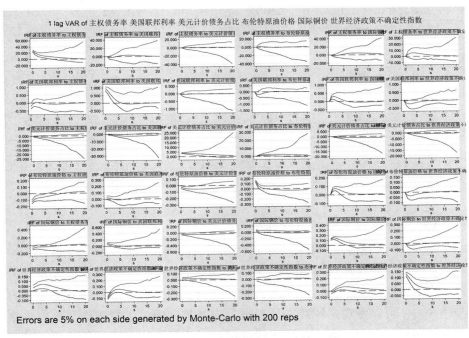

图4-18 中亚国家主权债务形成的外因脉冲响应图

数据来源：笔者使用stata16软件绘制而成

主权债务形成的内部因素将在向量自回归模型中进行脉冲响应分析。在本书中，影响中亚国家主权债务形成的内部因素一共有8个，但在向量自回归模型中，受到模型自由度约束，只能容纳5个解释变量。因此本书对因素组合进行筛选，选取 5 个内部因素分别进行脉冲响应和方差分解，以方差分解中内因因素占比最大为准则，选出了经济总量、储蓄率、工业增加值占比、财政赤字率、清廉指数得分 5 个变量作为代表。这 5 个内部因素的脉冲响应图如图 4-19 所示，第一列反映的就是内部因素对中亚国家主权债务形成的脉冲响应，可以看出内部因素对中亚国家主权债务形成的冲击大多在第 10 期以后，第 15-20 期之间最为明显。这表明内部因素对于中亚国家主权债务形成的冲击是长期化的，当前中亚国家的主权债务规模与主权债务风险是过往 15-20 年间不断累积的表现。中亚国家主权债务在长期有着较为正向的累积效应，随着时间推移和不断借债，中亚国家的主权债务规模及主权债务风险不断地累积起来。经济总量、储蓄率在长期范围内对于中亚国家主权债务形成具有明显的负向作用，在第 10 期以后，脉冲响应图明显向下。这表明随着经济总量不断扩大以及国民储蓄率不断提升，中亚国家将能够获得更多的财力与资金应对国内各项资金需求。本书发现中亚国家近年来的经济规模与储蓄率在不断下降，这会刺激中亚国家主权债务规模及债务风险上升。工业增加值占比对于中亚国家主权债务率形成的脉冲响应图也是显著为负，但与实证模型中的系数估计值略有不相同，内因检验、综合成因检验中的系数估计值为 1.222 与 1.080。异质性分析中在 2000-2010 年、2011-2020 年两个阶段中的系数估计值分别为 0.250、0.001，这表明在前期，随着中亚国家大力发展经济，工业增加值占比不断提升的同时，对于主权债务的需求也在不断上升。近年来，主权债务的正向影响在不断减弱甚至消失，主要是由于近年来中亚国家的工业占比下降，制造业不断衰退，使中亚国家经济失去了自我造血功能，进而引发了经济衰退，主权债务率上升。

从财政赤字率方面来看，中亚国家主权债务的影响冲击是明显正向的，脉冲响应图在第 10 期后急剧上升，表明中亚各国长期处于财政疲劳状态，这种财政疲劳加剧了中亚国家的主权债务需求。中亚国家只能不断地通过向外举借债务方式来维持国内财政运行，这就使中亚国家主权债务规模不断上升，债务风险不断升高。从清廉指数得分情况来看，中亚国家的清廉指数得分对于主权债务具有明显的负向冲击，也就是清廉指数越高，腐败程度越低，越能够降低主权债务规模与主权债务率。中亚地区是世界上最为腐败的区域之一，严重的腐败问题导致中亚国家国内资金短缺，债务需求急剧上升，进一步加大了中亚国家的主权债务规模与主权债务风险。

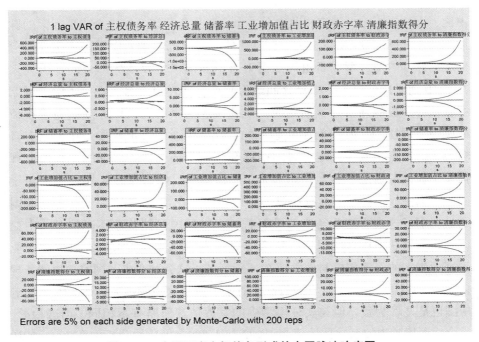

图4-19　中亚国家主权债务形成的内因脉冲响应图

数据来源：笔者使用 stata16 软件绘制而成

　　在分别进行外因脉冲响应与内因脉冲响应之后，本书还将二者结合起来进行综合成因的脉冲响应分析，也及时将内部因素和外部因素结合起来纳入到同一个脉冲响应分析当中。由于自由度限制，只能选取 5 个变量进行脉冲响应分析与方差分解。本书根据方差分解结果，排除掉方差分解占比最小的因素，保留了经济总量、工业增加值占比、清廉指数得分作为内因因素的代表，国际铜价、世界经济政策不确定性指数作为外因因素的代表进行综合成因的脉冲响应分析，结果如图 4-20 所示，内因因素的脉冲响应图没有发生明显变化，但外因因素的脉冲响应图中的国际铜价的脉冲响应图由较为明显的正向冲击转变为较明显的负向冲击。国际铜价的脉冲响应表示尽管短期内金属矿产价格的提高加大了中亚国家工业制成品的进口成本，但从长期而言金属矿产价格不断上涨，保持在高位运行，对于以中亚为代表的资源型国家是非常有利的，这能够显著提升资源型国家在产业链上的优势地位，进而从长远角度来看能够改善中亚国家的国际收支状况，客观上有利于缓解中亚国家主权债务规模不断上升及主权债务风险过快上涨。但由于中亚等资源型国家并没有掌握大宗商品定价权，在发达国家主导的大宗商品价格体系中，金属矿产价格并不能够长期保持持续上涨，中亚国家受益于大宗商品价格上涨的局面并不可持续。

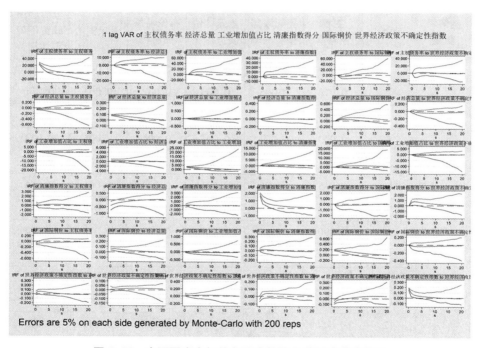

图4-20　中亚国家主权债务形成的综合成因脉冲响应图

数据来源：笔者使用 stata16 软件绘制而成

（二）中亚国家主权债务成因的方差分解

在进行中亚国家主权债务成因的脉冲响应分析以后，本书可以得到债务成因的方差分解，也就是在影响中亚国家主权债务形成的过程中，每一种影响因素占有多大的比重。来看外因分解，结果如表4-11所示：在表4-11中，主权债务率、美国联邦基金利率、美元计价债务占比、布伦特原油价格、国际铜价、世界经济政策不确定性指数在第 20 期的影响占比分别为 80.6%、2.8%、0.6%、0.4%、8.5%、7.2%。在只考虑外部因素情况下，这五个外部因素只能够解释中亚国家主权债务形成的 19.5%，主权债务率自身的影响占到 80.6%，这表明还有大量的未知因素未被考虑在内，只考虑单一层面的影响因素将会对估计系数和研究结果造成较大影响。

表 4-11　中亚国家主权债务形成的外因分解

被解释变量	期数	主权债务率	美国联邦基金利率	美元计价债务占比	布伦特原油价格	国际铜价	世界经济政策不确定性指数
主权债务率	1	1.000	0.000	0.000	0.000	0.000	0.000
	2	0.978	0.005	0.000	0.002	0.003	0.011
	3	0.955	0.008	0.001	0.003	0.005	0.028
	4	0.939	0.007	0.001	0.004	0.005	0.044
	5	0.927	0.007	0.001	0.004	0.004	0.057
	6	0.915	0.008	0.001	0.003	0.006	0.066
	7	0.903	0.010	0.002	0.003	0.010	0.072
	8	0.890	0.014	0.002	0.003	0.016	0.074
	9	0.877	0.018	0.003	0.003	0.024	0.076
	10	0.865	0.021	0.003	0.003	0.032	0.076
	11	0.854	0.024	0.003	0.003	0.041	0.075
	12	0.844	0.026	0.004	0.003	0.049	0.075
	13	0.836	0.027	0.004	0.003	0.056	0.074
	14	0.829	0.028	0.004	0.003	0.062	0.074
	15	0.823	0.028	0.005	0.003	0.068	0.074
	16	0.818	0.028	0.005	0.003	0.073	0.073
	17	0.814	0.028	0.005	0.003	0.077	0.073
	18	0.810	0.028	0.005	0.003	0.080	0.073
	19	0.808	0.028	0.005	0.003	0.083	0.072
	20	0.806	0.028	0.006	0.004	0.085	0.072

　　中亚国家主权债务形成的内因分解结果如表 4-12 所示，主权债务率、经济总量、储蓄率、工业增加值占比、财政赤字率、清廉指数得分在第 20 期的影响占比分别为 31.4%、7.6%、1.6%、51.8%、0.2%、7.4%。在只考虑内部因素情况下，这五个内部因素能够解释中亚国家主权债务形成的 68.6% 左右，主权债务率自身影响占到 31.4%，表明这些内部因素能够很好地衡量与解释中亚国家主权债务的形成与变化，特别是工业增加值占比这一因素，能够解释中亚国家主权债务形成的 51.8%。说明对于中亚国家而言，工业增加值占比逐渐下滑，工业制造业持续衰退是主权债务形成的主导性内部因素。

表 4-12　中亚国家主权债务形成的内因分解

被解释变量	期数	主权债务率	经济总量	储蓄率	工业增加值占比	财政赤字率	清廉指数得分
主权债务率	1	1.000	0.000	0.000	0.000	0.000	0.000
	2	0.986	0.000	0.002	0.006	0.000	0.006
	3	0.954	0.001	0.005	0.021	0.001	0.019
	4	0.903	0.004	0.009	0.047	0.002	0.036
	5	0.839	0.007	0.013	0.083	0.003	0.055
	6	0.768	0.012	0.017	0.127	0.004	0.072
	7	0.696	0.018	0.020	0.175	0.004	0.086
	8	0.629	0.025	0.023	0.223	0.005	0.096
	9	0.568	0.032	0.024	0.269	0.005	0.102
	10	0.517	0.038	0.025	0.311	0.004	0.105
	11	0.474	0.045	0.025	0.348	0.004	0.104
	12	0.439	0.051	0.024	0.380	0.004	0.102
	13	0.411	0.056	0.023	0.407	0.003	0.099
	14	0.388	0.060	0.023	0.431	0.003	0.095
	15	0.369	0.064	0.021	0.451	0.003	0.091
	16	0.354	0.068	0.020	0.468	0.003	0.087

表 4-12 中亚国家主权债务形成的内因分解 续表

被解释变量	期数	主权债务率	经济总量	储蓄率	工业增加值占比	财政赤字率	清廉指数得分
主权债务率	17	0.341	0.070	0.019	0.483	0.002	0.084
	18	0.330	0.073	0.018	0.496	0.002	0.080
	19	0.321	0.075	0.017	0.508	0.002	0.077
	20	0.314	0.076	0.016	0.518	0.002	0.074

内外因分解后，本书综合考虑两方面因素：根据内外因分解中第 20 期的影响占比，选取了内因中的经济总量、工业增加值占比、清廉指数得分，以及外因中的国际铜价、世界经济政策不确定性指数等 5 个变量。综合成因的分解结果如表 4-13 所示，主权债务率、经济总量、工业增加值占比、清廉指数得分、国际铜价、世界经济政策不确定性指数在第 20 期的影响占比依次为 39.5%、1.8%、27.8%、11.4%、18.7%、0.7%，其中内部因素占比总和为 41%、外部因素占比为 19.4%。在同时考虑内外部因素情况下，外部因素占比由 19.5% 下降到 19.4%，几乎没有变化，而内部因素占比则由 68.6% 下降到 41%。在不考虑内部因素情况下，会造成严重的遗漏变量问题，而不考虑外部因素情况下，则会严重高估内部因素对于主权债务形成的影响。因此，将内外部因素同时加入到模型当中进行分析是十分必要的。综合成因的分解结果表明，中亚国家主权债务的内外因之间相比较，内因占据主导地位，占据 41% 的影响占比，外因占据 19.4% 的影响占比，除了内外因之外，主权债务自身的累积效应占据了 39.5% 的影响占比。这表明在对中亚国家主权债务形成进行内外因分析的时候，不能忽视中亚各国主权债务自身的累积效应，这与上文中探讨的债务积累问题相符。在对中亚国家主权债务问题展开治理时，需要同时考虑内因、外因、以及主权债务本身三个方面，通过内部因素治理来切断主权债务过快增长的根源，通过外部因素治理来遏制国际因素对中亚国家主权债务风险的传导，同时中亚国家也需要采取政策遏制主权债务规模过快增长，减少本国的主权债务累积，从而从根本上缓解中亚国家的主权债务压力，降低主权债务风险。

表 4-13　中亚国家主权债务形成的综合成因分解

被解释变量	期数	主权债务率	经济总量	工业增加值占比	清廉指数得分	国际铜价	世界经济政策不确定性指数
主权债务率	1	1.000	0.000	0.000	0.000	0.000	0.000
	2	0.964	0.000	0.016	0.009	0.011	0.000
	3	0.903	0.000	0.050	0.020	0.026	0.001
	4	0.838	0.000	0.093	0.030	0.036	0.003
	5	0.777	0.001	0.138	0.040	0.038	0.006
	6	0.724	0.002	0.180	0.049	0.037	0.008
	7	0.678	0.004	0.216	0.059	0.034	0.009
	8	0.638	0.005	0.246	0.068	0.034	0.010
	9	0.602	0.007	0.268	0.077	0.036	0.010
	10	0.569	0.009	0.285	0.084	0.043	0.010
	11	0.540	0.010	0.296	0.091	0.054	0.009
	12	0.514	0.012	0.302	0.097	0.067	0.009
	13	0.490	0.013	0.304	0.101	0.083	0.008
	14	0.470	0.014	0.303	0.105	0.099	0.008
	15	0.452	0.015	0.301	0.108	0.116	0.008
	16	0.437	0.016	0.297	0.110	0.132	0.008
	17	0.423	0.017	0.293	0.112	0.148	0.007
	18	0.412	0.018	0.288	0.113	0.162	0.007
	19	0.403	0.018	0.283	0.114	0.175	0.007
	20	0.395	0.018	0.278	0.114	0.187	0.007

五、本章小结

本书对中亚国家主权债务的成因进行定性分析与实证检验。首先，从内因及外因两个角度构建中亚国家主权债务成因的分析框架；其次，从内因以及外因两个方面对中亚国家主权债务的成因展开定性分析；再次，对中亚国家主权债务的成因进行实证检验，从定量角度探讨内因与外因对中亚国家主权债务形成的影响；最后，采取脉冲响应及方差分解方法探讨内因与外因在中亚国家主权债务形成中的作用程度和影响占比。本书研究结果表明，中亚国家主权债务形成的内因主要有经济基础薄弱加速债务负担、贸易逆差引起债务风险上升、财政赤字加重债务负担、政治腐败造成债务问题恶化，以及主权债务投向单一导致产出效率较低等。外部因素主要有不合理国际贸易秩序加速债务形成、境外资本渗透导致债务上升、大宗商品价格波动增加债务风险，以及国际环境复杂多变加深债务负担等。本书通过实证检验分析发现，内部因素是中亚国家主权债务形成的主导原因，且近年来这种内部因素的主导作用更加明显。通过脉冲响应分析发现，外部因素对中亚国家主权债务形成具有显著冲击作用，且外部因素对中亚国家主权债务冲击影响是长期化的。同时考虑内外部因素情况下，本书通过方差分解方法得到在中亚国家主权债务形成过程中，主权债务自身的累积效应影响占比为 39.5%，内部因素影响占比为 41%，而外部因素影响占比为 19.4%。相对于外部因素的比重，内部因素占据主导地位，同时也不能忽视主权债务的累积效应。在单一因素中，工业增加值占比在中亚国家主权债务成因中占比达到了 27.8%，同时中亚国家工业、制造业衰退是引发中亚国家经济持续低迷、主权债务持续飙升的首要因素。因此，中亚国家摆脱主权债务困境的重要措施是振兴本国工业以及完善相关制造业，促进经济复兴，以恢复国民经济体系自身造血功能。

第五章

中亚国家主权债务对经济增长的影响及实证检验

本章探讨中亚国家主权债务对经济增长的影响。首先，对中亚国家主权债务对经济增长影响进行经验分析；其次，利用非线性模型检验主权债务非线性论，并结合理论分析，采用稳健性检验与异质性分析方法来验证中亚国家主权债务对经济增长影响的可靠性与差异性；最后，对中亚国家主权债务影响经济增长的作用路径与影响机制展开分析，从投资、贸易、金融，以及全要素生产率四个方面进行研究。

一、中亚国家主权债务影响经济增长的典型事实

在对中亚国家主权债务的经济增长影响进行实证分析之前，本书对中亚国家主权债务影响经济增长进行经验总结与分析，为后文的定量分析做出铺垫。本节将详细阐述中亚国家主权债务对经济总量、人均 GDP，以及经济增速影响的经验事实。

（一）中亚国家主权债务对经济总量的非线性影响

中亚国家主权债务对经济总量存在非线性影响。本书采用 stata 软件对中亚国家主权债务与经济总量进行线性拟合，结果如图 5-1 所示，中亚国家主权债务率与经济总量总体存在线性负向关系。线性拟合系数为-0.168。大致表明在不考虑其他因素情况下，主权债务率每上升一个百分点，将导致中亚国家经济总量下降 0.168%，主权债务率上升将导致中亚国家经济萎缩与下滑。为探讨可能存在的非线性倒 U 型影响，对中亚国家主权债务与经济总量进行非线性二次项拟合，结果如图 5-2 所示，中亚国家主权债务率与经济总量的拟合线总体呈倒 U 型，拟合方程一次项系数为 1.376，二次项系数为-0.173，一次项系数大于零且二次项系数小于零。这表明中亚国家主权债务率与经济总量总体存在非线性倒 U 型关系，主权债务率对于经

济总量先产生正的影响，在达到拐点之后再产生负向作用。并且非线性拟合图的 R 方为 1.6%，要高于线性拟合图的 R 方 0.7%，这表明非线性倒 U 型拟合关系要优于线性拟合关系，中亚国家主权债务对经济总量更有可能存在倒 U 型影响，在主权债务率较低时，对经济增长会产生正向促进作用，而当越过债务拐点，主权债务率处于较高水平时，对经济增长的影响就会转变成负向的。

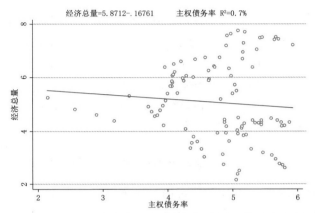

经济总量=5.8712-.16761   主权债务率 R^2=0.7%

图 5-1   中亚国家主权债务率对经济总量的线性拟合图

数据来源：笔者使用 stata16 软件绘制而成

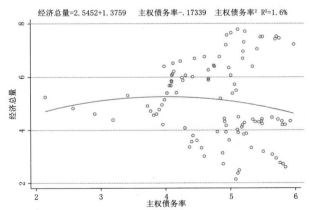

经济总量=2.5452+1.3759   主权债务率-.17339   主权债务率^2 R^2=1.6%

图 5-2   中亚国家主权债务率对经济总量的非线性拟合图

数据来源：笔者使用 stata16 软件绘制而成

（二）中亚国家主权债务对人均 GDP 的非线性影响

中亚国家主权债务对人均 GDP 存在非线性影响。本书采用 stata 软件对中亚国家主权债务与人均 GDP 进行线性拟合，结果如图 5-3 所示：中亚国家主权债务率与人均 GDP 存在线性负向关系。线性拟合系数为-0.288，R^2 = 11.8%。大致表明在不考虑其他因素情况下，主权债务率每上升一个百分点，将导致中亚国家人均 GDP 下降 0.288%，主权债务率上升将导致中亚国家人均 GDP 萎缩与下滑。为探讨可能存在的非线性倒 U 型影响，对中亚国家主权债务与人均 GDP 进行非线性的二次项拟合，结果如图 5-4 所示：发现中亚国家主权债务率与人均 GDP 的拟合线也呈现倒 U 型，拟合方程一次项系数为 0.151，二次项系数为-0.049，一次项系数大于零且二次项系数小于零。这表明中亚国家主权债务率与人均 GDP 总体存在非线性的倒 U 型关系，主权债务率对于人均 GDP 先产生正向影响，在达到拐点之后再产生负向作用。并且非线性拟合图的 R^2 为 12.2%，要高于线性拟合图的 R^2 为 11.8%，这表明非线性的倒 U 型拟合关系要优于线性拟合关系，中亚国家主权债务对人均 GDP 更有可能存在倒 U 型影响，在主权债务率较低时，对人均 GDP 产生正向促进作用，而当越过债务拐点，主权债务率处于较高水平时，对人均 GDP 的影响就会转变成负向的。

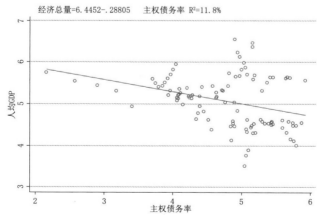

图 5-3 中亚国家主权债务率对人均 GDP 的线性拟合图

数据来源：笔者使用 stata16 软件绘制而成

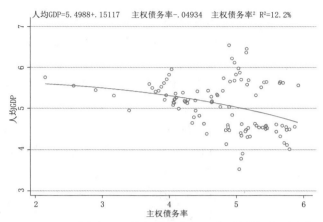

人均GDP=5.4988+.15117 主权债务率-.04934 主权债务率² R²=12.2%

图 5-4　中亚国家主权债务率对人均 GDP 的非线性拟合图

数据来源：笔者使用 stata16 软件绘制而成

（三）中亚国家主权债务对经济增速的非线性影响

主权债务对中亚国家经济增速存在非线性影响。本书采用 stata 软件对中亚国家主权债务与经济增速进行线性拟合，结果如 5-5 所示，中亚国家主权债务率与经济增速同样存在线性负向关系。线性拟合系数为−2.297，R 方=22.4%，表明在不考虑其他因素情况下，主权债务率每上升一个百分点，将导致中亚国家经济增速下降 2.297%，主权债务率上升将导致中亚国家经济增速下滑。为探讨可能存在的非线性倒 U 型影响，对中亚国家主权债务与经济增速进行非线性的二次项拟合，结果如 5-6 所示，中亚国家主权债务率与经济增速的拟合线也呈现倒 U 型，拟合方程一次项系数为 1.068，二次项系数为−0.378，一次项系数大于零且二次项系数小于零，这表明中亚国家主权债务率与经济增速之间同样存在非线性的倒 U 型关系，主权债务率对于经济增速先产生正向影响，在达到拐点之后再产生负向作用。非线性拟合图的 R^2 为 23.1%，要高于线性拟合图的 R^2 为 22.4%，这表明非线性的倒 U 型拟合关系要优于线性拟合关系，中亚国家主权债务对经济增速更有可能存在倒 U 型影响，在主权债务率较低时，对经济增速产生正向促进作用，而当越过债务拐点，主权债务率处于较高水平时，对经济增速的影响就会转变成负向的。

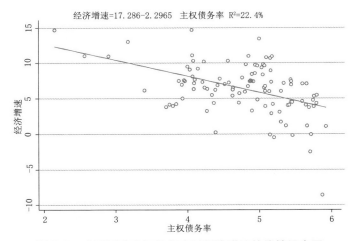

图 5-5 中亚国家主权债务率对经济增速的线性拟合图

数据来源：笔者使用 stata16 软件绘制而成

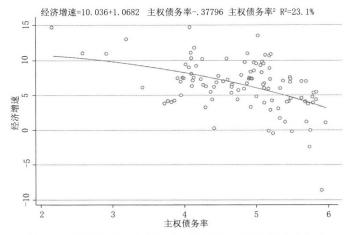

图 5-6 中亚国家主权债务率对经济增速的非线性拟合图

数据来源：笔者使用 stata16 软件绘制而成

二、中亚国家主权债务对经济增长的影响机制

本节对中亚国家主权债务影响经济增长的作用路径与影响机制进行分析与

讨论，在参考胡翠[1]、朱文蔚[2]、杜永潇[3]、程宇丹[4]、张成偕[5]、刘哲希[6]等人的研究基础上，本书归纳出主权债务对经济增长的作用路径主要集中在四个方面：投资、贸易、金融和全要素生产率。

（一）中亚国家主权债务对经济增长的影响路径

1. 产生投资挤出效应

基于投资路径分析，中亚国家主权债务通过影响投资效率作用于经济增长。在中亚国家主权债务处于较低水平时，主权债务有利于带动国内投资水平与投资效率上升，进而产生挤入效应，推动这一时期内经济增长。而当中亚国家处于高债务周期时，主权债务则会推动国内利率上升，从而导致国内私人投资退出，产生挤出效应，并影响经济增长。

2. 扩大贸易逆差

基于贸易路径分析，中亚国家主权债务可能通过影响贸易差额作用于经济增长。在主权债务处于较低水平时，中亚国家多数处于贸易顺差状态，此时，主权债务能够扩大国内能源矿产领域投资，推动能源矿产出口，从而扩大贸易顺差规模，促进经济增长。但近年来中亚国家债务率普遍上升，处于高债务周期，贸易状态由顺差转变为逆差。

3. 推高利率水平

基于金融路径分析，中亚国家主权债务通过影响利率作用于经济增长。在中亚国家主权债务处于较低水平时，主权债务的使用有利于充实国内资本，进而降低国内利率，促进经济增长。但 2008 年全球经济危机以来，中

---

〔1〕 胡翠、许召元：《对外负债与经济增长》，载《经济研究》2011 年第 2 期。

〔2〕 朱文蔚、陈勇：《外债对我国经济增长影响的实证分析》，载《财经科学》2013 年第 10 期。

〔3〕 杜永潇、田新民：《中国外债对宏观经济影响的实证研究》，载《经济与管理研究》2015 年第 6 期。

〔4〕 程宇丹、龚六堂：《外债的经济增长效应与影响渠道——发达国家和发展中国家比较》，载《数量经济技术经济研究》2015 年第 10 期。

〔5〕 张成偕、乔桂明、卞牧星：《发展中国家与发达国家外债的经济效应研究——基于资本和劳动力视角》，载《财经问题研究》2018 年第 5 期。赵新泉、陈旭：《政府债务影响经济增长的非线性效应研究》，载《国际金融研究》2018 年第 2 期。

〔6〕 刘哲希等：《外债规模、政府债务风险与经济增长》，载《财经研究》2022 年第 6 期。

亚国家普遍进入高债务周期，主权债务率高位运行，较高的主权债务率使中亚国家普遍陷入了借新还旧的债务运转模式当中，偿债压力较大。中亚国家为了偿还旧债不得不提高债务利率举借新债，进而推高国内利率水平，高利率水平不利于经济快速发展，对经济增长具有较为明显的负面影响。

4. 降低全要素生产率

基于全要素生产率路径分析，中亚国家主权债务可能通过影响全要素生产率作用于经济增长。在中亚国家主权债务处于较低水平时，主权债务有利于开展急需的经济建设项目，完善自身经济短板，进而提高国内全要素生产率。全要素生产率提高有利于提升经济效率，进而促进的经济增长。2008 年后，中亚国家主权债务率居高不下，大量债务资金被投入到效率低下领域，例如金融地产领域。这种不合理的债务使用方式降低了全要素生产率，对经济效率与经济增长产生十分不利的影响。

（二）中亚国家影响主权债务经济增长机制的实证检验

为了验证中亚国家主权债务是否通过投资、贸易、金融、全要素生产率四种作用路径对经济增长产生影响，本章采用中介效应模型进行探讨。由于 2008 年全球金融危机前后主权债务对经济增长的作用相反，因此作用机制的探讨也分为两个阶段。中介效应模型设定如下所示：

$$Y_{it} = \beta_0 + \beta_1 Debt_{it} + \beta_2 X_{it} + \varepsilon_{it} \qquad (4-1)$$

$$Z_{it} = \beta_0 + \beta_1 Debt_{it} + \beta_2 X_{it} + \varepsilon_{it} \qquad (4-2)$$

$$Y_{it} = \beta_0 + \beta_1 Debt_{it} + \beta_z Z_{it} + \beta_2 X_{it} + \varepsilon_{it} \qquad (4-3)$$

在公式（4-1）-（4-3）中，Z_{it} 为本章中的中介变量，也就是中亚国家主权债务影响经济增长的作用路径与影响机制，当系数估计值 β_z 与 β_1 均显著时，则表明中介效应成立，中亚国家主权债务是通过投资路径、贸易路径、金融路径、全要素生产率路径来影响和作用于经济增长的，接下来对其进行实证检验，结果如下所示：

1. 产生投资挤出效应的路径检验

表 5-1 反映的是中亚国家主权债务影响经济增长的投资路径的检验结果。在表 5-1 中，样本数据被划分为 2000-2020 年全样本和 2000-2008 年、2009-2020 年两个阶段。在第（1）-（3）列中，中亚国家主权债务对投资效率的系数估计值为 0.029，投资效率对经济总量的系数估计值为 0.268，

在统计上均不显著。表明在整体时期，主权债务率不能通过投资效率作用于经济增长。而在第（4）-（6）列中，中亚国家主权债务对投资效率的系数估计值为0.042，在1%的水平上显著为正。投资效率对经济增长的系数估计值为0.287，在5%的水平上显著为正，表明主权债务率提高了投资效率，而投资效率提升则显著促进了经济增长。加入主权债务率与投资效率以后，二者对经济增长的系数估计值分别为0.374、2.477，均在10%的水平上显著为正，表明在这一时期，中亚国家主权债务通过投资路径促进了经济增长。在第（7）-（9）列中，中亚国家主权债务对投资效率的系数估计值为-0.145，在5%的水平上显著为负，投资效率对经济增长的系数估计值为-0.252，在5%的水平上显著为负，表明主权债务降低了投资效率，挤出了国内投资，引发了经济萎缩。同时加入主权债务率与投资效率以后，二者对经济增长的系数估计值分别为-0.123、0.117，二者均通过了统计上的显著性检验，表明在2009-2020年间，主权债务通过投资路径阻碍了经济增长，主要体现在私人投资的不断挤出和投资效率下降，造成了经济萎缩。由此可见，中亚国家主权债务影响经济增长的投资路径是显著成立的。

表 5-1 中亚国家主权债务影响经济增长的投资路径

变量	投资效率	经济总量	经济总量	投资效率	经济总量	经济总量	投资效率	经济总量	经济总量
	2000-2020 年			2000-2008 年			2009-2020 年		
	(1)	(2)	(3)	(4)	(5)	(6)	(7)	(8)	(9)
主权债务率	0.029		-0.156***	0.042***		0.374*	-0.145**		-0.123***
	(0.71)		(-2.74)	(3.06)		(1.80)	(-2.49)		(-2.73)
投资效率		0.268	0.228		0.287**	2.477*		0.252**	0.117*
		(1.53)	(1.36)		(2.12)	(1.90)		(2.02)	(1.95)
人口规模	2.015**	-0.993	-0.241	0.667	6.956	10.823*	7.321**	0.846	-1.004
	(2.38)	(-0.80)	(-0.20)	(1.61)	(1.29)	(1.95)	(2.56)	(0.36)	(-0.45)
工业基础	-0.848***	-0.273	0.202	0.072	-1.136	-0.579	-1.565***	-0.313	0.209
	(-3.06)	(-0.70)	(0.49)	(1.10)	(-1.36)	(-0.68)	(-3.56)	(-0.91)	(0.57)

表 5-1　中亚国家主权债务影响经济增长的投资路径　　　　　续表

变量	投资效率	经济总量	经济总量	投资效率	经济总量	经济总量	投资效率	经济总量	经济总量
	2000—2020 年			2000—2008 年			2009—2020 年		
	(1)	(2)	(3)	(4)	(5)	(6)	(7)	(8)	(9)
投资水平	−0.841**	−0.912*	−1.023**	−0.007	0.413	−0.361	−1.172**	−1.230***	−0.994***
	(−2.47)	(−1.77)	(−2.07)	(−0.07)	(0.37)	(−0.31)	(−2.48)	(−3.16)	(−2.71)
资本形成	0.779***	0.207	0.15	0.230***	−1.890**	−2.390***	0.672	−0.610*	−0.621*
	(3.59)	(0.60)	(0.46)	(4.84)	(−2.17)	(−2.73)	(1.54)	(−1.73)	(−1.93)
财政赤字	0.576	0.86	0.934	0.483***	−0.896	−1.805	−0.795	−0.815	−0.336
	(1.18)	(1.20)	(1.36)	(4.88)	(−0.48)	(−0.98)	(−0.92)	(−1.24)	(−0.54)
政府购买	−2.858***	−2.383*	−1.544	−0.605***	−0.470	0.611	−1.459	−0.407	−0.328
	(−3.37)	(−1.84)	(−1.21)	(−4.62)	(−0.20)	(0.26)	(−0.78)	(−0.28)	(−0.24)
通胀水平	−0.090	0.445**	0.410*	−0.054*	1.137***	0.959**	0.263	−0.045	−0.034
	(−0.60)	(2.04)	(1.96)	(−1.83)	(2.79)	(2.40)	(0.87)	(−0.19)	(−0.15)
贸易水平	−0.098	−0.722***	−0.815***	0.004	−0.287**	−0.438***	0.026	−0.500***	−0.682***
	(−1.16)	(−6.06)	(−6.86)	(0.30)	(−2.08)	(−2.81)	(0.11)	(−2.99)	(−4.08)
人力资本	1.564*	−1.023	0.329	−0.590*	10.314***	16.840***	5.027***	−1.941	−2.802**
	(1.89)	(−0.91)	(0.28)	(−1.76)	(3.59)	(3.71)	(2.97)	(−1.34)	(−2.06)
制度质量	0.058	−0.121	−0.137	0.037	−0.305	−0.593	0.006	0.055	0.084
	(0.53)	(−0.76)	(−0.90)	(1.31)	(−0.85)	(−1.58)	(0.02)	(0.25)	(0.42)
大宗商品价格	−0.321**	0.811***	0.663***	−0.041	0.459	−0.208	−0.786***	0.456*	0.548**
	(−2.15)	(3.72)	(3.08)	(−0.75)	(0.75)	(−0.30)	(−2.85)	(1.93)	(2.50)
外部风险	−0.788***	1.301***	1.207***	0.017	0.038	0.214	−2.341***	0.400	0.949
	(−4.10)	(4.19)	(4.04)	(0.82)	(0.14)	(0.79)	(−3.16)	(0.64)	(1.57)
常数项	−8.237*	3.597	−0.707	−3.839	−44.575	−70.636**	−35.873**	−3.308	6.485
	(−1.73)	(0.52)	(−0.10)	(−1.45)	(−1.32)	(−2.00)	(−2.22)	(−0.26)	(0.52)
时间固定	是	是	是	是	是	是	是	是	是
国家固定	是	是	是	是	是	是	是	是	是

表 5-1 中亚国家主权债务影响经济增长的投资路径 续表

变量	投资效率	经济总量	经济总量	投资效率	经济总量	经济总量	投资效率	经济总量	经济总量
	2000-2020 年			2000-2008 年			2009-2020 年		
	(1)	(2)	(3)	(4)	(5)	(6)	(7)	(8)	(9)
观测值	105	105	105	45	45	45	60	60	60
拟合值	0.640	0.969	0.972	0.874	0.958	0.962	0.563	0.878	0.898

注：***、**、*分别表示在1%、5%以及10%的统计水平上显著，括号内的数值为 t 统计值。

2. 扩大贸易逆差的路径检验

表 5-2 反映的是中亚国家主权债务影响经济增长的贸易路径的检验结果。在表 5-2 中，样本数据被划分为 2000-2020 年全样本和 2000-2008 年、2009-2020 年两个阶段。在第（1）-（3）列中，主权债务对贸易差额的系数估计值为 0.084、贸易差额对经济总量的系数估计值为 0.244，后者在统计上显著，表明主权债务率总体上可以通过贸易差额对经济增长产生影响。主权债务率与贸易差额加入后，二者对经济增长的系数估计值分别为-0.188、0.303，均在1%的水平上显著，表明在这一时期，中亚国家主权债务通过贸易路径对经济增长产生了影响。在第（4）-（6）列中，主权债务对中亚国家贸易差额的系数估计值为 0.203，在10%的水平上显著为正。贸易差额对经济增长的系数估计值为 0.706，在5%的水平上显著为正，表明中亚国家的主权债务促进了贸易顺差扩大，进而对经济增长产生了积极正向作用。主权债务率与贸易差额加入后，二者对经济增长的系数估计值分别为 0.143、0.626，均在统计上显著为正，表明中亚国家主权债务通过贸易差额促进了经济增长。在第（7）-（9）列中，主权债务对贸易差额的系数估计值为-0.067，在5%的水平上显著为负。贸易差额对经济增长的系数估计值为-0.070，同样在5%的水平上显著为负，表明中亚国家的主权债务促进了贸易逆差扩大，进而对经济增长产生了负面作用。在主权债务率与

贸易差额加入后，二者对经济增长的系数估计值分别为-0.140、-0.008，均在统计上显著为正，表明中亚国家主权债务通过贸易差额对中亚国家的经济发展产生了显著的负面作用，拖累了经济增长。

表5-2　中亚国家主权债务影响经济增长的贸易路径

变量	贸易差额	经济总量	经济总量	贸易差额	经济总量	经济总量	贸易差额	经济总量	经济总量
	2000-2020 年			2000-2008 年			2009-2020 年		
	(1)	(2)	(3)	(4)	(5)	(6)	(7)	(8)	(9)
主权债务率	0.084		-0.188***	0.203*		0.143*	-0.067**		-0.140***
	(1.38)		(-3.42)	(1.84)		(1.86)	(-2.00)		(-3.27)
贸易差额		0.244**	0.303***		0.706***	0.626**		-0.070**	-0.008*
		(2.15)	(2.84)		(2.72)	(2.25)		(-2.57)	(-1.88)
人口规模	0.834	-1.887	-0.954	2.177	8.132**	11.112**	-6.129*	-1.163	-1.915
	(0.66)	(-1.60)	(-0.84)	(0.58)	(2.46)	(2.31)	(-1.87)	(-0.47)	(-0.88)
工业基础	0.994**	-0.369	0.094	0.991*	-1.472**	-1.022	1.946***	0.122	0.409
	(2.38)	(-0.95)	(0.24)	(1.68)	(-2.45)	(-1.27)	(3.86)	(0.29)	(1.07)
投资水平	-1.604***	-0.270	-0.345	-1.257	0.900	0.409	-1.151**	-1.040**	-0.867**
	(-3.14)	(-0.52)	(-0.71)	(-1.53)	(0.96)	(0.37)	(-2.13)	(-2.54)	(-2.38)
资本形成	-0.903***	0.224	0.246	-0.829*	-1.301**	-1.301**	-0.959*	-0.870**	-0.708**
	(-2.77)	(0.68)	(0.81)	(-1.93)	(-2.20)	(-2.19)	(-1.91)	(-2.32)	(-2.13)
财政赤字	-1.034	0.941	1.116*	1.370	-1.786	-1.467	-1.094	-0.805	-0.252
	(-1.41)	(1.33)	(1.69)	(1.53)	(-1.57)	(-1.22)	(-1.10)	(-1.15)	(-0.40)
政府购买	0.790	-1.943	-1.131	1.768	-1.846	-1.994	-1.459	-0.106	-0.169
	(0.62)	(-1.63)	(-1.00)	(1.49)	(-1.18)	(-1.26)	(-0.68)	(-0.07)	(-0.12)
通胀水平	0.048	0.464**	0.416**	-0.071	1.037***	0.871**	0.016	-0.124	-0.065
	(0.21)	(2.16)	(2.08)	(-0.27)	(3.75)	(2.57)	(0.05)	(-0.50)	(-0.29)
贸易水平	0.033	-0.687***	-0.803***	0.141	-0.459***	-0.517***	-0.990***	-0.522**	-0.694***
	(0.26)	(-5.94)	(-7.11)	(1.26)	(-3.54)	(-3.52)	(-3.68)	(-2.36)	(-3.45)
人力资本	-0.047	-1.688	-0.014	4.776	9.600***	12.387***	-5.892***	-3.563**	-3.442**
	(-0.04)	(-1.59)	(-0.01)	(1.57)	(3.92)	(3.03)	(-3.04)	(-2.26)	(-2.49)

表 5-2　中亚国家主权债务影响经济增长的贸易路径　　　　续表

变量	贸易差额	经济总量	经济总量	贸易差额	经济总量	经济总量	贸易差额	经济总量	经济总量
	2000-2020 年			2000-2008 年			2009-2020 年		
	(1)	(2)	(3)	(4)	(5)	(6)	(7)	(8)	(9)
制度质量	0.026	−0.140	−0.159	−0.508**	−0.051	−0.183	−0.066	0.039	0.083
	(0.16)	(−0.90)	(−1.09)	(−1.97)	(−0.16)	(−0.51)	(−0.20)	(0.17)	(0.40)
大宗商品价格	0.128	0.895***	0.697***	−0.407	0.362	−0.054	0.783**	0.713***	0.646***
	(0.57)	(4.35)	(3.48)	(−0.83)	(0.90)	(−0.08)	(2.48)	(2.90)	(2.98)
外部风险	−0.280	1.603***	1.472***	0.062	0.103	0.219	1.697**	1.036	1.238**
	(−0.97)	(5.84)	(5.70)	(0.32)	(0.51)	(0.90)	(2.00)	(1.62)	(2.18)
常数项	−5.217	7.917	2.754	−12.830	−53.068**	−72.111**	32.285*	6.470	10.970
	(−0.73)	(1.19)	(0.43)	(−0.53)	(−2.50)	(−2.34)	(1.74)	(0.47)	(0.90)
时间固定	是	是	是	是	是	是	是	是	是
国家固定	是	是	是	是	是	是	是	是	是
观测值	105	105	105	45	45	45	60	60	60
拟合值	0.334	0.970	0.974	0.588	0.969	0.969	0.586	0.864	0.895

注：***、**、* 分别表示在 1%、5% 以及 10% 的统计水平上显著，括号内的数值为 t 统计值。

3. 推高利率水平的路径检验

表 5-3 反映的是中亚国家主权债务影响经济增长的金融路径检验结果。样本数据被划分为 2000-2020 年全样本和 2000-2008 年、2009-2020 年两个阶段。在第 (1) - (3) 列中，中亚国家主权债务对利率的系数估计值为 0.001、投资效率对经济总量的系数估计值为 0.009，二者在统计上均不显著，表明在整体时期，中亚国家主权债务率并不能够通过利率对经济增长产生影响。在第 (4) - (6) 列中，中亚国家主权债务对利率的系数估计值为 −0.067，在 10% 的水平上显著为负。利率对经济增长的系数估计值为 −

1.698，在 10% 的水平上显著为负，表明中亚国家的主权债务充实了国内资本，降低了中亚国家的利率，显著促进了中亚国家的经济增长。同时加入主权债务率与利率以后，二者对经济增长的系数估计值分别为 0.180、−1.350，均通过了显著性检验，表明中亚国家主权债务通过降低利率促进了中亚国家的经济增长。在第（7）−（9）列中，中亚国家主权债务对利率的系数估计值为 0.090，在 5% 的水平上显著为正。利率对经济增长的系数估计值为 −0.249，同样在 5% 的水平上显著为负。表明 2008 年全球经济危机爆发以来，中亚国家不断扩大的主权债务规模推高了其国内的利率，而利率的上升会显著挤压私人投资，增加投资成本，降低金融运行效率，从而对其经济增长产生显著的负面影响。加入主权债务率与利率后，二者对经济增长的系数估计值分别为 −0.139、−0.133，均在统计上显著为负，表明中亚国家主权债务通过利率对中亚国家的经济发展产生了显著的负面作用。

表 5-3　中亚国家主权债务影响经济增长的金融路径

变量	金融利率	经济总量	经济总量	金融利率	经济总量	经济总量	金融利率	经济总量	经济总量
	2000−2020 年			2000−2008 年			2009−2020 年		
	（1）	（2）	（3）	（4）	（5）	（6）	（7）	（8）	（9）
主权债务率	0.001		−0.163***	−0.067*		0.180*	0.090**		−0.139***
	(0.08)		(−2.83)	(−1.77)		(1.90)	(2.49)		(−3.30)
金融利率		0.009	0.020		−1.698*	−1.350**		−0.249**	−0.133**
		(0.02)	(0.05)		(−1.88)	(−1.99)		(−2.53)	(−2.32)
人口规模	1.571***	−1.588	−0.732	4.407***	1.536	6.526	2.786***	−1.405	−2.234
	(4.62)	(−1.14)	(−0.54)	(3.84)	(0.35)	(0.98)	(3.19)	(−0.52)	(−0.95)
工业基础	0.184	−0.070	0.392	0.825***	−2.260***	−1.516	−0.278**	0.047	0.430
	(1.65)	(−0.18)	(0.98)	(4.56)	(−2.64)	(−1.33)	(−2.07)	(0.13)	(1.27)
投资水平	−0.179	−0.678	−0.828*	−0.959***	1.730	0.916	0.002	−0.961**	−0.857**
	(−1.31)	(−1.34)	(−1.71)	(−3.80)	(1.44)	(0.63)	(0.01)	(−2.49)	(−2.52)
资本形成	0.006	0.000	−0.028	−0.183	−1.593***	−1.574**	0.344**	−0.890**	−0.746**
	(0.06)	(0.00)	(−0.09)	(−1.39)	(−2.60)	(−2.57)	(2.58)	(−2.28)	(−2.16)

表 5-3　中亚国家主权债务影响经济增长的金融路径　　续表

变量	金融利率	经济总量	经济总量	金融利率	经济总量	经济总量	金融利率	经济总量	经济总量
	2000-2020 年			2000-2008 年			2009-2020 年		
	(1)	(2)	(3)	(4)	(5)	(6)	(7)	(8)	(9)
财政赤字	0.200	0.700	0.798	0.621**	-1.921	-1.447	-0.594**	-0.589	-0.164
	(1.02)	(0.96)	(1.15)	(2.26)	(-1.50)	(-1.06)	(-2.25)	(-0.79)	(-0.24)
政府购买	0.413	-1.658	-0.900	0.413	-1.231	-1.444	0.576	-0.144	-0.233
	(1.21)	(-1.34)	(-0.74)	(1.14)	(-0.75)	(-0.87)	(1.01)	(-0.09)	(-0.17)
通胀水平	-0.109*	0.472**	0.433**	-0.263***	1.470***	1.181***	-0.166*	-0.085	-0.043
	(-1.82)	(2.08)	(2.00)	(-3.23)	(4.40)	(2.67)	(-1.80)	(-0.33)	(-0.19)
贸易水平	-0.059*	-0.691***	-0.791***	-0.129***	-0.125	-0.255	0.167**	-0.490**	-0.707***
	(-1.75)	(-5.64)	(-6.49)	(-3.79)	(-0.85)	(-1.30)	(2.33)	(-2.52)	(-3.88)
人力资本	0.386	-1.516	-0.036	2.326**	8.466***	12.238***	1.360***	-3.484**	-3.573***
	(1.16)	(-1.37)	(-0.03)	(2.50)	(3.03)	(2.60)	(2.63)	(-2.27)	(-2.66)
制度质量	0.026	-0.136	-0.151	0.005	-0.397	-0.507	-0.050	0.056	0.090
	(0.59)	(-0.84)	(-0.98)	(0.06)	(-1.19)	(-1.44)	(-0.58)	(0.24)	(0.44)
大宗商品价格	-0.075	0.905***	0.737***	-0.413***	0.864*	0.249	-0.275***	0.727***	0.676***
	(-1.25)	(4.21)	(3.45)	(-2.76)	(1.84)	(0.32)	(-3.27)	(2.79)	(2.95)
外部风险	-0.359***	1.522***	1.394***	0.082	-0.017	0.147	-0.618***	1.065	1.306**
	(-4.64)	(4.71)	(4.49)	(1.40)	(-0.08)	(0.54)	(-2.73)	(1.59)	(2.21)
常数项	-8.915***	6.115	1.351	-29.032**	-8.655	-40.956	-15.264**	7.885	12.728
	(-4.65)	(0.77)	(0.18)	(-2.94)	(-0.30)	(-0.95)	(-2.09)	(0.52)	(0.96)
时间固定	是	是	是	是	是	是	是	是	是
国家固定	是	是	是	是	是	是	是	是	是
观测值	105	105	105	45	45	45	60	60	60
拟合值	0.458	0.968	0.971	0.760	0.964	0.964	0.422	0.864	0.895

注：***、**、*分别表示在 1%、5% 以及 10% 的统计水平上显著，括号内的数值为 t 统计值。

4. 降低全要素生产率的路径检验

表5-4反映的是中亚国家主权债务影响经济增长的全要素生产率的检验结果。样本数据被划分为2000-2020年全样本和2000-2008年、2009-2020年两个阶段。在第（1）-（3）列中，中亚国家主权债务对全要素生产率的系数估计值为0.042，投资效率对经济总量的系数估计值为0.361，前者在统计上显著。表明在整体时期，中亚国家主权债务率总体上可以通过全要素生产率对经济增长产生影响。同时加入主权债务率与贸易差额以后，二者对经济增长的系数估计值分别为-0.186、0.569，均在统计上显著，表明在这一时期，中亚国家主权债务总体上可以通过全要素生产率路径对中亚国家的经济增长产生影响。在第（4）-（6）列中，中亚国家主权债务对全要素生产率的系数估计值为0.050，在5%的水平上显著为正。全要素生产率对经济增长的系数估计值为1.237，在1%的水平上显著为正，表明2000-2008年间中亚国家通过主权债务引进外部资金，提升了本国的全要素生产率，进而对经济增长产生了显著的正向作用。加入主权债务率与全要素生产率后，二者对经济增长的系数估计值分别为0.265、1.096，均通过了10%水平上的显著性检验，表明中亚国家主权债务通过全要素生产率促进了中亚国家的经济增长。在第（7）-（9）列中，中亚国家主权债务对全要素生产率的系数估计值为-0.005，在5%的水平上显著为负。全要素生产率对经济增长的系数估计值为0.142，在5%的水平上显著为正。表明中亚国家不断膨胀的主权债务规模与主权债务风险降低了其国内的全要素生产率，随着全要素生产率降低，各种资源要素的合理分配被打破，产生各种要素扭曲与资源错配，从而使经济运行效率降低，投入产出比下降，经济运行综合成本上升，经济发展的内生动力减弱，从而对经济增长产生了负面影响。在加入主权债务率与全要素生产率后，二者对经济增长的系数估计值分别为-0.141、0.167，均在统计上显著。表明在2008年以后，中亚国家主权债务使得其全要素生产率下降，经济运行效率降低，对中亚国家的经济发展产生了显著的负面作用，成为近年来中亚国家经济萎缩衰退的重要影响因素。

表 5-4　中亚国家主权债务影响经济增长的全要素生产率路径

变量	全要素生产率	经济总量	经济总量	全要素生产率	经济总量	经济总量	全要素生产率	经济总量	经济总量
	2000-2020 年			2000-2008 年			2009-2020 年		
	(1)	(2)	(3)	(4)	(5)	(6)	(7)	(8)	(9)
主权债务率	0.042*		-0.186***	0.050**		0.265*	-0.005**		-0.141***
	(1.84)		(-3.26)	(2.24)		(1.81)	(2.17)		(-3.38)
全要素生产率		0.361	0.569*		1.237***	1.096*		0.142**	0.167*
		(1.17)	(1.92)		(2.67)	(1.91)		(2.50)	(1.67)
人口规模	-0.653	-1.419	-0.329	-0.032	6.597*	12.440**	-3.529**	-0.188	-1.275
	(-1.38)	(-1.18)	(-0.28)	(-0.05)	(1.76)	(2.35)	(-2.45)	(-0.07)	(-0.57)
工业基础	0.222	-0.191	0.269	0.233**	-0.885	-0.146	0.476**	-0.098	0.314
	(1.43)	(-0.50)	(0.70)	(2.31)	(-1.07)	(-0.16)	(2.14)	(-0.27)	(0.93)
投资水平	0.460**	-0.831	-1.093**	0.237*	0.726	-0.118	0.490**	-1.032**	-0.939***
	(2.42)	(-1.62)	(-2.25)	(1.69)	(0.64)	(-0.10)	(2.06)	(-2.51)	(-2.61)
资本形成	-0.594***	0.217	0.310	-0.091	-2.072***	-1.921***	-0.321	-0.761**	-0.647**
	(-4.89)	(0.59)	(0.90)	(-1.24)	(-3.23)	(-3.05)	(-1.46)	(-2.06)	(-2.00)
财政赤字	-1.057***	1.073	1.403*	-0.160	-1.242	-0.785	-1.289***	-0.565	-0.028
	(-3.86)	(1.37)	(1.89)	(-1.05)	(-0.95)	(-0.60)	(-2.95)	(-0.72)	(-0.04)
政府购买	0.259	-1.819	-1.039	0.013	-0.267	-0.872	0.368	-0.050	-0.218
	(0.55)	(-1.49)	(-0.89)	(0.07)	(-0.16)	(-0.52)	(0.39)	(-0.03)	(-0.16)
通胀水平	-0.042	0.490**	0.455**	-0.110**	1.025***	0.707*	-0.205	-0.099	-0.030
	(-0.50)	(2.23)	(2.20)	(-2.41)	(2.70)	(1.66)	(-1.34)	(-0.39)	(-0.14)
贸易水平	0.028	-0.692***	-0.809***	-0.002	-0.288**	-0.431**	0.091	-0.456***	-0.701***
	(0.60)	(-5.85)	(-6.94)	(-0.13)	(-2.23)	(-2.74)	(0.77)	(-2.59)	(-4.13)
人力资本	1.105**	-2.049*	-0.657	1.245**	11.913***	16.742***	-1.097	-2.985**	-3.209**
	(2.39)	(-1.74)	(-0.56)	(2.40)	(3.18)	(3.46)	(-1.28)	(-2.09)	(-2.58)
制度质量	0.020	-0.141	-0.162	0.091**	-0.199	-0.401	-0.060	0.051	0.093
	(0.32)	(-0.88)	(-1.08)	(2.06)	(-0.51)	(-1.00)	(-0.42)	(0.22)	(0.46)
大宗商品价格	0.218***	0.842***	0.612***	0.096	0.607	-0.203	0.397***	0.603**	0.574***
	(2.60)	(3.88)	(2.84)	(1.15)	(1.25)	(-0.29)	(2.85)	(2.38)	(2.60)

表 5-4 中亚国家主权债务影响经济增长的全要素生产率路径 续表

变量	全要素生产率	经济总量	经济总量	全要素生产率	经济总量	经济总量	全要素生产率	经济总量	经济总量
	2000-2020 年			2000-2008 年			2009-2020 年		
	(1)	(2)	(3)	(4)	(5)	(6)	(7)	(8)	(9)
外部风险	0.193*	1.461***	1.277***	0.073**	0.118	0.337	0.991***	0.765	1.058*
	(1.79)	(5.18)	(4.72)	(2.23)	(0.43)	(1.12)	(2.65)	(1.15)	(1.81)
常数项	2.848	5.458	−0.448	−0.668	−43.475*	−80.877**	18.540**	1.321	7.604
	(1.07)	(0.80)	(−0.07)	(−0.16)	(−1.81)	(−2.38)	(2.27)	(0.09)	(0.61)
时间固定	是	是	是	是	是	是	是	是	是
国家固定	是	是	是	是	是	是	是	是	是
观测值	105	105	105	45	45	45	60	60	60
拟合值	0.845	0.969	0.973	0.959	0.959	0.961	0.542	0.864	0.897

注：***、**、*分别表示在1%、5%以及10%的统计水平上显著，括号内的数值为 t 统计值。

三、中亚国家主权债务对经济增长影响的实证检验

本部分针对中亚国家主权债务对经济增长影响进行了实证检验，主要包括实证模型设定、研究数据说明、实证结果分析、稳健性及异质性分析等。具体内容如下：

（一）模型设定

为探讨中亚国家主权债务对经济增长的影响，本节采用实证研究方式对其进行检验。根据第三章理论部分的分析，中亚国家主权债务对经济增长可能存在正向影响、负向影响、中性影响和非线性影响，据此，本节设定了不同的实证模型加以分析。对于可能存在的正向影响、负向影响和中性影响，主要采用线性模型分析，再采用非线性模型来探讨中亚国家主权债务对经济增长的非线性影响。

1. 中亚国家主权债务对经济增长线性影响的模型设定

为了探讨中亚国家主权债务对经济增长的线性影响，本章设定如下计量模型，如公式（4-1）所示：

$$Y_{it} = \beta_0 + \beta_1 Debt_{it} + \beta_2 X_{it} + \varepsilon_{it} \tag{4-4}$$

在公式（4-4）中，Y_{it} 为被解释变量，在本章中则用来表示中亚国家的经济增长。$Debt_{it}$ 为核心解释变量，表示为中亚国家的主权债务情况。X_{it} 为控制变量，表示影响中亚国家经济增长的其他因素。ε_{it} 表示为误差项。在公式（4-4）中，β_1 表示的是中亚国家主权债务对经济增长的影响，当存在 $\beta_1 > 0$ 且在统计上显著时，则表示中亚国家主权债务对经济增长具有显著的正向影响，符合主权债务正向影响理论。当存在 $\beta_1 < 0$ 且在统计上显著时，则表示中亚国家主权债务对经济增长具有显著的负向影响，符合主权债务负向影响理论。而当 β_1 接近于 0 且在统计上并不显著时，则表明中亚国家主权债务对经济增长具有中性影响或者无影响。

2. 中亚国家主权债务对经济增长非线性影响的模型设定

在探讨中亚国家主权债务对经济增长的线性影响之后，本书将探讨二者之间的非线性影响，以验证中亚国家主权债务对经济增长的非线性作用是否成立。模型设定如公式（4-5）所示：

$$Y_{it} = \alpha_0 + \alpha_1 Debt_{it} + \alpha_2 Debt_{it}^2 + \alpha_3 X_{it} + \varepsilon_{it} \tag{4-5}$$

在公式（4-5）中，Y_{it} 同样表示中亚国家的经济增长，X_{it} 同样是控制变量，表示影响中亚国家经济增长的其他因素。与公式（4-4）不同的是，在公式（4-5）中加入了 $Debt_{it}$ 的平方项 $Debt_{it}^2$。α_1 与 α_2 的系数符号反映了中亚国家主权债务对经济增长的影响差异。当存在 $\alpha_1 < 0$，$\alpha_2 > 0$，且系数估计值在统计上显著时，表明中亚国家主权债务对经济增长存在着一种 U 型关系，中亚国家主权债务对经济增长存在着先负向、后正向的非线性影响。而当存在 $\alpha_1 > 0$、$\alpha_2 < 0$，且系数估计值在统计上显著时，表明中亚国家主权债务对经济增长存在着一种倒 U 型关系，中亚国家主权债务对经济增长存在着先正向、后负向的非线性影响。这种非线性影响的存在使得对中亚国家主权债务经济增长影响的讨论不能一概而论，也不能单一地认为只存在正向影响或者负向影响。需要结合中亚国家的实际情况探讨主权债务对经济增长的作用及影响变化的原因。

（二）研究数据说明

1. 变量说明

在本章研究中，所涉及研究数据和变量主要有以下三类：

首先是被解释变量。由于本章探讨的是中亚国家主权债务对经济增长的影响，因此本章的被解释变量为衡量中亚国家经济增长的变量，包括经济总量、人均 GDP、经济增速。通过这三个变量来衡量中亚国家主权债务对经济增长的影响。

其次是解释变量。本章解释变量是中亚国家的主权债务，采用主权债务率来衡量中亚国家主权债务的变化趋势。同时在稳健性检验当中，也将采用主权债务负债率、偿债率等指标加以进一步检验，以此来检验中亚国家主权债务对经济增长的作用。

最后是控制变量。由于影响经济增长的因素很多，只考虑主权债务会导致非常严重的变量遗漏问题，因此本书需要找到控制影响经济增长的其他因素。本章参考胡翠[1]、朱文蔚[2]、杜永潇[3]、程宇丹[4]、张成偕[5]、赵新泉[6]、刘哲希[7]等人的研究，将主要的控制变量归纳为以下几个：（1）人口规模，采用中亚各国的人口总量表示，人口总量越大，国内市场越广阔，经济发展潜力越大；（2）工业基础，用中亚各国工业增加值占经济增加值的比重来表示，该比值越高，表明工业基础越好，能够对经济增长产生十分重要的影响；（3）投资水平，本章采用中亚各国的外商直接投资占 GDP 比重来表示中亚各国的投资水平；（4）资本形成，采用中亚各国

〔1〕　胡翠、许召元：《对外负债与经济增长》，载《经济研究》2011 年第 2 期。

〔2〕　朱文蔚、陈勇：《外债对我国经济增长影响的实证分析》，载《财经科学》2013 年第 10 期。

〔3〕　杜永潇、田新民：《中国外债对宏观经济影响的实证研究》，载《经济与管理研究》2015 年第 6 期。

〔4〕　程宇丹、龚六堂：《外债的经济增长效应与影响渠道——发达国家和发展中国家比较》，载《数量经济技术经济研究》2015 年第 10 期。

〔5〕　张成偕、乔桂明、卞牧星：《发展中国家与发达国家外债的经济效应研究——基于资本和劳动力视角》，载《财经问题研究》2018 年第 5 期。

〔6〕　赵新泉、陈旭：《政府债务影响经济增长的非线性效应研究》，载《国际金融研究》2018 年第 2 期。

〔7〕　刘哲希等：《外债规模、政府债务风险与经济增长》，载《财经研究》2022 年第 6 期。

资本形成率来表示，资本形成率反映了中亚国家内部资本的原始积累状况，资本形成率越高，资本积累越充分，越能够促进经济增长；（5）财政赤字，采用中亚各国的财政赤字状况来表示，一国经济发展水平与财政赤字状况密切相关，通常而言，各国为促进经济快速增长，往往会采用适当的财政赤字手段；（6）政府购买，采用中亚国家政府最终消费支出占 GDP 的比重来表示。政府部门作为国民经济发展当中的重要主体，其本身的购买与消费行为同样能够对经济增长产生较强的拉动力，进而对经济增长产生重要影响；（7）通胀水平，采用中亚各国的通货膨胀率来反映通胀水平，根据经济学理论，适当的通货膨胀率有助于经济快速发展；（8）贸易水平，采用中亚各国进出口总额占 GDP 的比重来表示，一个国家的贸易水平与经济增长密切相关。一方面，贸易占比越高，越有利于实现经济转型与升级，使其从传统农业国资源国向现代工业国转变。另一方面，贸易活动开展能够直接带动相关产业发展，进而产生经济活动，促进经济总量上升；（9）人力资本，采用中亚国家 25 岁以上人口中，教育程度在本科以上的人口所占比例来表示，本科以上的人口占比越高，表明高级人力资本越充足，能够为经济增长提供长期稳定的智力支持；（10）制度质量，用中亚各国的政府腐败指数来表示，政府清廉程度越高，腐败程度越低，表明制度质量越高，能够对经济增长产生积极作用；（11）大宗商品价格，用国际原油价格来衡量大宗商品价格走势，由于中亚各国是典型的能源矿产国家，大宗商品价格波动能够在很大程度上决定其经济发展情况，大宗商品价格上升，中亚各国经济向好，反之，大宗商品价格低迷，中亚各国经济就会持续低迷；（12）外部风险，用世界经济政策不确定性指数来衡量。世界经济政策不确定性指数越高，中亚各国经济发展所面临的外部风险也就越高，经济增长的压力也就越大。

2. 数据来源

本书研究数据来源主要有以下几个方面：首先是主权债务数据，该数据来源于 WDI 数据库，通过作者收集整理得到；其次是衡量中亚国家经济增长变量，中亚国家的经济总量、人均 GDP、经济增速等变量数据来自于 WDI 数据库；最后是控制变量的数据，人口规模、工业基础、投资水平、资本形成、财政赤字、政府购买、通胀水平、人力资本等数据来源于 WDI

数据库以及 CEIC 数据库，贸易水平数据中的进出口总额数据来源于联合国商品贸易数据库，制度质量数据来源于透明国际网站，大宗商品价格中国际原油价格数据来源于伦敦洲际交易所，外部风险数据来源于经济政策不确定网站。

3. 变量的描述性统计

在介绍数据来源后，本书对各个变量进行描述性统计，从而更加清晰地反映研究变量的统计特征。表5-5介绍了各个变量的均值、标准差、最小值、中位数和最大值，变量被分为被解释变量、核心解释变量以及其他控制变量。其中被解释变量主要有衡量中亚国家经济增长的指标，包括经济总量、人均 GDP 和经济增速。核心解释变量主要是衡量中亚国家主权债务的指标，包括主权债务率、主权债务负债率、主权债务偿债率。控制变量主要包括影响中亚国家经济增长的其他因素，在控制这些因素的前提下，能够更好地探讨中亚国家主权债务对经济增长的影响。其中，经济总量、人均 GDP、人口规模、大宗商品价格等变量需要先进行对数化处理再进行模型回归。

表5-5 各变量的描述性统计结果

指标	变量	单位	观测值	均值	标准差	最小值	中位数	最大值
被解释变量	经济总量	（亿美元）	105	408.53	568.78	8.61	120.30	2366.35
	人均 GDP	（美元）	105	2969.07	3395.85	138.43	1279.77	13890.63
	经济增速	（%）	105	6.34	3.55	-8.62	6.70	14.70
核心解释变量	主权债务率	（%）	105	146.20	87.95	8.60	133.73	373.03
	主权债务负债率	（%）	105	60.90	35.29	3.98	63.27	141.48
	主权债务偿债率	（%）	105	18.80	14.50	2.68	12.70	65.42
控制变量	人口规模	（万人）	105	1273.99	920.80	451.61	752.74	3423.21
	工业基础	（%）	105	32.38	11.04	16.68	30.92	66.58
	投资水平	（%）	105	5.15	4.36	-5.19	4.04	22.52

表5-5　各变量的描述性统计结果　　　　　　　　　续表

指标	变量	单位	观测值	均值	标准差	最小值	中位数	最大值
控制变量	资本形成	（%）	105	28.82	9.44	9.14	27.47	51.93
	财政赤字	（%）	105	0.43	3.76	-7.65	0.13	10.70
	政府购买	（%）	105	13.01	3.70	5.94	12.51	20.11
	通胀水平	（%）	105	14.01	11.65	-5.15	11.65	59.74
	贸易水平	（%）	105	67.01	23.30	22.85	66.59	124.66
	人力资本	（%）	105	16.50	5.69	10.65	15.16	36.58
	制度质量	-	105	22.56	4.41	16.00	22.00	38.00
	大宗商品价格	（美元/桶）	105	63.64	28.19	24.46	61.74	111.57
	外部风险	-	105	133.01	62.76	62.69	120.81	320.06

（三）回归结果分析

1. 中亚国家主权债务对经济增长的线性影响

本部分探讨中亚国家主权债务对经济增长的线性影响，从而判断中亚国家主权债务对经济增长是具有正向影响还是负向影响。根据公式（4-4）中的模型设定进行回归，并按照国家的不同分别进行国别检验，得到中亚总体及分国别的回归结果。由于在三位小数位数下，变量采用百分比形式将导致较大的估计偏误，因此模型回归中涉及到百分比的变量将转化成小数位的形式（即数值在原有的基础上除以100），模型结果并不发生改变且更有利于经济学意义上的解释。模型结果如表5-6所示，通过回归估计得到中亚国家主权债务对经济增长的影响与作用，系数估计值为-0.163，在1%的水平上显著为负，说明中亚国家主权债务率每平均上升1个百分点，将导致这些国家经济总量平均下降0.163%。当中亚国家主权债务率上升100个百分点以后，将会导致中亚国家经济总量下降16.3%。这一结果与外债束缚理论、外债依附理论一致，过于庞大的主权债务将使中亚国家经济发展受到严重束缚，导致中亚国家经济持续低迷，陷入到经济增长困境当中。

此外，中亚五国主权债务对经济增长存在负向影响与作用。在中亚五国当中，只有哈萨克斯坦与土库曼斯坦的系数估计值显著为负，这表明这两个国家的主权债务对经济增长偏向于明显的负向影响。吉尔吉斯斯坦主权债务对经济增长的系数估计值为 0.125，偏向于正向影响但在统计上并不成立。乌兹别克斯坦与塔吉克斯坦主权债务率对经济增长的系数估计值并不显著，且系数估计值大小更接近于 0，因此这两个国家主权债务对经济增长更加偏向于中性无影响。在第（2）列中，哈萨克斯坦主权债务率对经济增长的系数估计值为 −0.135，表明哈萨克斯坦主权债务率每增加 1 个百分点，经济总量将下降 0.135%，当主权债务率增加 100 个百分点，将导致哈萨克斯坦经济总量萎缩 13.5%。以事实为依据，哈萨克斯坦 2012 年主权债务率为 144.16%，2020 年主权债务率为 299.61%，上升了 155.45 个百分点，与此同时哈萨克斯坦经济总量从 2012 年的 2079.99 亿美元下降到 2020年的 1710.82 亿美元，下降幅度为 21.58%，与通过系数估计值计算得到的下降幅度 20.99%（155.45/100 * 13.5% = 20.99%）十分接近。近年来哈萨克斯坦主权债务率的快速上升是导致其经济萎缩下滑的重要因素，理论估计与现实的一致性间接地验证了本章模型设定与实证估计的可靠性。此外，哈萨克斯坦是中亚经济规模和债务规模最大的国家，二者均占据中亚国家的绝大部分比重，堪称中亚国家的领头羊。主权债务对哈萨克斯坦的影响最为明显，杀伤力最为突出，其负面影响最具代表性。这一点从近年来哈萨克斯坦的经济状况可以看出，其经济总量从顶峰期 2013 年的 2366.35 亿美元滑落到 2020 年的 1710.82 亿美元，萎缩了 27.48%，是同期经济衰退幅度最大的中亚国家。主权债务对土库曼斯坦经济增长也有一定程度的负面影响，但总体上并不十分显著。土库曼斯坦经济总量从 2014 年的 435.24 亿美元，下降到 2020 年的 428.45 亿美元，下降幅度较小。

表 5-6　中亚国家主权债务对经济增长的线性影响回归结果

变量	中亚国家	哈萨克斯坦	乌兹别克斯坦	塔吉克斯坦	吉尔吉斯斯坦	土库曼斯坦
	（1）	（2）	（3）	（4）	（5）	（6）
主权债务率	−0.163***	−0.135**	0.011	0.090	0.125	−0.254*
	（−2.85）	（−2.43）	（0.08）	（0.42）	（1.25）	（−1.72）

表 5-6　中亚国家主权债务对经济增长的线性影响回归结果　　续表

变量	中亚国家	哈萨克斯坦	乌兹别克斯坦	塔吉克斯坦	吉尔吉斯斯坦	土库曼斯坦
	(1)	(2)	(3)	(4)	(5)	(6)
人口规模	-0.701	-2.257	-2.519	-5.048	-7.222**	5.178
	(-0.59)	(-1.03)	(-0.78)	(-0.82)	(-2.56)	(1.31)
工业基础	0.395	2.689*	-4.310*	-5.579***	1.612*	4.156***
	(1.02)	(1.91)	(-1.86)	(-3.37)	(1.79)	(6.26)
投资水平	-0.832*	1.011	-1.481	0.645	-0.018	-1.137
	(-1.75)	(1.30)	(-0.52)	(0.83)	(-0.05)	(-1.45)
资本形成	-0.028	-0.881	3.783	1.224***	0.304	-3.009***
	(-0.09)	(-0.84)	(1.51)	(2.67)	(0.65)	(-3.83)
财政赤字	0.802	2.507***	2.294	0.193	-2.400**	0.874
	(1.17)	(3.30)	(1.49)	(0.16)	(-2.11)	(0.76)
政府购买	-0.892	3.508*	3.585	-0.531	-4.177*	0.391
	(-0.75)	(1.79)	(0.98)	(-0.27)	(-1.86)	(0.29)
通胀水平	0.431**	-0.128	-0.265	-0.037	0.199	-0.607***
	(2.05)	(-0.34)	(-0.96)	(-0.05)	(0.75)	(-3.88)
贸易水平	-0.793***	-2.442***	-1.198***	0.288	0.785**	-1.124***
	(-6.69)	(-5.80)	(-5.61)	(1.15)	(2.26)	(-4.35)
人力资本	-0.028	7.353***	48.386**	271.663*	99.454***	15.380
	(-0.02)	(3.52)	(2.38)	(1.67)	(4.75)	(0.45)
制度质量	-0.151	-0.002	-1.120***	-0.427	0.721	-0.285*
	(-0.99)	(-0.01)	(-2.71)	(-1.00)	(1.45)	(-1.74)
大宗商品价格	0.736***	1.053***	0.038	0.057	0.140	0.122*
	(3.51)	(10.56)	(0.20)	(0.50)	(0.99)	(1.80)
外部风险	1.387***	-0.059	0.057	-0.079	0.200**	0.025
	(5.15)	(-0.61)	(0.49)	(-0.52)	(2.45)	(0.27)

表5-6 中亚国家主权债务对经济增长的线性影响回归结果 续表

变量	中亚国家	哈萨克斯坦	乌兹别克斯坦	塔吉克斯坦	吉尔吉斯斯坦	土库曼斯坦
	（1）	（2）	（3）	（4）	（5）	（6）
常数项	1.172	18.465	21.990	8.590	28.821**	−29.147
	（0.18）	（1.21）	（0.95）	（0.38）	（2.17）	（−1.46）
时间固定	是	否	否	否	否	否
国家固定	是	否	否	否	否	否
观测值	105	21	21	21	21	21
拟合值	0.971	0.997	0.991	0.993	0.994	0.999

注：***、**、*分别表示在1%、5%以及10%的统计水平上显著，括号内的数值为t统计值。

在探讨中亚国家主权债务对经济增长的线性影响后，本书将对主权债务对中亚国家经济增长的滞后作用与动态影响进行分析。由线性回归结果可知，中亚国家主权债务对经济增长主要是呈现出负向的影响，但从动态滞后的角度来看，中亚国家主权债务对经济增长的作用并非全部为负向影响。将中亚国家主权债务的各期滞后项轮流加入到模型当中进行回归，得到一系列的系数估计值，结果如表5-7所示，中亚国家主权债务率对经济增长的各期滞后项系数估计值分别为−0.034、0.081、0.110、0.125、0.090、0.068、0.063、0.085，在滞后第3、4、5、8期时显著为正，表明在第3-8年这个中期维度上，中亚国家主权债务对经济增长具有一定程度上的促进作用。中亚国家的主权债务从资金投入，到该项目产生经济效益需要一定时间，该时间段与模型估计得到的3-8年的中期维度较为一致，表明中亚国家主权债务从资金投入到产生经济效益需要3-8年的时间。中亚国家主权债务对经济增长的动态滞后影响为正的前提，在于主权债务率处于较低水平，在较低的债务负担下，中亚国家能够较好地使用债务资金，充分地投入到周期较长的基础设施建设项目当中，并产生良好的经济效益。若主权债务规模不断扩大，债务压力不断上升，通过债务筹集到的资金将有很大比例用于偿付到期的旧债，使得债务周转的压力加大，这时较长的投资周期将会阻碍债务资金对基础设施建设项目的投入，对经济产生显著的负面作用[1]。

表5-7 中亚国家主权债务对经济增长的动态影响回归结果

变量	经济总量								
	(0)	(1)	(2)	(3)	(4)	(5)	(6)	(7)	(8)
主权债务率	-0.163***								
	(-2.85)								
L1.主权债务率		-0.034							
		(-0.57)							
L2.主权债务率			0.081						
			(1.38)						
L3.主权债务率				0.110*					
				(1.94)					
L4.主权债务率					0.125**				
					(2.55)				
L5.主权债务率						0.090*			
						(1.91)			
L6.主权债务率							0.068		
							(1.41)		
L7.主权债务率								0.063	
								(1.27)	
L8.主权债务率									0.085*
									(1.73)
人口规模	-0.701	-1.137	-1.785	-2.137*	-3.098***	-2.839**	-2.550*	-2.784*	-2.738
	(-0.59)	(-0.90)	(-1.41)	(-1.78)	(-2.77)	(-2.52)	(-1.94)	(-1.73)	(-1.40)

---

[1] 周亚军：《哈萨克斯坦外债与经济增长关系研究——基于协整检验与向量误差修正模型》，载《新疆大学学报（哲学·人文社会科学版）》2014年第2期。郭新明、郇志坚：《哈萨克斯坦外债问题分析》，载《俄罗斯中亚东欧研究》2009年第6期。

表 5-7 中亚国家主权债务对经济增长的动态影响回归结果 续表

变量	经济总量								
	（0）	（1）	（2）	（3）	（4）	（5）	（6）	（7）	（8）
工业基础	0.395	−0.084	−0.341	−0.327	−0.357	−0.432	−0.425	−0.375	−0.350
	（1.02）	（−0.23）	（−1.01）	（−1.07）	（−1.30）	（−1.62）	（−1.37）	（−1.07）	（−0.99）
投资水平	−0.832*	−0.705	−0.424	−0.267	−0.328	−0.383	−0.483	−0.557	−0.457
	（−1.75）	（−1.51）	（−0.91）	（−0.63）	（−0.88）	（−1.06）	（−1.28）	（−1.36）	（−1.20）
资本形成	−0.028	−0.198	−0.080	−0.123	−0.118	−0.017	−0.003	−0.038	−0.570
	（−0.09）	（−0.65）	（−0.27）	（−0.44）	（−0.47）	（−0.07）	（−0.01）	（−0.12）	（−1.59）
财政赤字	0.802	0.465	0.243	−0.188	−0.459	−0.831	−1.304*	−1.282*	−0.796
	（1.17）	（0.67）	（0.36）	（−0.28）	（−0.74）	（−1.39）	（−1.83）	（−1.67）	（−1.09）
政府购买	−0.892	−2.766**	−2.736**	−2.498**	−2.964***	−2.842***	−3.024**	−3.096**	−3.222**
	（−0.75）	（−2.28）	（−2.33）	（−2.27）	（−2.78）	（−2.63）	（−2.39）	（−2.31）	（−2.34）
通胀水平	0.431**	0.226	0.177	0.032	−0.094	−0.088	−0.119	−0.156	−0.271
	（2.05）	（1.06）	（0.84）	（0.15）	（−0.49）	（−0.47）	（−0.61）	（−0.77）	（−1.40）
贸易水平	−0.793***	−0.557***	−0.391***	−0.295**	−0.249*	−0.280*	−0.269	−0.273	−0.293
	（−6.69）	（−4.45）	（−3.12）	（−2.36）	（−1.91）	（−1.86）	（−1.45）	（−1.35）	（−1.53）
人力资本	−0.028	−1.393	−2.488**	−3.453***	−4.869***	−4.908***	−4.761***	−4.906***	−5.245***
	（−0.02）	（−1.16）	（−2.08）	（−2.82）	（−4.21）	（−4.63）	（−4.26）	（−3.95）	（−3.95）
制度质量	−0.151	−0.121	−0.222	−0.361**	−0.426***	−0.453***	−0.425**	−0.386**	−0.115
	（−0.99）	（−0.78）	（−1.45）	（−2.40）	（−2.98）	（−3.06）	（−2.52）	（−2.06）	（−0.51）
大宗商品价格	0.736***	0.987***	0.888***	0.836***	0.837***	0.754***	0.566***	0.548***	1.166***
	（3.51）	（5.01）	（4.94）	（4.91）	（4.97）	（4.21）	（3.10）	（2.71）	（3.00）
外部风险	1.387***	1.689***	1.753***	1.855***	1.678***	1.545***	1.379***	1.384***	2.380***
	（5.15）	（4.71）	（5.47）	（6.22）	（7.36）	（6.88）	（5.54）	（4.37）	（2.92）
常数项	1.172	1.823	6.722	9.345	17.665***	17.122***	16.733**	18.351*	9.309
	（0.18）	（0.27）	（0.96）	（1.40）	（2.72）	（2.59）	（2.12）	（1.90）	（1.04）
时间固定	是	是	是	是	是	是	是	是	是
国家固定	是	是	是	是	是	是	是	是	是
观测值	105	100	95	90	85	80	75	70	65

表5-7　中亚国家主权债务对经济增长的动态影响回归结果　　　　续表

变量	经济总量								
	(0)	(1)	(2)	(3)	(4)	(5)	(6)	(7)	(8)
拟合值	0.971	0.970	0.968	0.967	0.966	0.959	0.938	0.898	0.866

注：***、**、*分别表示在1%、5%以及10%的统计水平上显著，括号内的数值为t统计值。

2. 中亚国家主权债务对经济增长的非线性影响

本部分将主权债务率的平方项加入到模型当中进行回归，探讨中亚国家主权债务对经济增长是否存在非线性影响。结果如表5-8所示，主权债务率对经济增长的系数估计值为0.158，在5%的水平上显著为正。主权债务率平方对经济增长的系数估计值为-0.046，在10%的水平上显著为正。这表明中亚国家主权债务对经济增长具有十分明显的非线性作用，主要呈现出倒U型影响。中亚国家主权债务对于经济增长起到先正后负的作用。在主权债务率处于较低水平时，能够促进中亚国家经济快速发展，该结果与有效需求理论以及经济起飞理论较为一致[1]。同时也与发展中国家的经济发展阶段相吻合[2]。中亚国家20世纪90年代在独立之后，开启了自身经济发展转轨阶段。在20世纪90年代与21世纪初期，中亚国家主权债务率水平相对较低，国内建设资金的主要来源为国外举借外债，通过注入外部资金促进了经济转型与起飞，这一阶段中亚国家主权债务对经济增长的作用无疑是积极正面的。当中亚国家主权债务超过一定门槛之后，对于经济增长的负面影响就逐渐显现出来。这一结果与外债的倒U型理论一致[3]。这时，

---

〔1〕　Rostow, Walt W, "The Take-off into Self-Sustained Growth", *The Economic Journal 66*, 261（1956），pp. 25 – 48. Rostow, Walt Whitman, "The Stages of Economic Growth: A Non-Communist Manifesto", Cambridge University Press, 1990.

〔2〕　魏志奇：《罗斯托的增长阶段理论及其对发展中国家转型的启示》，载《理论月刊》2014年第12期。

〔3〕　程宇丹、龚六堂：《外债的经济增长效应与影响渠道——发达国家和发展中国家比较》，载《数量经济技术经济研究》2015年第10期。Arai, Real, and Junji Ueda, "A Numerical Evaluation of the Sustainable Size of the Primary Deficit in Japan." *Journal of the Japanese and International Economies*, 30（2013），pp. 59-75.

主权债务增长并不能够带来经济快速增长，反而会带来沉重的债务负担。为了偿还不断累积的债务，中亚各国政府只能通过举借更多外债，借新还旧地维持债务运转。这种债务模式会随着国内均衡利率水平提高，进而对国内投资产生挤出作用，与外债挤出理论观点一致[1]。最为典型的就是近年来中亚各国普遍陷入经济低迷甚至萎缩困境当中，这与中亚国家高企的主权债务导致的挤出作用密切相关。

中亚国家整体主权债务对经济增长呈现倒 U 型非线性影响。将中亚五国样本数据分别进行回归，结果如表 5-8 第（2）、（4）、（5）、（6）列所示，主权债务对经济增长的倒 U 型关系在上述四国中均显著成立。在这四国当中，主权债务率对经济增长的系数估计值分别为 0.392、1.078、0.373、0.774，均在统计上通过了显著性检验。主权债务率平方对经济增长的系数估计值分别为 -0.079、-0.377、-0.105、-0.530，同样在统计上显著为负。该结果表明在哈萨克斯坦、塔吉克斯坦、吉尔吉斯斯坦、土库曼斯坦四国当中，主权债务对经济增长均存在显著的倒 U 型影响，主权债务对经济增长呈现出先正后负的影响。当主权债务率处于较低水平时，主权债务率对经济增长能够产生积极的正向作用，帮助这些国家实现经济起步与经济腾飞。但债务规模达到一定程度后，债务压力上升对经济增长产生负面作用逐渐显现。这时主权债务将不再助推经济增长，反而会拖累经济发展。中亚各国在经济发展的早期阶段都通过向外举借债务方式促进了本国经济增长，这在 20 世纪初期十分明显，而随着 2008 年全球经济危机爆发，各国普遍进入高债务阶段，债务对经济影响开始转变为负向拖累作用，因此形成了较为明显的倒 U 型作用现象，在中亚国家中哈萨克斯坦、塔吉克斯坦、吉尔吉斯斯坦、土库曼斯坦均是如此。

---

[1] Woodford, Michael, "Public Debt as Private Liquidity", The *American Economic Review 80*, 2 (1990), pp. 382-388. 苏民：《公共债务对经济增长的非线性影响研究——基于 135 个国家面板数据的实证分析》，载《南方金融》2021 年第 4 期。

表5-8 中亚国家主权债务对经济增长的非线性影响回归结果

变量	中亚国家	哈萨克斯坦	乌兹别克斯坦	塔吉克斯坦	吉尔吉斯斯坦	土库曼斯坦
	(1)	(2)	(3)	(4)	(5)	(6)
主权债务率	0.158**	0.392***	−1.254	1.078***	0.373**	0.774**
	(2.42)	(2.72)	(−0.74)	(2.91)	(2.04)	(2.30)
主权债务率平方	−0.046*	−0.079**	0.398	−0.377***	−0.105*	−0.530*
	(−1.75)	(−1.99)	(0.75)	(−2.92)	(−1.72)	(−1.88)
人口规模	−1.008	−3.155	−3.506	−9.766**	−7.615**	2.913
	(−0.85)	(−1.32)	(−0.98)	(−2.13)	(−2.56)	(0.75)
工业基础	0.374	1.394	−4.556*	−3.254**	1.550	4.107***
	(0.98)	(0.72)	(−1.89)	(−2.33)	(1.65)	(6.81)
投资水平	−0.730	0.613	−1.031	1.321**	−0.052	−0.782
	(−1.54)	(0.70)	(−0.34)	(2.25)	(−0.15)	(−1.05)
资本形成	−0.171	−1.446	3.999	1.022***	0.255	−3.064***
	(−0.55)	(−1.21)	(1.54)	(3.14)	(0.52)	(−4.30)
财政赤字	0.914	1.964**	1.973	0.406	−2.613**	1.519
	(1.35)	(2.09)	(1.20)	(0.50)	(−2.15)	(1.35)
政府购买	−1.126	5.112**	5.310	−1.527	−4.195*	0.534
	(−0.95)	(2.00)	(1.20)	(−1.07)	(−1.80)	(0.44)
通胀水平	0.523**	−0.004	−0.164	−0.201	0.412	−0.459***
	(2.45)	(−0.01)	(−0.52)	(−0.36)	(1.02)	(−2.70)
贸易水平	−0.818***	−1.937***	−1.241***	0.137	0.944**	−1.015***
	(−6.96)	(−2.92)	(−5.45)	(0.76)	(2.24)	(−4.16)
人力资本	−0.407	7.004***	72.327*	408.276***	104.334***	36.490
	(−0.35)	(3.30)	(1.89)	(3.34)	(4.59)	(1.08)
制度质量	−0.069	−0.048	−0.967**	−0.118	0.748	−0.134
	(−0.44)	(−0.17)	(−2.05)	(−0.38)	(1.45)	(−0.76)

表 5-8　中亚国家主权债务对经济增长的非线性影响回归结果　　续表

变量	中亚国家	哈萨克斯坦	乌兹别克斯坦	塔吉克斯坦	吉尔吉斯斯坦	土库曼斯坦
	（1）	（2）	（3）	（4）	（5）	（6）
大宗商品价格	0.772 ***	1.175 ***	-0.080	0.063	0.065	0.143 **
	（3.72）	（7.39）	（-0.32）	（0.80）	（0.36）	（2.27）
外部风险	1.439 ***	0.047	-0.062	0.006	0.222 **	0.011
	（5.39）	（0.32）	（-0.31）	（0.06）	（2.47）	（0.13）
常数项	2.590	23.776	27.339	21.901	30.228 **	-18.702
	（0.39）	（1.47）	（1.10）	（1.35）	（2.18）	（-0.97）
时间固定	是	否	否	否	否	否
国家固定	是	否	否	否	否	否
观测值	105	21	21	21	21	21
拟合值	0.972	0.997	0.990	0.997	0.994	0.999

注：***、**、* 分别表示在 1%、5% 以及 10% 的统计水平上显著，括号内的数值为 t 统计值。

本部分通过分析可知，中亚国家整体尤其是哈萨克斯坦、塔吉克斯坦、吉尔吉斯斯坦、土库曼斯坦四国主权债务对经济增长呈现出倒 U 型的非线性影响，作用效果先正后负。因此，需要对这个债务门槛与债务拐点进行探讨和分析，也就是中亚国家主权债务达到何种程度时，对经济的作用和效果会产生逆转，经历由正向作用向负向影响转变的过程。在公式（4-5）的基础上，对主权债务率进行求导可得

$$y_{it} = \alpha_1 + 2\alpha_2\, debt_{it} \tag{4-6}$$

令公式（4-6）等于零可得该公式的零点值，也就是主权债务对经济增长的倒 U 型曲线的债务门槛与债务拐点 $debt_{it} = -\alpha_1/2\alpha_2$，$\alpha_2 < 0$，当存在 $debt_{it} < -\alpha_1/2\alpha_2$ 时，则有 $y_{it} > 0$，中亚国家主权债务增加将促进经济增长。而当存在 $debt_{it} > -\alpha_1/2\alpha_2$ 时，则有 $y_{it} < 0$，中亚国家主权债务增加将阻碍经济增长。其中 α_1 是模型估计结果中主权债务率对经济增长的系数估计值，

α_2 是模型估计结果中主权债务率平方项对经济增长的系数估计值。通过这两个系数估计值就可以计算得到债务门槛与债务拐点[1]。哈萨克斯坦主权债务率、主权债务率平方对经济增长的系数估计值分别为 0.392、−0.079，计算得到债务门槛为 2.48，转换成百分比形式为 248%，也就是当哈萨克斯坦主权债务率在 248% 以下时，主权债务对经济增长会产生正向推动作用。而当哈萨克斯坦的主权债务率超过 248%，主权债务率会对经济增长产生显著的负面影响。塔吉克斯坦主权债务率、主权债务率平方对经济增长的系数估计值分别为 1.078、−0.377，计算得到债务门槛为 1.43，转换成百分比形式为 143%。吉尔吉斯斯坦主权债务率、主权债务率平方对经济增长的系数估计值分别为 0.373、−0.105，计算得到债务门槛为 1.78，转换成百分比形式为 178%。土库曼斯坦主权债务率、主权债务率平方对经济增长的系数估计值分别为 0.774、−0.530，计算得到债务门槛为 0.73，转换成百分比形式为 73%。也就是说当塔吉克斯坦、吉尔吉斯斯坦、土库曼斯坦三国主权债务率不超过 143%、178%、73% 时，主权债务对经济增长具有显著的正向影响。如果超过这一限度，主权债务对经济增长的影响将会由正转负，拖累经济增长。从中亚国家的整体情况来看，主权债务率、主权债务率平方对经济增长的系数估计值分别为 0.158、−0.046，计算得到债务门槛为 1.72，转换成百分比形式为 172%。由于中亚国家主权债务规模中，哈萨克斯坦占比较大，因此中亚国家整体的债务门槛以及债务拐点受哈萨克斯坦影响也比较大，债务门槛与债务拐点较高，达到了 172%。

表 5-9 反映了哈萨克斯坦、塔吉克斯坦、吉尔吉斯斯坦、土库曼斯坦四国的主权债务拐点及到达债务拐点的年份。从表中可以看出，在这四个国家中，哈萨克斯坦的债务拐点最高，达到了 248%，这与哈萨克斯坦巨大的主权债务规模和较大的经济总量相关，其使哈萨克斯坦能够承担更大的主权债务压力。从年份来看，2015 年哈萨克斯坦主权债务率达到了 287.60%，首次超过了债务拐点，此后主权债务对经济增长的负面影响越来越严重。总体而言，中亚各国在近年来都达到了债务拐点，例如塔吉克斯坦 2009 年主权债务率为 160.38%，超过了债务拐点 143%。吉尔吉斯斯坦

---

〔1〕 苏民：《公共债务对经济增长的非线性影响研究——基于 135 个国家面板数据的实证分析》，载《南方金融》2021 年第 4 期。

2010 年主权债务率为 181.22%，超过了债务拐点 178%。土库曼斯坦 2016 年主权债务率为 102.55%，超过了债务拐点 73%。一般而言，经济规模越大，对债务的承受能力越高，哈萨克斯坦经济规模远超其他中亚国家，对主权债务的承受能力和债务拐点也更高。经济规模较小的国家，如塔吉克斯坦与吉尔吉斯斯坦，到达债务拐点的时间更早，主权债务对经济增长的负面作用大幅度提前。中亚国家近年来纷纷达到债务拐点，致使中亚国家主权债务形势逐渐恶化，对中亚国家经济增长的负面影响越来越突出，是近年来中亚国家经济陷入萎靡甚至衰退的重要因素。

表 5-9　中亚国家主权债务拐点以及到达债务拐点的年份

国家	债务拐点	达到年份
哈萨克斯坦	248%	2015 年
塔吉克斯坦	143%	2009 年
吉尔吉斯斯坦	178%	2010 年
土库曼斯坦	73%	2016 年

（四）稳健性检验

1. 替换被解释变量

稳健性检验首先对被解释变量进行替换，衡量中亚国家经济增长的变量除了经济总量以外，是否还有人均 GDP、经济增速等。结果如表 5-10 所示，第（1）、（2）列中的线性估计结果中，主权债务率对人均 GDP 以及经济增速的系数估计值分别为 -0.163、-1.164。二者均在 1% 的水平上显著为负，表明主权债务率上升对人均 GDP 的增长具有显著的负面作用。而在第（3）、（4）列当中，当加入主权债务率的平方项以后，主权债务率对人均 GDP 以及经济增速的系数估计值变成 0.057、4.850，均通过了显著性检验。在二次项系数中，主权债务率平方对人均 GDP 以及经济增速的系数估计值分别为 -0.046 以及 -0.767，同样均通过了 10% 水平上的显著性检验，主权债务率一次项与平方项的系数符号均与基准回归中的结果十分一致。在中亚国家主权债务率处于较低水平时，主权债务能够对中亚国家经济增长发挥明显的正向作用。当中亚国家主权债务率超过债务拐点时，其对经济增长的负面影响就会逐渐显现出来，从而成为中亚国家经济低迷的重要因素。在替换被解释变量后，主权债务对中亚国家经济增长的倒 U 型影响依然成立，本部分的模式设定与估计结果十分稳健。

表 5-10　中亚国家主权债务对经济增长的稳健性检验结果—替换被解释变量

变量	人均 GDP	经济增速	人均 GDP	经济增速
	(1)	(2)	(3)	(4)
主权债务率	−0.163 ***	−1.164 **	0.057 **	4.850 *
	(−2.86)	(−2.08)	(2.41)	(1.85)
主权债务率平方			−0.046 *	−0.767 *
			(−1.75)	(−1.94)
人口规模	−1.716	16.469	−2.023 *	21.610
	(−1.45)	(0.74)	(−1.71)	(0.96)
工业基础	0.388	12.399 *	0.367	12.748 *
	(1.00)	(1.69)	(0.96)	(1.75)
投资水平	−0.833 *	4.081	−0.732	2.389
	(−1.75)	(0.45)	(−1.55)	(0.27)
资本形成	−0.024	−2.933	−0.167	−0.544
	(−0.08)	(−0.51)	(−0.54)	(−0.09)
财政赤字	0.806	−17.457	0.918	−19.327
	(1.18)	(−1.35)	(1.35)	(−1.50)
政府购买	−0.896	−21.248	−1.130	−17.329
	(−0.75)	(−0.94)	(−0.96)	(−0.77)
通胀水平	0.433 **	−2.283	0.525 **	−3.828
	(2.06)	(−0.57)	(2.46)	(−0.94)
贸易水平	−0.794 ***	2.208	−0.820 ***	2.639
	(−6.70)	(0.99)	(−6.97)	(1.18)

表 5-10 中亚国家主权债务对经济增长的稳健性检验结果—替换被解释变量 续表

变量	人均 GDP	经济增速	人均 GDP	经济增速
	（1）	（2）	（3）	（4）
人力资本	−0.041	−14.922	−0.419	−8.586
	（−0.03）	（−0.68）	（−0.36）	（−0.39）
制度质量	−0.153	−4.537	−0.071	−5.900*
	（−1.00）	（−1.57）	（−0.45）	（−1.97）
大宗商品价格	0.733***	5.788	0.768***	5.190
	（3.50）	（1.46）	（3.70）	（1.32）
外部风险	1.394***	−7.254	1.446***	−8.122
	（5.17）	（−1.42）	（5.41）	（−1.60）
常数项	10.482	−76.264	11.897*	−99.952
	（1.57）	（−0.60）	（1.79）	（−0.79）
时间固定	是	是	是	是
国家固定	是	是	是	是
拟合值	105	105	105	105
观测值	0.964	0.405	0.965	0.417

注：***、**、*分别表示在1%、5%以及10%的统计水平上显著，括号内的数值为 t 统计值。

2. 替换解释变量

在回归模型中，本部分将衡量中亚国家主权债务的核心解释变量主权债务率替换为主权债务负债率及主权债务偿债率。结果如表 5-11 所示，第（1）列中主权债务负债率对经济增长的系数估计值为−0.184，在5%的水平上显著为负，表明主权债务负债率增长会对经济总量产生十分严重的负面影响。而在第（2）列中，在加入了主权债务负债率的平方项以后，主权债务负债率对经济增长的系数估计值转变为0.804，在5%的水平上显著为正。而主权债务负债率的平方项对经济增长的系数估计值为−0.617，在1%的水平上显著为负，这表明主权债务负债率对经济增长的倒 U 型关系同样成立。

在第（3）列当中，采用主权债务偿债率作为解释变量，其对经济增长的系数估计值为-0.186，在1%的水平上显著为负。而当加入其平方项以后，系数估计值转变为0.954，在5%的水平上显著为正。而主权债务偿债率的平方项对经济增长的系数估计值为-1.254，通过了5%水平下的显著性检验。在中亚国家主权债务处于较低水平时，主权债务对经济增长主要以促进作用为主，当主权债务超过一定门槛后，对经济增长的影响就转变成显著的负面作用。在以主权债务偿债率为解释变量的条件下，主权债务对经济增长的倒U型关系依然成立，替换解释变量进行的稳健性检验结果与基准回归结果一致。

表5-11　中亚国家主权债务对经济增长的稳健性检验结果—替换解释变量

变量	经济总量			
	（1）	（2）	（3）	（4）
主权债务负债率	-0.184**	0.804**		
	（-2.24）	（2.16）		
主权债务负债率平方		-0.617***		
		（-2.87）		
主权债务偿债率			-0.186**	0.954**
			（-2.52）	（2.42）
主权债务偿债率平方				-1.254**
				（-2.35）
人口规模	-1.246	-1.700	-2.058*	-1.936
	（-1.02）	（-1.38）	（-1.72）	（-1.57）
工业基础	0.045	-0.098	0.200	-0.123
	（0.12）	（-0.26）	（0.55）	（-0.33）
投资水平	-0.749	-0.581	-0.557	-0.541
	（-1.50）	（-1.09）	（-1.17）	（-1.02）
资本形成	0.055	-0.010	-0.321	-0.037
	（0.17）	（-0.03）	（-0.97）	（-0.12）

表 5-11　中亚国家主权债务对经济增长的稳健性检验结果—替换解释变量　　续表

变量	经济总量			
	（1）	（2）	（3）	（4）
财政赤字	0.870	0.577	0.917	0.914
	（1.19）	（0.76）	（1.32）	（1.15）
政府购买	−1.455	−1.797	−2.275*	−2.043
	（−1.19）	（−1.43）	（−1.90）	（−1.62）
通胀水平	0.474**	0.477**	0.500**	0.516**
	（2.16）	（2.15）	（2.40）	（2.32）
贸易水平	−0.637***	−0.684***	−0.854***	−0.678***
	（−5.06）	（−5.69）	（−6.03）	（−5.68）
人力资本	−0.881	−1.611	−1.427	−1.451
	（−0.74）	（−1.45）	（−1.24）	（−1.31）
制度质量	−0.168	−0.118	−0.242	−0.088
	（−1.04）	（−0.71）	（−1.55）	（−0.53）
大宗商品价格	0.841***	0.918***	0.904***	0.947***
	（3.89）	（4.30）	（4.37）	（4.43）
外部风险	1.418***	1.530***	1.579***	1.556***
	（4.90）	（5.45）	（5.63）	（5.56）
常数项	4.530	6.744	9.439	7.967
	（0.66）	（0.97）	（1.40）	（1.14）
时间固定	是	是	是	是
国家固定	是	是	是	是
观测值	105	105	105	105
拟合值	0.969	0.968	0.972	0.969

注：***、**、*分别表示在1%、5%以及10%的统计水平上显著，括号内的数值为 t 统计值。

3. 替换估计方法

除了替换被解释变量以及解释变量以外，本部分还将通过改变估计方法来进一步验证实证结果的稳健性。本部分采用 MLE 估计，同时考虑异方差、自相关与截面相关的 XTSCC 命令来代替基准回归结果中的 OLS 估计，结果如表 5-12 所示：在第（1）、（3）列可以看出，主权债务率对经济增长的系数估计值分别为-0.379、-0.163，均在 1% 的水平上显著为负，表明在线性模型下，主权债务对经济增长均有显著的负向影响，与基准回归结果一致。而在第（2）、（4）列当中，主权债务率对经济增长的系数估计值显著为正，而主权债务率平方的系数估计值分别为-0.015、-0.046，均在统计上显著为负，表明在非线性模型下，无论是 MLE 估计，还是 XTSCC 估计方法，主权债务率对经济增长的倒 U 型影响均显著成立。主权债务率对中亚国家经济增长的影响呈现出先正后负的趋势。在主权债务率处于较低水平时，主权债务对中亚国家具有十分显著的正向促进作用，推动中亚国家的社会转型与经济起飞。而当中亚国家主权债务不断上升时，就会陷入到债务陷阱当中，对中亚国家经济增长产生明显的负面作用。更换估计方法后得到的结果与基准回归结果十分一致，充分表明了模型估计的稳健性与可靠性。

表 5-12　中亚国家主权债务对经济增长的稳健性检验结果—替换估计方法

变量	MLE 估计		XTSCC 估计	
	（1）	（2）	（3）	（4）
主权债务率	-0.379***	0.433***	-0.163**	0.158**
	（-6.76）	（3.04）	（-2.39）	（2.29）
主权债务率平方		-0.015**		-0.046*
		（-2.41）		（-1.86）
人口规模	0.885***	0.888***	-0.701	-1.008
	（13.64）	（13.60）	（-0.55）	（-0.73）
工业基础	2.226***	2.166***	0.395	0.374
	（4.03）	（3.79）	（0.61）	（0.61）

表5-12　中亚国家主权债务对经济增长的稳健性检验结果—替换估计方法 续表

变量	MLE 估计		XTSCC 估计	
	（1）	（2）	（3）	（4）
投资水平	1.114	1.12	−0.832	−0.730
	（1.43）	（1.44）	（−1.65）	（−1.47）
资本形成	1.117 **	1.132 **	−0.028	−0.171
	（2.15）	（2.17）	（−0.06）	（−0.39）
财政赤字	−3.299 ***	−3.348 ***	0.802	0.914
	（−3.18）	（−3.20）	（0.83）	（0.99）
政府购买	1.466	1.27	−0.892	−1.126
	（1.12）	（0.91）	（−0.57）	（−0.68）
通胀水平	−0.995 ***	−1.031 ***	0.431	0.523 **
	（−3.26）	（−3.26）	（1.53）	（2.26）
贸易水平	−1.155 ***	−1.129 ***	−0.793 ***	−0.818 ***
	（−7.00）	（−6.40）	（−3.72）	（−3.57）
人力资本	13.616 ***	13.582 ***	−0.028	−0.407
	（17.43）	（17.31）	（−0.01）	（−0.21）
制度质量	0.380 *	0.384 *	−0.151	−0.069
	（1.72）	（1.74）	（−0.97）	（−0.44）
大宗商品价格	0.335 ***	0.337 ***	0.653	0.392
	（4.46）	（4.48）	（0.43）	（0.24）
外部风险	0.199 **	0.200 **	1.724	2.338
	（2.14）	（2.15）	（0.54）	（0.67）
常数项	−6.589 ***	−6.569 ***	0.271 ***	0.271 ***
	（−6.92）	（−6.90）	（14.49）	（14.49）
时间固定	是	是	是	是
国家固定	是	是	是	是
观测值	105	105	105	105

注：***、**、*分别表示在1%、5%以及10%的统计水平上显著，括号内的数值为 t 统计值。

（五）异质性分析

1. 2000—2008 年中亚国家主权债务对经济增长的影响

从上述分析中可知，中亚国家主权债务对经济增长呈现倒 U 型非线性影响，主权债务对经济增长存在先正后负的影响。当中亚国家主权债务率不超过债务拐点时，对经济增长具有正向促进作用，而当主权债务率超过债务拐点时，对经济增长具有负向拖累作用。结合中亚国家主权债务的变化趋势可以看出，2008 年以前，中亚国家处于低债务周期，主权债务对经济增长能够起到正向促进作用。在 2008 年以后，中亚国家处于高债务周期，主权债务对经济增长只能起到负向拖累作用。因此，中亚国家主权债务对经济增长的影响也可能存在周期性特点，符合外债周期理论[1]。为验证不同时段中亚国家主权债务对经济增长的异质性作用，本章将样本数据划分为 2000—2008 年、2009—2020 年两个部分分别进行回归。

表 5-13 反映的是 2000—2008 年中亚国家主权债务对经济增长的影响结果。中亚国家主权债务率对经济总量、人均 GDP、经济增速的系数估计值分别为 0.271、0.271、3.645，均在 10%的水平上显著为正，这表明在这一阶段当中，中亚国家主权债务对经济增长具有较为明显的正向促进作用。在这一时期，全球经济处于上行周期，中亚各国面临着十分有利的外部环境，同时在经历 20 世纪 90 年代转型初期阶段以后，中亚国家经济发展逐渐走上正轨。根据有效需求理论、经济"起飞"理论和"两缺口"理论，中亚国家为了应对国内日益高涨的经济建设需求，采用扩张性财政政策来加大国内经济建设方面的支出。但由于国内资金缺乏，只能通过向外举借债务方式来弥补国内资金不足的缺口，通过外债筹集资金来助力于国内经济建设的开展。在这一阶段，中亚各国经济增长取得了十分显著的成果，经济保持快速发展趋势，经济增速稳步上升。由此可以看出，在这一阶段周

---

[1] 巴曙松、孙兴亮、顾磊：《主权 CDS 对欧元区主权债务危机的影响》，载《国际金融研究》2012 年第 7 期。齐稚平：《构建逆周期外债宏观审慎管理体系的必要性——基于协整分析的实证研究》，载《金融发展研究》2015 年第 11 期。

期内，中亚国家充分吸收了全球经济高速发展的外部红利，积极利用有利的外部条件吸收国际流动资本，为本国经济增长服务。从而很好地实现了资源要素的合理分配与组合，提高了国际资本的利用效率，主权债务对经济增长的影响主要以正向作用为主。

表 5-13　2000-2008 年中亚国家主权债务对经济增长的影响结果

变量	经济总量	人均 GDP	经济增速
	（1）	（2）	（3）
主权债务率	0.271*	0.271*	3.645*
	（1.75）	（1.75）	（1.95）
人口规模	12.475**	11.490**	-183.944
	（2.39）	（2.20）	（-1.24）
工业基础	-0.401	-0.401	15.965
	（-0.49）	（-0.49）	（0.68）
投资水平	-0.378	-0.379	20.250
	（-0.33）	（-0.33）	（0.62）
资本形成	-1.821***	-1.823***	-10.081
	（-3.04）	（-3.04）	（-0.59）
财政赤字	-0.609	-0.611	-28.598
	（-0.49）	（-0.49）	（-0.81）
政府购买	-0.887	-0.885	8.396
	（-0.54）	（-0.54）	（0.18）
通胀水平	0.827**	0.827**	1.781
	（2.23）	（2.23）	（0.17）
贸易水平	-0.429***	-0.428***	4.267
	（-2.77）	（-2.77）	（0.97）
人力资本	15.378***	15.387***	-185.926
	（3.64）	（3.64）	（-1.55）

表 5-13　2000-2008 年中亚国家主权债务对经济增长的影响结果　　续表

变量	经济总量	人均 GDP	经济增速
	（1）	（2）	（3）
制度质量	−0.501	−0.501	2.307
	（−1.39）	（−1.40）	（0.23）
大宗商品价格	−0.308	−0.310	25.562
	（−0.45）	（−0.46）	（1.32）
外部风险	0.257	0.258	−11.015
	（0.97）	（0.97）	（−1.46）
常数项	−80.145 **	−71.036 **	1217.199
	（−2.39）	（−2.12）	（1.28）
时间固定	是	是	是
国家固定	是	是	是
观测值	45	45	45
拟合值	0.963	0.958	0.062

注：***、**、* 分别表示在 1%、5% 以及 10% 的统计水平上显著，括号内的数值为 t 统计值。

2. 2009-2020 年中亚国家主权债务对经济增长的影响

在 2008 年全球经济危机爆发以后，世界大部分国家普遍进入经济低增长、债务高增速周期当中。在这种高债务周期下，主权债务对经济增长逐渐显现出负面作用。为验证这一结果，将 2009-2020 年的样本进行模型回归，结果如表 5-14 所示，主权债务率对经济总量、人均 GDP、经济增速的系数估计值分别为 −0.140、−0.142、−1.684，均通过了显著性检验。在该阶段，国际经济处于中低速增长时期，全球化带来的发展红利逐渐减弱，不确定性因素和各类风险事件频发，使中亚国家面临的外部环境不断恶化。根据外债束缚理论、外债依附理论和债务倒挂理论，这一时期中亚国家举借外债的过程中过多依赖西方欧美国家，通过债务筹集的资金大多被用于偿还旧债，难以进一步投入到经济建设当中，进而产生债务倒挂，主权债务对经济增长的影响逐渐向负面转变。主权债务对经济增长的负面影响逐渐开始显现，例如主权债务削弱中亚国内的资本积累，加大了对外国资本的依赖；对国内私人投资造成挤压，造成国内投资的缩小；债务偿本付息困难使中亚国家与欧美债权国关系恶化，最终中亚国家得到国际金融支持的可能性减小，引发国内危机，从而对经济增长造成负面冲击。

表 5-14 2009—2020 年中亚国家主权债务对经济增长的影响结果

变量	经济总量	人均 GDP	经济增速
	（1）	（2）	（3）
主权债务率	-0.140***	-0.142***	-1.684**
	（-3.38）	（-3.42）	（-2.25）
人口规模	-1.863	-2.953	-76.243
	（-0.92）	（-1.45）	（-1.16）
工业基础	0.393	0.387	12.740
	（1.25）	（1.24）	（1.26）
投资水平	-0.857**	-0.850**	12.852
	（-2.55）	（-2.53）	（1.18）
资本形成	-0.700**	-0.686**	12.290
	（-2.25）	（-2.21）	（1.22）
财政赤字	-0.243	-0.253	-25.288
	（-0.39）	（-0.41）	（-1.27）
政府购买	-0.157	-0.177	-37.915
	（-0.12）	（-0.13）	（-0.88）
通胀水平	-0.065	-0.063	-2.330
	（-0.30）	（-0.29）	（-0.33）
贸易水平	-0.685***	-0.687***	3.002
	（-4.11）	（-4.12）	（0.56）
人力资本	-3.392***	-3.444***	-33.621
	（-2.81）	（-2.86）	（-0.86）

表 5-14   2009-2020 年中亚国家主权债务对经济增长的影响结果   续表

变量	经济总量	人均 GDP	经济增速
	（1）	（2）	（3）
制度质量	0.083	0.073	−11.985 *
	（0.41）	（0.36）	（−1.84）
大宗商品价格	0.640 ***	0.639 ***	14.046 **
	（3.26）	（3.26）	（2.21）
外部风险	1.224 **	1.249 **	24.661
	（2.32）	（2.37）	（1.45）
常数项	10.697	20.449 *	392.058
	（0.93）	（1.78）	（1.05）
时间固定	是	是	是
国家固定	是	是	是
观测值	60	60	60
拟合值	0.898	0.864	0.379

注：***、**、*分别表示在 1%、5% 以及 10% 的统计水平上显著，括号内的数值为 t 统计值。

四、本章小结

本章主要探讨了中亚国家主权债务对经济增长的影响。在分析负向影响的事实基础上，本书构建线性模型与非线性模型，通过实证检验方式，分析中亚主权债务对经济增长的定量影响，并着重探讨中亚国家主权债务对经济增长的影响路径。研究结果发现，中亚国家主权债务是通过投资路径、贸易路径、金融路径与全要素生产率路径作用于经济增长的，中亚国家主权债务对经济增长在线性模型中具有显著的负面影响，但在非线性模型下具有显著的倒 U 型影响，主权债务对经济增长存在先正后负的影响。哈萨克斯坦、塔吉克斯坦、吉尔吉斯斯坦、土库曼斯坦的主权债务率拐点分别为 248%、143%、178%、73%，并分别在 2015 年、2009 年、2010 年、

2016年达到主权债务拐点。本书在更换被解释变量、更换解释变量及替换估计方法等多种稳健性检验方式以后，研究结果依然稳健可靠。同时，异质性分析表明，在2008年全球经济危机以前，中亚国家主权债务对经济增长主要以正向作用为主，而之后则以负向影响为主。

第六章

中亚国家主权债务对中国经济的影响和应对措施

中亚国家位于亚洲中心地带，是中国的近邻地区，也是"一带一路"沿线的重要节点，中亚国家的主权债务问题会对中国产生关联影响，这对于中国具有十分重要的政治、经济、安全意义。对此，本书在总结中国应对主权债务经验基础上，提出中亚国家应对主权债务问题的对策建议。

一、中亚国家主权债务对中国的影响途径及效果

中亚国家主权债务主要从贸易、投资和金融三个方面影响中国的宏观经济。

（一）中亚国家主权债务通过贸易渠道影响中国经济

本节重点探讨中亚国家主权债务对两国贸易往来的影响与作用。中亚国家地处亚洲内陆，缺乏海洋运输条件，其主要出口产品为能源、矿产和农产品等大宗商品，出口贸易极为不便。中亚国家进口产品主要为机械、电子等工业制造品，与中国的主要出口产品十分契合[1]。因此，中国与中亚五国在贸易结构上具有高度的互补性[2]。中国对中亚国家的能源、矿产、农产品等大宗商品需求很大，而中亚国家对中国的工业制造品具有较高的需

---

〔1〕 赵亚博、刘晓凤、葛岳静，《中国与中亚地区贸易与商品格局分析》，载《经济地理》2020 年第 7 期。李思奇：《"一带一路"背景下中国与中亚五国贸易便利化的经贸效应研究》，载《东北亚论坛》2018 年第 4 期。

〔2〕 田玉丽：《中国与中亚五国贸易竞争性与互补性研究》，载《山东社会科学》2020 年第 10 期。曹冲、陈俭、夏咏：《一带一路背景下中国对中亚五国出口商品结构升级研究——基于显性比较优势、技术附加值和质量水平的分析》，载《新疆大学学报（哲学·人文社会科学版）》2020 年第 1 期。

求度，双方的经贸往来具有较强的发展潜力[1]。

　　图 6-1 反映的是 2002-2021 年中亚国家对中国进出口占比，以及哈萨克斯坦主权债务率的变化趋势。中国在中亚国家进出口结构中所占比重呈现出先上升、再下降，2020 年之后再上升的趋势。在 2009 年以前，中亚国家主权债务率与中国在中亚国家中的贸易比例，尤其是出口占比走势十分一致。这表明中亚国家在这一时期的主权债务变动有利于带动中国与中亚国家的贸易往来。而在 2009-2015 年，中亚国家对中国贸易往来十分频繁，中国在中亚国家贸易结构中所占比重超过 20%，双边贸易往来给中亚国家带去了巨大红利，使中亚国家主权债务率总体保持在较低水平，二者总体呈现反向变动趋势。

　　自 2016 年以来，中亚国家主权债务率与对中国贸易往来又开始逐渐呈现出正向关系。当中亚国家主权债务率下降时，中亚国家对中国进出口贸易占比也呈下降趋势。在中亚国家主权债务率触底反弹时，对中国进出口贸易占比也开始出现反弹趋势。这表明近年来中亚国家主权债务率会对中国与中亚国家的贸易往来产生正向影响。当中亚国家主权债务率上升、偿债压力加大时，中亚国家会加大与中国的贸易往来力度以获得更多的贸易外汇收入。而当中亚国家主权债务率下降，债务压力减弱时，中亚国家的偿债压力减小，有足够的贸易多元化空间，与中国的贸易占比就会逐渐下降。由此可见，未来随着中亚国家主权债务率不断上升，对中国与中亚国家贸易往来的影响也会越来越大，这能够带动中国与中亚国家双边贸易往来不断升温。这种贸易往来对双方都具有十分积极的作用，中国通过贸易活动进口中亚国家的能源矿产以及农产品，满足国内对资源型产品需求。中亚国家通过进口中国的廉价工业制成品发展本国工业以及制造业，在积累贸易顺差、平衡国际收支的同时加强本国经济基础建设，达到互利共赢目的。

---

　　[1]　徐婧：《"一带一路"多边合作贸易互补性测度与贸易拓展研究——以中亚主要贸易伙伴国为例》，载《上海经济研究》2019 年第 3 期。

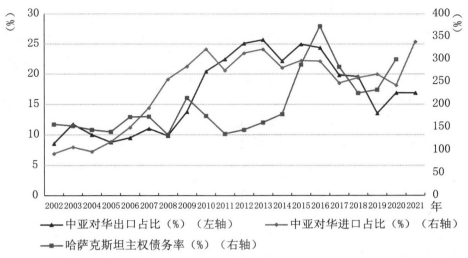

图6-1 2002-2021年中亚国家对中国进出口占比与哈萨克斯坦主权债务率

数据来源：作者根据 WDI 数据库整理制作。

（二）中亚国家主权债务通过投资渠道影响中国经济

中亚国家是中国"一带一路"沿线上的重要国家，也是中国对外投资活动中比较重要的投资地[1]。中国为了加强"一带一路"建设，在共建国家投入了大量资金，中亚国家则是中国开展海外投资活动的重中之重[2]。

表6-1反映的是2003-2020年中国对中亚国家的投资总额情况。从表中可以看出，中国对中亚国家直接投资增长较快，从2003年的0.44亿美元，增长到2020年的128.06亿美元。但与中国对亚洲乃至全球的对外直接投资总额相比，仍然明显不足。2020年，中国在亚洲国家的对外直接投资总额为16448.94亿美元，在全球范围内的对外直接投资总额为25806.58亿美元。可以说，中亚国家在中国对外直接投资格局中所占比例微乎其微。因此，中亚国家主权债务问题并不会直接影响到中国对外投资活动。尽管

---

[1] 李思奇：《"一带一路"背景下中国与中亚五国贸易便利化的经贸效应研究》，载《东北亚论坛》2018年第4期。

[2] 黄太宏、周海赟：《丝绸之路经济带视野下中国对中亚五国直接投资的动因研究》，载《经济问题探索》2018年第3期。何文彬：《我国对"中国-中亚-西亚经济走廊"直接投资效率及其影响因素分析——基于随机前沿引力模型》，载《投资研究》2019年第12期。

中亚国家主权债务问题并不会实质性影响中国对外投资格局，但对中国在中亚国家的投资活动会造成较大的负面影响。一方面，中亚国家主权债务风险上升，将导致中亚国家投资环境和营商环境恶化，例如供应链断裂、基础设施建设项目烂尾、产权纠纷等等。政府信用降低，会加大中国在中亚国家中的投资风险。另一方面，中亚国家主权债务问题恶化将加剧中亚国家的经济衰退、政局动荡，使中国在中亚国家中的投资活动面临更大的不确定性，投资回报率下降。这将会对中国在中亚国家的投资造成极为不利的负面冲击，针对中亚国家的投资活动可能转移到其他国家，以规避投资风险，使中亚国家在中国对外投资格局中的比重下降。

图 6-2 反映了中国对中亚国家直接投资的比重与中亚国家主权债务率的变化趋势。在 2012 年以前，无论是在全球还是亚洲范围内，中国对中亚国家投资所占比重都在不断上升。2012 年，中国对中亚国家的直接投资占中国对外投资总额的 1.47%，占中国对亚洲国家投资总额的 2.15%。在 2012 年以后，随着中亚各国主权债务率普遍上升，中亚国家对中国投资吸引力逐渐下降，投资风险逐渐上升。所占比重逐年下降。2020 年，中国对中亚国家直接投资仅占中国对外投资总额的 0.5%，占中国对亚洲国家投资总额的 0.78%。这表明中亚国家主权债务率的上升严重影响了中国在中亚国家的投资活动，产生了较为严重的负面冲击。同时由于中亚国家在中国对外投资格局中占比非常小，并不会影响中国对外投资的整体局面。

表 6-1 2003-2020 年中国对中亚国家直接投资存量（单位：亿美元）

国家	哈萨克斯坦	吉尔吉斯斯坦	塔吉克斯坦	土库曼斯坦	乌兹别克斯坦	中亚国家合计	亚洲合计	全球合计
2003 年	0.20	0.16	0.05	0.00	0.03	0.44	266.03	332.22
2004 年	0.25	0.19	0.22	0.00	0.04	0.70	334.80	447.77
2005 年	2.45	0.45	0.23	0.00	0.12	3.25	409.54	572.06
2006 年	2.76	1.25	0.30	0.00	0.15	4.46	479.78	750.26
2007 年	6.10	1.40	0.99	0.01	0.31	8.81	792.18	1179.11
2008 年	14.02	1.47	2.27	0.88	0.78	19.42	1313.17	1839.71

表 6-1 2003-2020 年中国对中亚国家直接投资存量（单位：亿美元）　　续表

国家	哈萨克斯坦	吉尔吉斯斯斯坦	塔吉克斯坦	土库曼斯坦	乌兹别克斯坦	中亚国家合计	亚洲合计	全球合计
2009 年	15.16	2.84	1.63	2.08	0.85	22.56	1855.47	2457.55
2010 年	15.91	3.94	1.92	6.58	0.83	29.18	2281.46	3172.11
2011 年	28.58	5.25	2.17	2.76	1.56	40.33	3034.35	4247.81
2012 年	62.51	6.62	4.76	2.88	1.46	78.24	3644.07	5319.41
2013 年	69.57	8.86	5.99	2.53	1.98	88.93	4474.08	6604.78
2014 年	75.41	9.84	7.29	4.48	3.92	100.94	6009.66	8826.42
2015 年	50.95	10.71	9.09	1.33	8.82	80.90	7689.01	10978.65
2016 年	54.32	12.38	11.67	2.49	10.58	91.44	9094.45	13573.90
2017 年	75.61	12.99	16.16	3.43	9.46	117.66	11393.24	18090.37
2018 年	73.41	13.93	19.45	3.12	36.90	146.81	12761.34	19822.66
2019 年	72.54	15.50	19.46	2.27	32.46	142.23	14602.22	21988.81
2020 年	58.69	17.67	15.68	3.36	32.65	128.06	16448.94	25806.58

数据来源：商务部 2003-2020 年中国对外投资公报。

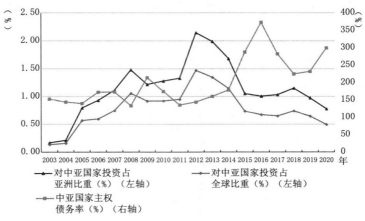

图 6-2 2003-2020 年中国对中亚国家投资比重与中亚国家主权债务率的变化趋势

数据来源：作者根据 WDI 数据库整理制作。

（三）中亚国家主权债务通过金融渠道影响中国经济

金融渠道的传导性是主权债务的重要特征之一。主权债务问题不仅会影响本国的债务形势与经济发展，还会扩散到其他国家，对其他国家的经济发展造成负面影响[1]。20 世纪 80 年代的拉美债务危机，2010 年开始的欧债危机，不仅对事发国造成了重大破坏，而且还产生了深远的外溢影响，引发了一系列连锁反应，对其他国家主权债务形势与经济发展同样造成了严重的负面影响[2]。2008 年全球经济危机以来，中亚国家普遍进入高债务周期，主权债务率高位运行，较高的主权债务率使中亚国家普遍陷入了借新还旧的债务运转模式当中，偿债压力较大。中亚国家为了偿还旧债不断高债务利率举借新债，进而推高中亚国家国内利率水平，高利率水平制约了本国经济发展，对经济增长具有较为明显的负面影响。

哈萨克斯坦主权债务在中亚五国中占据绝大部分比重，为简便起见，本章选用哈萨克斯坦来与中国作比较。结果如图 6-3 所示：中国的主权债务率常年保持在较低水平，低于国际公认的 100% 的警戒线水平。而哈萨克斯坦自 2000 年以来，其主权债务率均处于 100% 的警戒线水平之上，并且从不同阶段中还可以看出，在 1995-2013 年间，哈萨克斯坦主权债务率始终保持稳中有升的变化趋势，而中国的主权债务率则总体保持稳步下降趋势，二者走势并不一致。而自 2013 年以来，虽然中国与哈萨克斯坦的主权债务率均处于上升通道，但哈萨克斯坦主权债务率上升较快，2013 年主权债务率为 160.26%，2016 年达到了 373.03%，增长十分迅猛，主要是由主权债务总额上升以及经济过快衰退造成的。而同期中国的主权债务率在债务总额增加的情况下缓慢上升，但增长较为平缓，仍然处于警戒线以下，债务风险安全可控。

---

〔1〕　王学凯：《全球主权债务风险：表现形式、风险度量与传导机制》，载《经济学家》2022 年第 1 期。

〔2〕　周琼、周华：《历次金融危机比较研究及其启示》，载《山东社会科学》2012 年第 12 期。

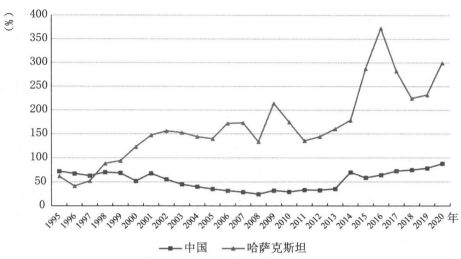

图 6-3　1995-2021 年中国与哈萨克斯坦主权债务率变化趋势图

数据来源：作者根据 WDI 数据库整理制作。

　　通过文献资料分析发现，中亚国家主权债务主要来自中国进出口银行、日本国际协力银行、亚洲开发银行、世界银行等双边和多边金融机构。从短期来看，如果中亚国家主权债务持续恶化，最先受到影响的是为中亚五国提供资金支持的双边和多边金融机构。例如吉尔吉斯斯坦的主权债务中，中国金融机构占双边贷款的 43.04%，总量为 17.66 亿美元；中国进出口银行在 2020 年为塔吉克斯坦提供 11.55 亿美元贷款，占该国主权债务总额的六分之一，但提供的资金总量占我国金融机构对外贷款总量的比重不大，因此对我国金融机构的影响较小。从长期来看，主权债务具有传导影响，单一国别的主权债务可能会导致周边多国的主权债务相继出现违约的风险。双边和多边金融机构为中亚国家的持续融资可能导致主权债务风险的溢出，因此我们需要帮助中亚国家加强经贸合作、通过投资与消费逐步减弱其受外部因素的影响[1]。

　　〔1〕　毛日昇：《中国经济为什么行》，载《人民论坛》2020 年第 2 期。李民圣：《如何看待中国经济的韧性?》，载《红旗文稿》2020 年第 7 期。

二、中国应对中亚国家主权债务风险的措施

众所周知，中国是一个负责任的大国，同时也是中亚国家的重要邻国。对于中亚国家的主权债务问题，中国可以采取多种措施来帮助中亚国家缓解债务问题，避免中亚国家出现更为严重的债务风险与债务危机。中国应对中亚国家主权债务风险的措施，主要体现在以下几个方面：

（一）增进经贸合作，改善中亚国家的国际收支失衡

中亚国家要发展本国经济，降低经济运行中所面临的主权债务风险，中国的经贸支持对其至关重要。中国可以通过双边贸易为中亚国家提供更多的收入来源，增强中亚国家偿债能力，进而降低中亚国家主权债务压力。对于主权债务而言，出口增加，进口减少，使得贸易顺差扩大，将有效改善中亚国家的国际收支平衡，增加中亚国家用以偿债的收入，偿债能力增强使得债务风险下降。因此，中国可以大力增加对中亚国家的进口，鉴于中亚国家出口以能源、矿产、农产品等初级产品为主，而中国对这些资源型产品的需求十分旺盛，中国可以加大对中亚国家能源、矿产、农产品等大宗商品的进口，一方面满足国内对这类产品的需求，另一方面形成对其他资源国的进口替代。通过大规模进口中亚国家的资源产品增加中亚国家外汇收入。同时，对亚洲发展中国家对于中国的进口提供优惠政策，切实降低中亚国家进口成本。综合运用进出口措施，增加中亚国家对华贸易顺差，以此来平衡中亚国家的国际收支平衡。

此外，中国还可以推动本国优质企业过剩企业走出国门，前往中亚国家与当地合作办厂，大力发展适合中亚国家的劳动密集型、资源密集型产业，将中亚国家丰富资源优势发挥出来。我国可以通过投资建厂、提供技术设备等方式对当地初级产品进行深加工，延长当地产业链和价值链，提高当地出口产品附加值。例如，中国可以将国内低端采矿业、金属加工制造业、养殖业转移到中亚国家，促使当地产业结构升级。使中亚国家由原来的出口初级产品，逐渐向出口中低端制造产品转变，通过经贸合作带动中亚国家国内产业基础与产业结构升级，提升加工制造业实力，进而提高中亚国家出口产品质量，替代进口需求，在扩大出口贸易规模同时降低进口规模以提升贸易顺差水平，从而提高中亚国家外汇收入、提高偿债能力，

降低债务风险。

（二）加强金融支持，降低中亚国家的融资成本

中亚国家经济发展落后，国内居民收入水平与储蓄率低下，缺乏完善的内债市场，对主权债务的依赖较为严重，容易在向外举借债务时面临不公正对待，遭到欧美等发达国家剥削和压榨。例如，中亚国家主权债务的借贷很大程度上依赖该国的主权信用，但国际上主权信用的评级被标普、惠誉、穆迪三家评级公司所主导。由于这三家评级公司均被西方国家所把持，长期对包括中亚国家在内的发展中国家评以较低的主权信用等级。这种不合理不公平对待使中亚国家在国际市场上难以借到足够的资金，且借贷成本远高于发达国家。债务融资链条紧张，融资成本高昂，提高了中亚国家主权债务风险爆发的可能性。对于中国而言，要想帮助中亚国家摆脱主权债务问题困扰，就必须帮助其解决债务融资难题。一方面，中国可以有针对性地加大对中亚国家的投资力度，用直接投资的方式帮助中亚国家进行部分基础设施修建，缓解其财政赤字压力。也可以采用 PPP 方式参与中亚国家水利、交通等基础设施修建，以让渡一定期限的经营权为交换，换取中国的投资。这样既可以缓解中亚国家的主权债务压力，又可以降低中国的投资风险，实现互利共赢。

此外，中国也可以建立自己的主权信用评级机构，针对中亚国家开展主权信用评级，同时开展针对其国内企业的信用评级，打破国际三大评级公司的垄断，避免不公平对待。中国可以采用公正合理方式对中亚国家政府及其企业进行信用评级，为国际商业银行提供针对中亚国家的投资报告及信用咨询，降低中亚国家主权信用及企业信用评价信息的不对称程度，从而吸引国际商业银行扩大对中亚国家的信贷支持与债务援助，降低中亚国家债务融资成本。

最后，中国还可以联合其他国家建立针对亚洲国家的金融机构，为包括中亚在内的相关国家提供直接金融支持与服务。例如在 2015 年由中国、印度、新加坡发起建立亚洲基础设施投资银行（以下简称"亚投行"），就是针对中亚等亚洲国家基础设施建设而设立的。亚投行运营后，采用一系列融资方式，为中亚等亚洲发展中国家提供包括金融贷款、股权投资、债务担保等金融服务，提高了中亚等亚洲发展中国家国内交通、电信、能源、

农业以及城市建设等方面的基础设施建设水平。亚投行成立以来，先后为中亚国家建设提供了大量融资。在 2019 年，亚投行为哈萨克斯坦 Sarysu 区的风力发电厂提供融资服务。通过调动私人资本和安排其他资金来源的流入，帮助哈萨克斯坦缩小该项目的资金缺口。项目总造价为 1.362 亿美元。亚投行贷款为 4670 万美元，发起人提供价值 4000 万美元的股权，其余部分由其他金融机构提供资金[1]。2022 年，亚投行为乌兹别克斯坦布哈拉地区供水和污水处理设施建设提供融资支持，金额为 2.484 亿美元，极大地解决了当地投资建设的资金需求[2]。通过金融机构的这种直接金融支持，为中亚国家提供充足的建设资金，能够大大缓解中亚国家的债务压力，降低中亚国家的主权债务风险。

（三）适当减免债务，减少中亚国家的债务规模

中国对中亚国家主权债务提供救助，最为直接的方式就是在自身经济状况允许的前提下，适度提供债务援助并在合理范围内减免部分债务，以此降低中亚国家的主权债务风险。自中亚国家独立以来，尤其是中国提出"一带一路"倡议以来，中国一直在向中亚国家提供债务援助，帮助中亚国家筹集债务资金。中国负责向中亚国家提供债务援助的主要机构为中国进出口银行。截至 2020 年，中国进出口银行为塔吉克斯坦提供了 11.55 亿美元，占据塔吉克斯坦主权债务总额的六分之一[3]。此外，中国进出口银行还对吉尔吉斯斯坦提供了大量的债务援助，是吉尔吉斯斯坦第一大债权人，约占其主权债务总额的 41.87%[4]。中国金融机构为中亚国家提供了大量的债务援助，帮助中亚各国筹集到了大量的外部资金用于国内建设。此外，中国政府也会通过无偿援助方式，向中亚国家提供经济援助。例如，2021年中国和吉尔吉斯斯坦外长会议时，中国决定提供约 5400 万美元支持吉国经济发展，并承诺向吉尔吉斯斯坦无偿提供 15 万剂中国疫苗作为人道主义

---

〔1〕　资料来源于亚投行网站。https://www.aiib.org/en/news-events/annual-report/2019/our-impact/index.html#part4

〔2〕　资料来源于亚投行网站。https://www.aiib.org/en/projects/details/2022/approved/Uzbekistan-Bukhara-Region-Water-Supply-and-Sewerage-Phase-II.html

〔3〕　数据来源于塔吉克斯坦财政部网站，由作者整理得到。

〔4〕　数据来源于吉尔吉斯斯坦财政部网站，由作者整理得到。

援助，并考虑对吉尔吉斯斯坦提供粮食援助。中国的经济援助有效帮助中亚各国应对资金困境，极大地缓解了中亚各国的债务压力与债务风险。

中国还可以在中亚国家面临债务危机时适当减免债务，提供债务展期，帮助中亚国家缓解偿债压力。例如，2021 年吉尔吉斯斯坦因政局动荡面临债务危机时，中国为其提供了债务延期，并承诺不会因吉尔吉斯斯坦延期偿债而额外收取费用。为了帮助中亚各国应对不断高涨的主权债务压力，中国应该适情加大对中亚各国的债务展期、置换及减免力度，有计划、有节奏地减免中亚国家所欠中国的部分主权债务。例如，在中亚各国短期债务集中到期时提供债务展期及债务置换，用长期债务置换部分短期债务，对部分债务延期偿还，同时减免部分短期债务，通过组合手段减免中亚国家在特定时点的债务额度，缓解债务高峰时点的偿债压力。通过债务适当减免方式，降低中亚国家偿债压力，进一步缓解中亚国家主权债务风险。

三、本章小结

本章讨论了中亚国家主权债务对中国经济发展的影响、中国防范债务风险的经验，以及中国对中亚国家主权债务的应对措施。一方面，中亚国家主权债务问题对中国的主权债务及经济发展影响轻微，对双方的贸易往来存在一定程度上的促进作用。近年来中亚国家在债务风险的压力下，会选择扩大与中国的贸易顺差来平衡国际收支，缓解债务压力。同时，中亚国家主权债务问题对中国在中亚地区的投资活动具有较为明显的负面冲击。但由于中亚国家在中国对外投资格局中占比非常小，并不会影响中国对外投资的整体局面。尽管中亚国家通过金融传导的主权债务问题对其经济增长产生显著的负面影响，但由于中亚国家与我国的主权债务关联度不高，不会对中国主权债务产生负面影响。另一方，本章也讨论了中国应对中亚国家主权债务风险的措施，中国可以帮助中亚国家加强经贸合作、加强金融支持、适当减免债务，从而帮助中亚国家缓解债务问题，避免出现更为严重的债务风险与债务危机。

第七章

结论与启示

中亚国家对中国具有十分重要的地缘战略价值，是陆上丝绸之路中的关键节点，自古以来双方就有着十分紧密的政治、经济及文化交往。自2013年提出"一带一路"倡议以来，双方经贸合作达到了新的高度，在多个领域开展了全方位密切合作。但近年来中亚国家经济发展陷入持续衰退，债务规模与债务风险不断累积，对国内政治、经济、社会各方面造成了较大的负面影响，严重影响了中亚地区的安全形势，这也可能会对中国产生关联影响。因此，我们必须高度重视中亚国家的主权债务问题，防止中亚国家主权债务问题进一步演变为主权债务危机。

本书对中亚国家主权债务成因及经济增长影响进行研究。首先，本书在总结中亚国家主权债务现状及特点的基础上，结合财政疲劳、国际收支以及债务危机等相关理论从内外因两个方面深入分析主权债务形成原因，并量化了内外因的影响程度，提出中亚国家主权债务形成的主导因素；其次，采用非线性模型检验了中亚国家主权债务对经济增长的影响，测算出中亚国家主权债务的拐点及到达债务拐点的时间，并进一步研究中亚国家主权债务对经济增长影响的异质性及其作用机制；最后，分析中亚国家主权债务对中国的影响和中国的应对措施，并提出针对发展中国家的政策启示。

一、研究结论

本书通过主权债务成因及经济增长影响分析，得出以下结论：

（一）中亚国家主权债务负担不断加重，结构不合理

本书通过计算债务率及负债率指标，只有土库曼斯坦总体处于警戒线以下。而其他国家债务近年来则突破了预警线。2020年乌兹别克斯坦债务

率达到了 199.66%，负债率达到了 53.69%，相比前一年度的 112.31%、37.40%大幅度跃升。哈萨克斯坦 2000 年债务率就达到了 123.00%，而到了 2016 年债务率高达 373.03%。即使到了 2020 年，债务率仍然高达 299.61%。塔吉克斯坦与吉尔吉斯斯坦 2020 年债务率达到了 230.46%、354.11%，负债率达到了 82.96%、112.42%，大幅超过国际公认的警戒线标准。因此中亚各国债务普遍超过预警线，债务负担较重。土库曼斯坦的债务压力与偿债压力最低，哈萨克斯坦总体债务负担最高，塔吉克斯坦与吉尔吉斯斯坦是典型的穷国重债，债务压力最大。从债务结构来看，中亚国家主权债务结构也存在缺陷，美元债务拥有绝对优势，西方势力的影响逐渐增强。同时中亚国家的主权债务主要来源于周边国家、全球性大国及国际组织，债务来源单一。债务的用途并非重点投入到生产性和支柱性产业，而是主要流向了金融业等虚拟经济领域，且经济效益较差，导致较大的债务隐患与债务风险。

（二）中亚国家主权债务成因以内因为主，外因为辅

中亚国家主权债务形成是由内外因素共同作用而成的，其中内因占主导。内因主要有五个方面：经济基础薄弱加速债务负担、贸易逆差引起债务风险上升、财政赤字加重债务负担、政治腐败造成债务问题恶化，以及主权债务产出效率较低。外部因素主要有四个方面：不合理的国际贸易秩序加速债务形成、境外资本渗透导致债务上升、大宗商品价格波动增加债务风险与国际环境复杂多变加深债务负担。外部因素对中亚国家主权债务形成具有显著的冲击作用，而内部因素对于中亚国家主权债务的冲击影响是长期化的。通过方差分解得到中亚国家主权债务内外部因素的影响程度，主权债务自身的累积效应影响占比为 39.5%，内部因素的影响占比为 41%，而外部因素的影响占比为 19.4%。在单一因素中，工业制造业的持续衰退是引发中亚国家经济持续低迷、主权债务总量持续飙升的首要因素。

（三）中亚国家主权债务对经济增长影响呈现出"倒 U 型"非线性结构

在非线性模型下，主权债务对经济增长的影响先正后负，先对经济增长产生正向推动作用，到达债务拐点后产生负向阻碍作用。在 2008 年全球经济危机以前，中亚国家主权债务对经济增长主要以正向作用为主，而之后则以负向影响为主。主权债务对中亚国家经济增长的影响存在债务拐点，

并在近年来相继到达债务拐点。其中哈萨克斯坦、塔吉克斯坦、吉尔吉斯斯坦、土库曼斯坦的主权债务拐点分别为 248%、143%、178%、73%。中亚国家主权债务通过影响中亚国家的投资效率、贸易差额、金融利率，以及全要素生产率四种作用路径对各国经济增长产生影响。在 2008 年全球金融危机以后，随着中亚国家普遍进入高债务周期，主权债务降低了中亚国家的投资效率，扩大了贸易逆差，提高了金融利率，降低了全要素生产率，进而引发了中亚国家的经济萎缩与衰退。

（四）中亚国家主权债务对中国经济影响不显著，但仍需警惕区域债务的外溢风险

虽然中亚国家主权债务对自身经济发展产生了较为明显的负面影响，但对中国影响较小。其对于中国的影响主要通过贸易、投资和金融三个方面进行的传导，由于中亚国家与我国的双边贸易和投资金额占我国总贸易和总投资的比例较小，因此短期外溢风险不太显著。从长期来看，中亚国家债务一旦出现债务违约将有可能将债务危机传导至我国及周边国家。我国通过在中亚国家面临债务危机时适当减免债务、提供债务展期等措施，帮助中亚国家缓解偿债压力。此外，2013 年中国提出的"一带一路"倡议，致力于建立互利共赢的区域性政治经济新秩序，为中亚国家提供了一个良好的多边经贸合作平台。中亚国家作为其中的重点节点，必然会更加受益于这个互利共赢的新秩序，在中国引导和帮助下实现经济跨越式发展，从而缓解中亚国家主权债务压力及其对周边国家的外溢风险，降低中亚国家主权债务危机爆发的可能性。

二、启示

中亚国家主权债务形成原因及对经济的非线性影响表明，在经济快速发展时期，发展中国家要合理管控主权债务规模及增长速度，避免由主权债务引发的金融风险及其对经济的不利影响，其政策启示归纳为如下几点：

第一，完善宏观政策影响监测分析，把控好主权债务规模。政策效果不仅要看政策是否达到其本来目的，还要考虑政策带来的"意外"后果。债务危机使宏观决策部门相关协调合作的作用日益突显，而目前大部分发展中国家的这种协调是存在缺陷的，尤其不利于防范更大范围内的宏观经

济风险。因此，发展中国家可以成立专门部门独立承担宏观政策关联影响的监测分析职能，做好政策外溢效应的分析工作，降低政策意外性，间接促进债务管理的稳健性。此外，发展中国家要克服利率棘轮效应，降低市场主体反应灵敏度，使主权债务规模维持在较为平稳水平，从而避免增加债务风险。

第二，构建长短期主权债务差异化监管体制，健全前瞻性风险防范机制。一方面，发展中国家应该结合国家机构改革，分别从短期和长期角度来推进本国经济金融系统结构性改革，增强经济金融系统自我防御能力。短期来看，发展中国家应该积极加强各类资产的信息披露，这有助于解决信息不对称，促进投资者行为趋向理性。长期来看，发展中国家应制定合理措施解决债务问题。具体而言，在经济基本面稳健性方面，可以通过减少财政赤字和贸易赤字方式降低外债水平，从而减缓外部依赖。同时，发展中国家也要逐步提高本国市场的投资价值，吸引更多的外资来保障流动性，促进经济发展，增强债务偿付能力。另一方面，由于主权债务风险的总溢出水平主要由高频下的风险传播驱动，因此高频下的风险溢出应该被纳入到日常监管范围中。发展中国家的监管部门应当切实完善信息披露制度、合理引导市场预期、减缓市场情绪波动等，更重要的是，应当对各国的经常项目、外债规模和外汇储备等基本面做到有效监督，为经济金融系统筑牢"防火墙"。

第三，加强金融监管部门的国际合作，提高危机应对能力。主权债务风险不仅体现自身特质因素，其他国家直接或间接的风险溢出也发挥着不可忽视的作用。发展中国家监管部门应该高度警觉主权债务风险的溢出效应，从宏观层面加以监控、预防，避免出现区域性或者全球性连锁反应。具体而言，发展中国家应当积极加强金融监管部门的国际合作，建立跨国金融监管信息共享平台，完善协调处理机制，从而能够更加精准地把握全球各国的风险状况，并及时采取相应措施把总体损失降到最低。例如亚投行成立以来，先后为众多发展中国家建设提供了大量融资。金融机构的这种直接金融支持，可以为众多国家提供充足的建设资金，缓解发展中国家债务压力，降低发展中国家主权债务风险。此外，各国还可以借助亚投行平台加强与中国的金融监管合作。

第四，推动国际合作，防范主权债务风险。为了从根本上打破发达国家对全球贸易体系的定价权和话语权，发展中国家应当深度参与共建"一带一路"，实现互联互通发展。通过政策沟通、设施联通、贸易畅通、资金融通、民心相通，推动发展中国家摆脱封闭的地缘战略环境，引进国外先进科学技术来发展国内经济，助力发展中国家丰富的能源矿产、农产品等优势产品走向国际市场，在平等友好、互利共赢的基础上参与国际贸易活动。发展中国家还可以通过经贸合作相互带动产业基础与产业结构升级，提升加工制造业实力，进而提高各国产品出口质量与替代进口需求供给，在扩大出口贸易规模的同时降低进口规模，以提升贸易顺差水平，提高发展中国家的外汇收入、提高偿债能力，并降低债务风险。此外，发展中国家可以借助亚投行、丝路基金等金融机构，采用一系列融资方式，为其提供金融贷款、股权投资、债务担保等金融服务，加速自身经济发展。

三、研究展望

本书的研究方法与研究结果，有助于未来对中亚国家主权债务问题的深入研究。近些年突发事件对中亚国家主权债务影响深远，仍需要在今后研究中加以补充和完善。同时，未来研究将主要围绕中亚国家主权债务运行的可持续性、主权债务的投向，以及主权债务的微观管理等，进一步扩宽中亚国家主权债务的研究范围，为根本解决中亚国家主权债务问题提供更多的政策建议。

参考文献

一、著作类

[1] ［英］亚当·斯密：《国民财富的性质和原因的研究》（下卷），郭大力、王亚南译，商务印书馆 2004 年版。

[2] ［美］大卫·李嘉图：《政治经济学及赋税原理》，郭大力、王亚南译，商务印书馆 1962 年版。

[3] ［德］马克思：《资本论》，郭大力、王亚南译，人民出版社 1975 年版。

[4] ［英］马歇尔：《货币、信用与商业》，叶元龙、郭家麟译，商务印书馆 1985 年版。

[5] ［英］凯恩斯：《就业、利息和货币通论》，徐毓枬译，商务印书馆 1963 年版。

[6] ［美］詹姆斯·M·布坎南：《民主财政论》，穆怀朋译，商务印书馆 2002 年版。

[7] 池元吉主编：《世界经济概论》，高等教育出版社 2013 年版。

[8] 金仁淑：《投资大国的兴衰——日本对外直接投资模式及效用研究》，吉林人民出版社 2002 年版。

[9] 金仁淑：《日本经济制度变迁及绩效研究》，中国经济出版社 2012 年版。

[10] 陈志勇、李祥云主编：《公债学》，中国财政经济出版社 2012 年版。

[11] 戴金平、张素芹、邓郁凡：《主权债务危机：国家信用神话的破产》，厦门大学出版社 2012 年版。

[12] 黄苏编：《发展中国家的外债情况与经验》，商务印书馆 1990 年版。

[13] 孙力主编：《中亚黄皮书：中亚国家发展报告（2012）》，社会科学文献出版社 2012 年版。

[14] 孙力、吴宏伟主编：《中亚黄皮书：中亚国家发展报告（2013）》，社会科学文献出版社 2013 年版。

[15] 孙力、吴宏伟主编：《中亚黄皮书：中亚国家发展报告（2014）》，社会科学文献出版社 2014 年版。

[16] 孙力、吴宏伟主编：《中亚黄皮书：中亚国家发展报告（2015）》，社会科学文献

出版社 2015 年版。

［17］孙力、吴宏伟主编：《中亚黄皮书：中亚国家发展报告（2016）》，社会科学文献出版社 2016 年版。

［18］孙力主编：《中亚黄皮书：中亚国家发展报告（2017）》，社会科学文献出版社 2017 年版。

［19］孙力主编：《中亚黄皮书：中亚国家发展报告（2018）》，社会科学文献出版社 2018 年版。

［20］孙力主编：《中亚黄皮书：中亚国家发展报告（2019）》，社会科学文献出版社 2019 年版。

［21］孙力主编：《中亚黄皮书：中亚国家发展报告（2020）》，社会科学文献出版社 2020 年版。

二、论文期刊类

中文参考文献

［22］巴曙松、孙兴亮、顾磊：《主权 CDS 对欧元区主权债务危机的影响》，载《国际金融研究》2012 年第 7 期。

［23］巴曙松、邢毓静：《外债周期的阶段性转换与宏观经济运行》，载《中央财经大学学报》1997 年第 5 期。

［24］曹冲、陈俭、夏咏：《一带一路背景下中国对中亚五国出口商品结构升级研究——基于显性比较优势、技术附加值和质量水平的分析》，载《新疆大学学报（哲学·人文社会科学版）》2020 年第 1 期。

［25］程伟：《俄罗斯经济新观察：危机与转机》，载《国际经济评论》2017 年第 2 期。

［26］程毅：《大国角逐与中亚战略走势——综合历史与地缘战略的视角分析》，载《国际政治研究》2005 年第 3 期。

［27］程宇丹、龚六堂：《外债的经济增长效应与影响渠道——发达国家和发展中国家比较》，载《数量经济技术经济研究》2015 年第 10 期。

［28］仇华飞：《对引发墨西哥金融危机原因的再认识》，载《世界经济研究》2005 年第 12 期。

［29］戴枫、孙文远：《对外开放与发展中国家的收入不平等：基于亚洲和拉美国家的比较研究》，载《国际贸易问题》2012 年第 1 期。

［30］戴建中：《拉美债务危机和东南亚金融危机比较研究》，载《国际金融研究》1999 年第 8 期。

［31］ 董新兴、俞炜华：《经济整合、交易成本与国家规模》，载《东岳论丛》2014 年第 11 期。

［32］ 杜永潇、田新民：《中国外债对宏观经济影响的实证研究》，载《经济与管理研究》 2015 年第 6 期。

［33］ 高放：《苏联解体、苏共灭亡与斯大林的关系》，载《马克思主义与现实》2010 年 第 3 期。

［34］ 郭辉、郇志坚：《丝绸之路经济带沿线国家外债风险评估和偿债能力分析》，载 《西伯利亚研究》2017 年第 3 期。

［35］ 郭新明、郇志坚：《哈萨克斯坦外债问题分析》，载《俄罗斯中亚东欧研究》2009 年第 6 期。

［36］ 国外政治经济学研究新进展课题组：《国外政治经济学研究新进展（2021）》，载 《政治经济学评论》2022 年第 3 期。

［37］ 韩彦雄、廖成梅：《疫情与选情叠加之下 2020 年吉尔吉斯斯坦政局动荡分析》，载 《区域与全球发展》2021 年第 5 期。

［38］ 何代欣：《主权债务适度规模问题分析》，载《中国财政学会 2012 年年会暨第十九 次全国财政理论讨论会论文集》2012 年，第 35 页。

［39］ 何代欣：《主权债务适度规模研究》，载《世界经济》2013 年第 4 期。

［40］ 何德旭、张斌彬：《全球四次债务浪潮的演进、特征及启示》，载《数量经济技术 经济研究》2021 年第 3 期。

［41］ 何文彬：《我国对"中国－中亚－西亚经济走廊"直接投资效率及其影响因素分 析——基于随机前沿引力模型》，载《投资研究》2019 年第 12 期。

［42］ 何希泉等：《大国战略与中亚地缘变局》，载《现代国际关系》2002 年第 2 期。

［43］ 胡本达、黄润：《东南亚区域发展与金融危机》，载《经济地理》1999 年第 4 期。

［44］ 胡翠、许召元：《对外负债与经济增长》，载《经济研究》2011 年第 2 期。

［45］ 胡军伟：《关于本、外币外债管理的再思考》，载《上海金融》2013 年第 10 期。

［46］ 胡晓山：《浅论"重债穷国计划"对受援国的宏观经济影响》，载《世界经济研究》 2005 年第 7 期。

［47］ 胡颖、刘营营：《"一带一路"沿线国家外债风险评价及启示——基于 31 个沿线国 家的数据分析》，载《新疆财经》2020 年第 1 期。

［48］ 黄军甫：《政治选择与俄罗斯民主化的困境》，载《社会科学》2004 年第 4 期。

［49］ 黄太宏、周海赟：《丝绸之路经济带视野下中国对中亚五国直接投资的动因研究》， 载《经济问题探索》2018 年第 3 期。

［50］ 姜安印、刘博：《资源开发和中亚地区经济增长研究——基于"资源诅咒"假说的

实证分析》，载《经济问题探索》2019 年第 5 期。

［51］姜怀祥：《俄罗斯对中亚国家的援助——政策演进、援助规模和援助方式》，载《俄罗斯东欧中亚研究》2021 年第 2 期。

［52］金雪军、邢自霞：《中国外债与经济增长关系的实证研究》，载《财政研究》2008 年第 1 期。

［53］雷婕、丁超、童伟：《中亚地区财政经济形势分析》，载《欧亚经济》2016 年第 4 期。

［54］李超、马昀：《中国的外债管理问题》，载《金融研究》2012 年第 4 期。

［55］李君华、欧阳峣：《大国效应、交易成本和经济结构——国家贫富的一般均衡分析》，载《经济研究》2016 年第 10 期。

［56］李民圣：《如何看待中国经济的韧性？》，载《红旗文稿》2020 年第 7 期。

［57］李明明、秦凤鸣：《主权信用评级、债务危机与经济增长——来自欧元区国家的经验证据》，载《金融研究》2016 年第 10 期。

［58］李淑云：《中亚未来：谁主沉浮》，载《俄罗斯中亚东欧研究》2004 年第 6 期。

［59］李思奇：《"一带一路"背景下中国与中亚五国贸易便利化的经贸效应研究》，载《东北亚论坛》2018 年第 4 期。

［60］李斯霞、冯小伟：《勃列日涅夫时期的"政治笑话"及其对特权阶层的批评》，载《江西师范大学学报（哲学社会科学版）》2016 年第 1 期。

［61］李扬等：《中国主权资产负债表及其风险评估（上）》，载《经济研究》2012 年第 6 期。

［62］李占国、余方：《试论国际资本逆向流动对新兴市场国家债务违约的决定作用》，载《生产力研究》2009 年第 2 期。

［63］李政等：《全球主权债务风险溢出的水平、结构与机制研究》，载《国际金融研究》2019 年第 10 期。

［64］李中海：《中亚经济 30 年：从转型到发展》，载《欧亚经济》2021 年第 4 期。

［65］梁梦怡、郭辉：《哈萨克斯坦外债风险分析》，载《中国市场》2020 年第 36 期。

［66］林祺、林僖：《欧债危机、主权风险冲击与金融传导——来自中国金融市场的证据》，载《国际贸易问题》2015 年第 3 期。

［67］林治华：《"颜色革命"爆发的经济学分析——吉尔吉斯斯坦与乌兹别克斯坦转轨经济比较》，载《俄罗斯中亚东欧研究》2006 年第 1 期。

［68］刘铭、乔桂明、程然：《基于 Logit 模型的新兴经济体主权债务危机预警研究》，载《国际金融研究》2020 年第 3 期。

［69］刘场等：《全球经济政策不确定性、极端金融风险溢出与短期资本流动》，载《金

融经济学研究》2020 年第 4 期。

[70] 刘哲希等：《外债规模、政府债务风险与经济增长》，载《财经研究》2022 年第 6 期。

[71] 罗建波：《中国对外援助模式：理论、经验与世界意义》，载《国际论坛》2020 年第 6 期。

[72] 吕云龙：《国际大宗商品定价权研究》，载《宏观经济研究》2022 年第 1 期。

[73] 毛日昇：《中国经济为什么行》，载《人民论坛》2020 年第 2 期。

[74] 牛霖琳、夏红玉、许秀：《中国地方债务的省级风险度量和网络外溢风险》，载《经济学（季刊）》2021 年第 3 期。

[75] 潘广云：《试析独联体国家的债务问题》，载《俄罗斯中亚东欧市场》2005 年第 9 期。

[76] 潘志平、胡红萍：《欧亚腹地的地缘政治——以美国的地区战略为视角》，载《俄罗斯中亚东欧研究》2009 年第 1 期。

[77] 蒲诗璐、罗文宝：《论印度政府债务的可持续性及对中国的启示》，载《社会科学研究》2021 年第 3 期。

[78] 齐稚平：《构建逆周期外债宏观审慎管理体系的必要性——基于协整分析的实证研究》，载《金融发展研究》2015 年第 11 期。

[79] 秦卫波、蔡恩泰：《美国公共债务与对外债务可持续对美元霸权地位的影响》，载《苏州大学学报（哲学社会科学版）》2019 年第 6 期。

[80] 邱志萍、秦淑悦：《全球海运连通性的贸易效应及作用机制研究——来自联合国 LSBCI 数据的经验证据》，载《国际经贸探索》2022 年第 3 期。

[81] 戎梅：《主权债务可持续性的影响因素——基于特征事实的分析》，载《世界经济与政治论坛》2015 年第 4 期。

[82] 宋凌峰、刘志龙、郭亚琳：《银行与政府部门间信用风险的跨国传导与反馈研究——以欧元区为例》，载《世界经济研究》2017 年第 6 期。

[83] 苏民：《公共债务对经济增长的非线性影响研究——基于 135 个国家面板数据的实证分析》，载《南方金融》2021 年第 4 期。

[84] 苏萍：《中亚哈萨克斯坦超级总统制评析》，载《新疆大学学报（哲学·人文社会科学版）》2016 年第 4 期。

[85] 孙晓涛、李浩东：《疫情影响下的发展中国家主权债务风险》，载《中国外汇》2021 年第 23 期。

[86] 孙长鹏、邓晓兰：《财政赤字率、政府债务率、利率与汇率作用机制——基于 MSAR-TVP-VAR 模型的分析》，载《经济问题探索》2022 年第 4 期。

［87］唐文进、苏帆、彭元文：《财政疲劳、储备渠道与中国政府债务上限的测算》，载《财经研究》2014 年第 10 期。

［88］唐文进、苏帆、许超：《广义 "财政疲劳" 现象研究评述》，载《经济学动态》2015 年第 4 期。

［89］陶士贵、别勇杰：《大宗商品定价权与货币国际化互动关系研究——基于美国数据的实证分析》，载《上海经济研究》2019 年第 5 期。

［90］田雅琼：《超级大国崩溃的财政视角——以苏联为例》，载《财政科学》2021 年第 11 期。

［91］田玉丽：《中国与中亚五国贸易竞争性与互补性研究》，载《山东社会科学》2020 年第 10 期。

［92］瓦迪·哈拉比、周岳峰：《世界金融危机是资本主义的 "生产过剩危机"》，载《马克思主义研究》2009 年第 6 期。

［93］王赓武等：《国际秩序的构建：历史、现在和未来》，载《外交评论（外交学院学报）》2015 年第 6 期。

［94］王金强：《大宗商品定价中的美元霸权分析》，载《社会科学》2019 年第 5 期。

［95］王林兵、雷琳：《吉尔吉斯斯坦 "低态化" 政党政治形成的制度性因素分析》，载《新疆社会科学》2017 年第 4 期。

［96］王姝黛：《逆周期财政政策能够控制政府债务风险吗？——理论变迁与经验数据分析》，载《南方经济》2020 年第 5 期。

［97］王晓永、刘睿：《政府债务、国家主权信用与经济增长——来自全球 95 个国家的国别经验》，载《经济学家》2022 年第 3 期。

［98］王学凯：《国际债务风险的新特点及其应对》，载《理论视野》2022 年第 3 期。

［99］王学凯：《全球主权债务风险：表现形式、风险度量与传导机制》，载《经济学家》2022 年第 1 期。

［100］王妍蕾、刘晴：《OECD 十年发展援助情况演变》，载《烟台大学学报（哲学社会科学版）》2013 年第 4 期。

［101］王轶昕、房雷涛、李敏：《欧洲主权债务危机传导效应实证研究对债务危机治理的启示》，载《经济体制改革》2012 年第 5 期。

［102］韦民：《小国概念：争论与选择》，载《国际政治研究》2014 年第 1 期。

［103］魏志奇：《罗斯托的增长阶段理论及其对发展中国家转型的启示》，载《理论月刊》2014 年第 12 期。

［104］吴炳辉、何建敏：《国际收支视角下金融风险传染机制探讨》，载《国际论坛》2014 年第 4 期。

[105] 吴绩新：《从吉尔吉斯斯坦看中亚局势变化的动因》，载《兰州学刊》2005 年第 6 期。

[106] 伍海华、张健君、陈敬：《发展中国家债务问题再思考》，载《世界经济与政治》1992 年第 3 期。

[107] 伍海华、张健君、陈敬：《发展中国家债务问题再思考——特点、成因、影响、对策》，载《金融教学与研究》1992 年第 1 期。

[108] 肖斌：《中国中亚研究：知识增长、知识发现和努力方向》，载《俄罗斯东欧中亚研究》2019 年第 5 期。

[109] 徐建国、张勋：《中国政府债务的状况、投向和风险分析》，载《南方经济》2013 年第 1 期。

[110] 徐婧：《"一带一路"多边合作贸易互补性测度与贸易拓展研究——以中亚主要贸易伙伴国为例》，载《上海经济研究》2019 年第 3 期。

[111] 徐奇渊、熊婉婷、栾稀：《全球滞胀型债务危机的风险——后疫情时代全球经济展望》，载《金融论坛》2022 年第 1 期。

[112] 徐亚清、王转运：《中亚地缘政治态势发展与中国新疆安全》，载《新疆社会科学》2006 年第 6 期。

[113] 闫坤、李双双：《中国与中亚轻工业合作进程与启示》，载《红旗文稿》2019 年第 22 期。

[114] 杨继梅、齐绍洲：《欧元区国家银行风险与主权风险的传导效应分析》，载《世界经济研究》2016 年第 5 期。

[115] 叶卫平：《国际金融危机与建立国际经济政治新秩序》，载《教学与研究》2009 年第 11 期。

[116] 叶卫平：《国际经济旧秩序与发展中国家经济安全》，载《马克思主义研究》2009 年第 10 期。

[117] 袁剑：《什么是中亚？——地缘身份、内部结构与复线历史》，载《文化纵横》2020 年第 6 期。

[118] 詹健：《主权信用评级对经济危机的预警性不强问题探析》，载《学术交流》2020 年第 9 期。

[119] 张曾莲、张瀚之：《财政赤字影响政府债务风险的门槛效应研究》，载《华东经济管理》2019 年第 1 期。

[120] 张成偕、乔桂明、卜牧星：《发展中国家与发达国家外债的经济效应研究——基于资本和劳动力视角》，载《财经问题研究》2018 年第 5 期。

[121] 张栋、董莉、郑红媛：《中亚五国经济和金融发展情况的比较研究（2009－2016

年）》，载《俄罗斯研究》2017年第3期。

[122] 张栋、许燕、张舒媛:《"一带一路"沿线主要国家投资风险识别与对策研究》，载《东北亚论坛》2019年第3期。

[123] 张发林:《经济方略与美元霸权的生成》，载《世界经济与政治》2022年第1期。

[124] 张宁:《当前中亚伊斯兰宗教极端形势分析》，载《新疆社会科学》2017年第1期。

[125] 张宁:《塔吉克斯坦主权债务可持续性及其对"一带一路"的影响分析》，载《北方论丛》2021年第1期。

[126] 张瑞芹:《罗斯托经济发展理论的本质追问与当代困境——由"中等收入陷阱"引发的思考》，载《河北学刊》2016年第5期。

[127] 张少军、侯慧芳:《全球价值链恶化了贸易条件吗——发展中国家的视角》，载《财贸经济》2019年第12期。

[128] 张暶:《国际资本流动与主权信用危机》，载《新金融》2018年第7期。

[129] 张向达等:《全球经济失衡的影响因素研究》，载《宏观经济研究》2022年第4期。

[130] 张亚斌、万建永、易先平:《我国宏观经济内部失衡对国际收支失衡的影响——基于两缺口模型的实证研究》，载《大连理工大学学报（社会科学版）》2008年第4期。

[131] 张友国、冯玉丽:《试论政治伊斯兰:中亚"伊扎布特"问题》，载《北京科技大学学报（社会科学版）》2016年第2期。

[132] 赵新泉、陈旭:《政府债务影响经济增长的非线性效应研究》，载《国际金融研究》2018年第2期。

[133] 赵亚博、刘晓凤、葛岳静:《中国与中亚地区贸易与商品格局分析》，载《经济地理》2020年第7期。

[134] 钟红、刘家琳:《债务型资本流动对主权债务违约风险影响研究》，载《国际金融研究》2021年第4期。

[135] 周丽华:《哈萨克斯坦外债:国际油价大跌背景下的隐患》，载《银行家》2016年第11期。

[136] 周丽华:《吉尔吉斯斯坦外债:俄罗斯经济危机背景下的隐患》，载《新疆财经》2017年第2期。

[137] 周丽华:《塔吉克斯坦外债:结构优化与风险隐患并存》，载《新疆财经大学学报》2019年第3期。

[138] 周琼、周华:《历次金融危机比较研究及其启示》，载《山东社会科学》2012年

第 12 期。

[139] 周亚军:《哈萨克斯坦外债与经济增长关系研究——基于协整检验与向量误差修正模型》,载《新疆大学学报(哲学·人文社会科学版)》2014 年第 2 期。

[140] 朱文蔚、陈勇:《外债对我国经济增长影响的实证分析》,载《财经科学》2013 年第 10 期。

[141] 庄起善、张广婷:《国际资本流动与金融稳定性研究——基于中东欧和独联体国家的比较》,载《复旦学报(社会科学版)》2013 年第 5 期。

三、学位论文类

[142] 戴蔚:《重债低收入国家参与国际主权债务减免机制效果研究》,对外经济贸易大学 2019 年硕士学位论文。

[143] 蒲大可:《非洲外债问题研究——历史演进、深层逻辑及其影响》,上海师范大学 2020 年博士学位论文。

[144] 蒲诗璐:《印度政府债务的演进、风险及可持续性研究》,四川大学 2021 年博士学位论文。

[145] 秦吉斯:《哈萨克斯坦行政腐败的成因及防范研究》,华东理工大学 2014 年硕士学位论文。

[146] 乌仁:《蒙古国主权债务风险研究》,哈尔滨工业大学 2019 年硕士学位论文。

[147] 吴琳琳:《哈萨克斯坦反腐败研究》,兰州大学 2012 年硕士学位论文。

[148] 吴双麟:《外债对新兴市场国家投资与储蓄的效应研究》,湖南大学 2014 年硕士学位论文。

[149] 奚艳萍:《美元—债务循环视角的美国贸易逆差问题研究》,中国财政科学研究院 2022 年硕士学位论文。

[150] 邢自霞:《中国外债管理研究》,浙江大学 2008 年博士学位论文。

[151] 张洁洁:《"一带一路"背景下中亚五国主权债务风险研究》,中共中央党校 2018 年硕士学位论文。

四、英文参考文献

[152] Eaton, Jonathan, "Sovereign Debt: A Primer", *The World Bank Economic Review 7*, 2 (1993), pp. 137-172.

[153] Sedlak, Jonathan, "Sovereign Debt Restructuring: Statutory Reform or Contractual Solution?", *University of Pennsylvania Law Review 152*, 4 (2004), pp. 1483-1515.

[154] Eaton, Jonathan, and Raquel Fernandez, "Sovereign Debt", *Handbook of International*

Economics, 3 (1995), pp. 2031–2077.

[155] Reinhart, Carmen M, "Default, Currency Crises, and Sovereign Credit Ratings", *The World Bank Economic Review 16*, 2 (2002), pp. 151–170.

[156] Aguiar, Mark, and Manuel Amador, "Sovereign Debt", *Handbook of International Economics*, 4 (2014), pp. 647–687.

[157] Shleifer Andrei, "Will the Sovereign Debt Market Survive?", *American Economic Review 93*, 2 (2003), pp. 85–90.

[158] Manasse, Paolo, Mr Axel Schimmelpfennig, and Nouriel Roubini, "Predicting Sovereign Debt Crises", *IMF Working Papers*, 211 (2003).

[159] Porzecanski, Arturo C, "Latin America: The Missing Financial Crisis", ECLAC, 2009. Vavilov, A., and E. Kovalishin, "Problems of Restructuring Russia's Debt: Theory and Practice", *Problems of Economic Transition 43*, 1 (2000), 6–25.

[160] Hornbeck, John F, "Argentina's Defaulted Sovereign Debt: Dealing with the 'holdouts'", DIANE Publishing, 2010. Lane, Philip R, "The European Sovereign Debt Crisis", *Journal of economic perspectives 26*, 3 (2012), pp. 49–68.

[161] Akram, Tanweer, and Anupam Das, "Understanding the Low Yields of the Long-term Japanese Sovereign Debt", *Journal of Economic Issues 48*, 2 (2014), pp. 331–340.

[162] Arslanalp, Mr Serkan, and Mr Takahiro Tsuda, "Tracking Global Demand for Emerging Market Sovereign Debt", *IMF Working Papers*, 39 (2014).

[163] IIsmailescu, Iuliana, and Blake Phillips, "Credit Default Swaps and the Market for Sovereign Debt", *Journal of Banking & Finance*, 52 (2015), pp. 43–61.

[164] Abbas, S. Ali, Alex Pienkowski, and Kenneth Rogoff, eds., "*Sovereign debt: A Guide for Economists and Practitioners*", Oxford University Press, 2019.

[165] Hamilton, James D., Marjorie A. Flavin, "On the Limitations of Government Borrowing: A Framework for Empirical Testing", *American economic review 76*, 4 (1986).

[166] Hakkio, Craig S., and Mark Rush, "Is the Budget Deficit 'Too Large?'", *Economic inquiry 29*, 3 (1991), pp. 429–445.

[167] MacDonald, Maryellen C., Marcel Adam Just, and Patricia A. Carpenter, "Working Memory Constraints on the Processing of Syntactic Ambiguity", *Cognitive psychology 24*, 1 (1992), pp. 56–98.

[168] Bohn, Henning, "The Behavior of US Public Debt and Deficits", *The Quarterly Journal of Economics 113*, 3 (1998), pp. 949–963.

Bohn, Henning, "Are Stationarity and Cointegration Restrictions Really Necessary for the

Intertemporal Budget Constraint?", *Journal of Monetary Economics 54*, 7 (2007), pp. 1837–1847.

[169] Ostry, Jonathan D., et al, "Capital Inflows: The Role of Controls", *Revista de Economia Institucional 12*, 23 (2010), pp. 135–164.

[170] Ostry, Jonathan D., et al, "Capital Inflows: The Role of Controls", *Revista de Economia Institucional 12*, 23 (2010), pp. 135–164.

[171] Ghosh, Atish R., Jonathan D. Ostry, and Mahvash S. Qureshi, "Fiscal Space and Sovereign Risk Pricing in a Currency Union", *Journal of International Money and finance*, 34 (2013), pp. 131–163.

[172] Arias, Maria A., and Paulina Restrepo-Echavarria, "Sovereign Debt Crisis in Europe Recalls the Lost Decade in Latin America", *The Regional Economist Jan*, 23 (2015).

[173] Ghosh, Atish R., Jonathan D. Ostry, and Mahvash S. Qureshi, "Fiscal Space and Sovereign Risk Pricing in a Currency Union", *Journal of International Money and Finance*, 34 (2013), pp. 131–163.

[174] Robertson, Donald, and Demosthenes N. Tambakis, "Long-Run Debt Ratios with Fiscal Fatigue", *Cambrigde Working Papers in Economics*, (2016).

[175] Tsoukis, Christopher, "The Limits of Austerity: The Fiscal Multiplier and the 'Debt Laffer Curve'", *Political Economy Perspectives on the Greek Crisis*, 11 (2017), 223–247.

[176] Lorenzoni, Guido, and Ivan Werning, "Slow Moving Debt Crises", *American Economic Review 109*, 9 (2019), 3229–3263.

[177] Reinhart, Carmen M., and Kenneth S. Rogoff, "Financial and Sovereign Debt Crises: Some Lessons Learned and Those Forgotten", *Journal of Banking and Financial Economics 2*, 4 (2013), pp. 5–17.

[178] Reinhart, Carmen M., and Christoph Trebesch, "Sovereign Debt Relief and its Aftermath", *Journal of the European Economic Association 14*, 1 (2016).

[179] Roubini, Nouriel, and Paolo Manasse, "'Rules of Thumb' for Sovereign Debt Crises", *Journal of International Economics*, 78 (2009).

[180] Mitchener, Kris James, and Marc D. Weidenmier, "Supersanctions and Sovereign Debt Repayment", *Journal of International Money and Finance 29*, 1 (2010).

[181] Chaumont, Gaston, "Sovereign Debt, Default Risk, and the Liquidity of Government Bonds", *24th Annual Conference on Compting in Economics and Finance*, 2018.

[182] Rostow, Walt W, "The Take-off into Self-Sustained Growth", *The Economic Journal*

66, 261 (1956), pp. 25–48.

[183] Romer, Paul M. "Mathiness in the Theory of Economic Growth", *American Economic Review 105*, 5 (2015), pp. 89–93.

[184] Chenery, Hollis B., and Alan M. Strout, "Foreign Assistance and Economic Development: Reply", *The American Economic Review 58*, 4 (1968).

[185] Chenery, Hollis B., and Nicholas G. Carter, "Foreign Assistance and Development Performance, 1960–1970", *The American Economic Review 63*, 2 (1973).

[186] Wallerstein, Immanuel Maurice, "The Capitalist World – Economy – Chapter 1", Cambridge University Press, 1979.

[187] Brenner, Robert, and Peterlman, Michael, The Boom and the Bubble: The US in the World Economy, *Journal of Economic Literature*, 4 (2003).

[188] Amin, Galal A, "The Emergence and Development of Egypt's External Debt", *Egypt's Economic Predicament*. Brill, 1995.

[189] Claessens, Stijn, "Analytical Aspects of the Debt Problems of Heavily Indebted Poor Countries", *World Bank Publications*, 1996.

[190] Woodford, Michael, "Public Debt as Private Liquidity", *The American Economic Review 80*, 2 (1990).

[191] Arai, Real, and Junji Ueda, "A Numerical Evaluation of the Sustainable Size of the Primary Deficit in Japan", *Journal of the Japanese and International Economies*, 30 (2013).

[192] Fischer, Stanley, and Jacob A. Frenkel, "Investment, the Two–Sector Model and Trade in Debt and Capital Goods", *Journal of International Economics 2*, 3 (1972).

[193] Ostry, Jonathan D., et al, "Capital Inflows: The Role of Controls", *Revista de Economia Institucional 12*, 23 (2010), pp. 135–164.

[194] Masson, Mr Paul R., and Mr Michael Mussa, "Long–Term Tendencies in Budget Deficits and Debt", International Monetary Fund, 1995.

[195] Aiyagari, S. Rao, and Ellen R. McGrattan, "The Optimum Quantity of Debt", *Journal of Monetary Economics 42*, 3 (1998), pp. 447–469.

[196] Laubach, Thomas, "New Evidence on the Interest Rate Effects of Budget Deficits and Debt", *Journal of the European Economic Association 7*, 4 (2009).

[197] Ogunmuyiwa, Michael S, "Does Fiscal Deficit Determine the Size of External Debt in Nigeria?", *Journal of Economics and International Finance 3*, 10 (2011), p. 580.

[198] Kinnavong, Vileth, "External Debt and Economic Growth: Case of Lao PDR", *Policy

Research Ínterface, Ministry 402（2016

[199] Rathnayake, Anuruddhi Shanika K, "Sustainability of the Fiscal Imbalance and Public Debt Under Fiscal Policy Asymmetries in Sri Lanka", *Journal of Asian Economics*, 66（2020）.

[200] Bradshaw, York W., and Jie Huang, "Intensifying Global Dependency: Foreign Debt, Structural Adjustment, and Third World Underdevelopment", *The Sociological Quarterly* 32, 3（1991）, pp. 321-342.

[201] Arnone, Marco, and Andrea F. Presbitero, "External Debt Sustainability and Domestic Debt in Heavily Indebted Poor Countries", *Rivista Internazionle di Scienze Sociali*, 1（2007）.

[202] Mitchener, Kris James, and Marc D. Weidenmier, "Supersanctions and Sovereign Debt Repayment", *Journal of International Money and Finance* 29, 1（2010）.

[203] Chaumont, Gaston, "Sovereign Debt, Default Risk, and the Liquidity of Government Bonds", *24th Annual Conference on Compution in Economics and Finance*, 2018.

[204] Milman, Claudio, "Military Expenditures and Foreign Debt: A Case Study of the Southern Cone Countries, 1971-1983", *Journal of Third World Studies 6*, 1（1989）, pp. 147-155.

[205] Dunne, J. Paul, Sam Perlo-Freeman, and Aylin Soydan, "Military Expenditure and Debt in Small Lndustrialised Economies: A Panel Analysis", *Defence and Peace Economics 15*, 2（2004）.

[206] Muhanji, Stella, and Kalu Ojah, "External Debt and Military Spending: The Case of Africa's Conflict Countries", *MPRA Papers*,（2014）.

[207] Shahbaz, Muhammad, Muhammad Shahbaz Shabbir, and Muhammad Sabihuddin Butt, "Does Military Spending Explode External Debt in Pakistan?", *Defence and Peace Economics 27*, 5（2016）.

[208] Dimitraki, Ourania, and Aris Kartsaklas, "Sovereign Debt, Deficits and Defence Spending: The Case of Greece", *Defence and Peace Economics 29*, 6（2018）, pp. 712-727.

[209] Çolak, Olcay, and M. Hilmi Özkaya, "The Nexus between External Debts and Military Expenditures for the Selected Transition Economies: A Panel Threshold Regression Approach", *Defence and Peace Economics 32*, 7（2021）, pp. 882-898.

[210] Arellano, Cristina, and Yan Bai, "Fiscal Austerity During Debt Crises", *Economic Theory*, 64（2017）.

[211] Paczos, Wojtek, and Kirill Shakhnov, "Defaulting on Covid debt", *Journal of Interna-

tional Financial Markets, 77 (2022).

[212] Chin, Alycia, and Taya R. Cohen, "The National Debt in the 2012 US Presidential E-lection", *Analyses of Social Issues and Public Policy 14*, 1 (2014).

[213] Mian, Atif, Amir Sufi, and Francesco Trebbi, "Resolving Debt Overhang: Political Constraints in the Aftermath of Financial Crises", *American Economic Journal: Macroeconomics 6*, 2 (2014).

[214] Chatterjee, Bikram, et al, "Political Competition and Debt: Evidence From New Zealand Local Governments", *Accounting Research Journal 32*, 3 (2019), pp. 344-361.

[215] Alesina, Alberto, and Beatrice Weder, "Do Corrupt Governments Receive Less Foreign Aid?", *American economic review 92*, 4 (2002), pp. 1126-1137.

[216] Cooray, Arusha, Ratbek Dzhumashev, and Friedrich Schneider, "How Does Corruption Affect Public Debt? An Empirical Analysis", *World development*, 90 (2017), pp. 115-127.

[217] Benfratello, Luigi, Alfredo Del Monte, and Luca Pennacchio, "Corruption and Public Debt: a Cross-Country Analysis", *Applied Economics Letters 25*, 5 (2018), pp. 340-344.

[218] Liu, Cheol, Tima T. Moldogaziev, and John L. Mikesell, "Corruption and State and Local Government Debt Expansion", *Public Administration Review 77*, 5 (2017), pp. 681-690.

[219] Del Monte, Alfredo, and Luca Pennacchio, "Corruption, Government Expenditure and Public Debt in OECD Countries", *Comparative Economic Studies*, 62 (2020), pp. 739-771.

[220] Gilpin, Robert, "A Postscript to the Asian Financial Crisis: The Fragile International Economic Order", *Cambridge Review of International Affairs 16*, 1 (2003), pp. 79-88.

[221] Bergsten, C. Fred, and Joseph E. Gagnon, "Currency Manipulation, the US Economy, and the Global Economic Order", *Washington, DC: Peterson Institute for International Economics*, 2012.

[222] Maerean, Andreea-Alexandra, Maja Pedersen, and Paul Sharp, "Sovereign Debt and Supersanctions in Emerging Markets: Evidence from Four Southeast European Countries, 1878-1913", *EHES Working Paper*, 2021.

[223] De Bassa, Carlo, Edoardo Grillo, and Francesco Passarelli, "Sanctions and Incentives to Repudiate External Debt", *Journal of Theoretical Politics 33*, 2 (2021), pp. 198-224.

[224] Von Borstel, Julia, Sandra Eickmeier, and Leo Krippner, "The Interest Rate Pass-

through in the Euro Area During the Sovereign Debt Crisis", *Journal of International Money and Finance*, 68 (2016), pp. 386-402.

[225] De Marco, Filippo, "Bank Lending and the European Sovereign Debt Crisis", *Journal of Financial and Quantitative Analysis 54*, 1 (2019), pp. 155-182.

[226] Reinhart, Carmen M., and Christoph Trebesch, "Sovereign Debt Relief and its Aftermath", *Journal of the European Economic Association 14*, 1 (2016), pp. 215-251.

[227] Bernoth, Kerstin, and Helmut Herwartz, "Exchange Rates, Foreign Currency Exposure and Sovereign Risk", *Journal of International Money and Finance*, 117 (2021).

[228] Della Corte, Pasquale, et al, "Exchange Rates and Sovereign Risk", *Management Science 68*, 8 (2022).

[229] Nkomo, Joshua C, "The Impact of Higher Oil Prices on Southern African Countries", *Journal of Energy in Southern Africa 17*, 1 (2006), pp. 10-17.

[230] Malik, Afia, "Crude Oil Price, Monetary Policy and Output: The Case of Pakistan", *The Pakistan Development Review* (2008), pp. 425-436.

[231] Sylvia, Ronald D., and Constantine P. Danopoulos, "The Cha'vez Phenomenon: Political Change in Venezuela", *Third world quarterly 24*, 1 (2003), pp. 63-76.

[232] Alexandre, Paulo, Paula Heliodoro, and Rui Dias, "The Contagion Effect in Europe: A DCC GARH Approach", 5th LIMEN Conference Proceedings (part of LIMEN conference collection), 2019.

[233] Ada, Ayşen Altun, Sibel Çelik, and Yasemin Deniz Koç, "Testing for Financial Contagion: New Evidence from the European Debt Crisis", *Panoeconomicus 66*, 5 (2019), pp. 611-632.

[234] Campos-Martins, Susana, and Cristina Amado, "Financial Market Linkages and the Sovereign Debt Crisis", *Journal of International Money and Finance 123*, 2022.

[235] Hansen, Alvin H, "The Public Debt Reconsidered: a Review Article", *Review of Economics & Statistics*, 1959, pp. 370-378.

[236] Bal, Debi Prasad, and Badri Narayan Rath, "Public Debt and Economic Growth in India: A Reassessment", *Economic Analysis and Policy 44*, 3 (2014), pp. 292-300.

[237] López Vicente, Fernando, and José María Serena, "Macroeconomic Policy in Brazil: Inflation Targeting, Public Debt Structure and Credit Policies", *Banco de Espana Occasional Paper 1405*, 2014.

[238] Baharumshah, Ahmad Zubaidi, Siew-Voon Soon, and Evan Lau, "Fiscal Sustainability in an Emerging Market Economy: When Does Public Debt Turn Bad?", *Journal of Poli-*

cy Modeling 39, 1（2017）, pp. 99–113.

［239］ Lof, Matthijs, and Tuomas Malinen, "Does Sovereign Debt Weaken Economic Growth? A Panel VAR Analysis", *Economics Letters 122*, 3（2014）, pp. 403–407.

［240］ Panizza, Ugo, and Andrea F. Presbitero, "Public Debt and Economic Growth: Is There a Causal Effect?", *Journal of Macroeconomics*, 41（2014）, pp. 21–41.

［241］ Tan, Ai–Lian, and Normaz Wana Ismail, "Foreign Direct Investment, Sovereign Debt and Growth: Evidence for the Euro Area", *American Journal of Trade and Policy 2*, 2 （2015）, pp. 51–58.

［242］ Mohsin, Muhammad, et al. "How External Debt Led to Economic Growth in South Asia: A Policy Perspective Analysis from Quantile Regression", *Economic Analysis and Policy 72*, 2021, pp. 423–437.

［243］ Makun, Keshmeer, "External Debt and Economic Growth in Pacific Island Countries: A linear and Nonlinear Analysis of Fiji Islands", *The Journal of Economic Asymmetries*, 23（2021）, pp. 197.

［244］ Ademola, S. Sajuyigbe, A. Odetayo Tajudeen, and Z. Adeyemi Adewumi, "External Debt and Economic Growth of Nigeria: An Empirical Investigation", *South Asian Journal of Social Studies and Economics 1*, 2（2018）, pp. 1–11.

［245］ Omodero, Cordelia Onyinyechi, and Ogechi Eberechi Alpheaus, "The Effect of Foreign Debt on the Economic Growth of Nigeria", *Management Dynamics in the Knowledge E-conomy 7*, 3（2019）, pp. 291–306.

［246］ Kurniasih, Erni Panca, "The Effect of Foreign Debt on the Economic Growth", *Jurnal Ekonomi Malaysia 55*, 3（2021）, pp. 125–136.

［247］ Acharya, Viral V. , et al, "Real Effects of the Sovereign Debt Crisis in Europe: Evidence from Syndicated Loans", *The Review of Financial Studies 31*, 8（2018）.

［248］ De Marco, Filippo, "Bank Lending and the European Sovereign Debt Crisis", *Journal of Financial and Quantitative Analysis 54*, 1（2019）, pp. 155–182.

［249］ Koh, Wee Chian, et al, "Debt and Financial Crises", *World Bank Policy Research Working Paper*, 2020.

［250］ Elmendorf, Douglas W. , and N. Gregory Mankiw, "Government Debt", *Handbook of Macroeconomics*, 1（1999）, pp. 1615–1669.

［251］ Mankiw, N. Gregory, "The Savers–spenders Theory of Fiscal Policy", *American Economic Review 90*, 2（2000）, pp. 120–125.

［252］ Ganelli, Giovanni, "The New Open Economy Macroeconomics of Government Debt",

Journal of International Economics 65, 1 (2005), pp. 167–184.

[253] Alesina, Alberto, and Andrea Passalacqua, "The Political Economy of Government Debt", *Handbook of Macroeconomics*, 2 (2016), pp. 2599–2651.

[254] Bouton, Laurent, Alessandro Lizzeri, and Nicola Persico, "The Political Economy of Debt and Entitlements", *The Review of Economic Studies 87*, 6 (2020), pp. 2568–2599.

[255] Missale, Alessandro, "Public Debt Management", OUP Catalogue, 1999.

[256] Elmendorf, Douglas W., and N. Gregory Mankiw, "Government Debt", *Handbook of Macroeconomics*, 1 (1999), pp. 1615–1669.

[257] Osinubi, Tokunbo Simbowale, Risikat Oladoyin S. Dauda, and Oladele Emmanuel Olaleru, "Budget Deficits, External Debt and Economic Growth in Nigeria", *The Singapore Economic Review 55*, 3 (2010), pp. 491–521.

[258] Abbas, SM Ali, and Jakob E. Christensen, "The Role of Domestic Debt Markets in Economic Growth: An Empirical Investigation for Low – Income Countries and Emerging Markets", *IMF Staff Papers 57*, 1 (2010), pp. 209–255.

[259] Égert, Balázs, "Public Debt, Economic Growth and Nonlinear Effects: Myth or Reality?", *Journal of Macroeconomics*, 43 (2015), pp. 226–238.

[260] Breuer, Christian, and Carsten Colombier, "Debt and Growth: Historical Evidence", *FiFo Discussion Paper*, 2020.

[261] Liu, Zhongmin, and Jia Lyu, "Public Debt and Economic Growth: Threshold Effect and Its Influence Factors", *Applied Economics Letters 28*, 3 (2021), pp. 208–212.

[262] Akinlo, Anthony Enisan, "Impact of External Debt on Economic Growth: A Markov Regime–Switching Approach", *Journal of Applied Financial Econometrics 1*, 2 (2021), pp. 123–143.

[263] Wanniarachchi, Sasindu, "The Nexus among External Debt and Economic Growth: Evidence from South Asia", Available at SSRN 3696553, 2020.

[264] Reinhart, Carmen M., and Kenneth S. Rogoff, "Growth in a Time of Debt", *American Economic Review 100*, 2 (2010), pp. 573–578.

[265] Bentour, El Mostafa, "On the Public Debt and Growth Threshold: One Size Does not Necessarily Fit All", *Applied Economics 53*, 11 (2021), pp. 1280–1299.

[266] Checherita–Westphal, Cristina, and Philipp Rother, "The Impact of High Government Debt on Economic Growth and its Channels: An Empirical Investigation for the Euro Area", *European Economic Review 56*, 7 (2012), pp. 1392–1405.

［267］Lopes da Veiga, Jose Augusto, Alexandra Ferreira-Lopes, and Tiago Neves Sequeira, "Public Debt, Economic Growth and Inflation in A frican Economies", *South African Journal of Economics 84*, 2（2016）, pp. 294-322.

［268］Nzeh, I. C, "Public Debt and Economic Growth in Nigeria: Investigating the Optimal Threshold Level", *Asian Development Policy Review 8*, 2（2020）, pp. 112-127.

［269］Vaca, Jesús, Gustavo Vaca Medina, and César Omar Mora Pérez, "The Impact of Public Debt on Economic Growth: An Empirical Study of Mexico（1994-2016）", *CEPAL Review*, 130（2020）, pp. 167-180.

［270］Shvets, Serhiy, "Modeling the Impact of Public Debt on Economic Growth in Ukraine", *Economy and forecasting*, 3（2020）, pp. 126-136.

［271］Tangkanjanapas, Passarapa, Rewat Thamma-Apiroam, and Siwapong Dheera-Aumpon, "Public Debt and Economic Growth: The Empirical Result of Thailand", *RMUTT Global Business and Economics Review15*, 2（2020）, pp. 1-18.

［272］Zaghdoudi, Taha, "Threshold Effect in the Relationship between External Debt and Economic Growth: A Dynamic Panel Threshold Specification", *Journal of Quantitative Economics 18*, 2（2020）, pp. 447-456.

［273］Daher Alshammary, Mohammed, et al, "Debt-growth Nexus in the MENA Region: Evidence from a Panel Threshold Analysis", *Economies 8*, 4（2020）, p. 102.

［274］Islamov, Bakhtior, "Central Asia: Problems of External Debt and Its", *Notes 16*, 85（2001）.

［275］Tikhomirov, Vladimir, "Russian Debt Problems in the 1990s", *Post-Soviet Affairs 17*, 3（2001）, pp. 262-284.

［276］Batsaikhan, Uuriintuya, and Marek Dabrowski, "Central Asia—Twenty-Five Years after the Breakup of the USSR", *Russian Journal of Economics 3*, 3（2017）, pp. 296-320.

［277］Bayulgen, Oksan, "Foreign Capital in Central Asia and the Caucasus: Curse or Blessing?", *Communist and Post-Communist Studies 38*, 1（2005）, pp. 49-69.

［278］Knack, Stephen, "Measuring Corruption: A Critique of Indicators in Eastern Europe and Central Asia", *Journal of Public Policy 27*, 3（2007）, pp. 255-291.

［279］Hayman, Gavin, and Tom Mayne, "Energy-Related Corruption and Its Effects on Stability in Central Asia", *China & Eurasia Forum Quarterly 8*, 2（2010）.

［280］Cooray, Arusha, Ratbek Dzhumashev, and Friedrich Schneider, "How does Corruption Affect Public Debt? An Empirical Analysis", *World Development* 90, 2017, pp. 115-127.

[281] Ekşi, İbrahim Halil, and Berna Doğan, "Corruption and Financial Development: Evidence from Eastern Europe and Central Asia Countries", *Pénzügyi Szemle/Public Finance Quarterly 65*, 2 (2020), pp. 196-209.

[282] Aleksandrova, Svetlana, "Impact of Oil Prices on Oil Exporting Countries in the Caucasus and Central Asia", *Economic Alternatives*, 4 (2016), pp. 447-460.

[283] Pastor G, Damjanovic T, "The Russian Financial Crisis and Its Consequences for Central Asia", *Emerging Markets Finance and Trade 39*, 3 (2003), pp. 79-104.

[284] Peyrouse, Sébastien, Jos Boonstra, and Marlène Laruelle. "Security and Development Approaches to Central Asia: The EU Compared to China and Russia." *EUCAM Working Paper 11*, 1 (2012), pp. 1-23.

[285] Sağdiç, Ersin Nail, and Fazlı Yildiz, "Factors Affecting External Debt in Transition Economies: The Case of Central Asia and the Caucasus", *Uluslararasl Yönetim Iktisat ve Işletme Dergisi 16*, 4 (2020), pp. 891-909.

[286] Abazov, Rafis, "Policy of Economic Transition in Kyrgyzstan", *Central Asian Survey 18*, 2 (1999), pp. 197-223.

[287] Filiz, Kadi, and Kadi Osman Salih, "Case Study: Does Debt Provide Economic Growth in Central Asian Economies?", *Advances in Management 9*, 2 (2016), p. 10.

[288] Shkolnyk, Inna, and Viktoriia Koilo. "The Relationship Between External Debt and Economic Growth: Empirical Evidence from Ukraine and other Emerging Economies", *Investment Management and Financial Innovations 15*, 1 (2018).

[289] Bissembay, Rysbek, and Olga Koshkina, "The Impact of Kazakhstani External Debt on the Economy of Republic", *Eurasian Journal of Economic and Business Studies 55*, 1 (2020), pp. 16-36.

[290] Kazakova, Sabina, and Kazuo Inaba, "Debt Sustainability in the Developing Countries: Case Study of the Kyrgyz Republic", *The Ritsumeikan Economic Review 67*, 4 (2018), pp. 438-453.

[291] Atoullo, Rajabov, "Public Debt and Growth in Tajikistan." Diss. Ritsumeikan Asia Pacific University, 2019.

[292] Detlev, Quintern, "Arabic Traces in Alexander Humboldt's Kosmos and Central Asian Geographies", *Вестник Санкт - Петербургского Университета. Востоковедениеи Африканистика 10*, 4 (2018), pp. 424-435.

[293] Mackinder, Halford J, "The Geographical Pivot of History (1904)", *The Geographical Journal 170*, 4 (2004), pp. 298-321.

［294］ Baker, Scott R. , Nicholas Bloom, and Steven J. Davis, "Measuring Economic Policy Un-
certainty", *The Quarterly Journal of Economics 131*, 4 (2016), pp. 1593-1636.

［295］ Rostow, Walt W, "The Take-off into Self-Sustained Growth", *The Economic Journal
66*, 261 (1956), pp. 25-48.

［296］ Rostow, Walt Whitman, "The Stages of Economic Growth: A Non-Communist
Manifesto", Cambridge University Press, 1990.

［297］ Arai, Real, and Junji Ueda, "A Numerical Evaluation of the Sustainable Size of the Pri-
mary Deficit in Japan. " *Journal of the Japanese and International Economies*, 30
(2013), pp. 59-75.

［298］ Woodford, Michael, "Public Debt as Private Liquidity", The *American Economic
Review 80*, 2 (1990), pp. 382-388.